跨越

苏电铁军精彩70年

顾海荣　主编

南京出版传媒集团
南京出版社

图书在版编目（CIP）数据

跨越：苏电铁军精彩 70 年 / 顾海荣主编. — 南京：
南京出版社，2023.12
ISBN 978 - 7 - 5533 - 4508 - 6

Ⅰ. ①跨… Ⅱ. ①顾… Ⅲ. ①电力工业—工业企业—
企业发展—成就—江苏 Ⅳ. ①F426.61

中国国家版本馆 CIP 数据核字（2023）第 240407 号

书　　名　跨越——苏电铁军精彩 70 年
主　　编　顾海荣
出版发行　南京出版传媒集团
　　　　　南 京 出 版 社
　　　　　社址：南京市太平门街 53 号　　邮编：210016
　　　　　网址：http://www.njcbs.cn　　电子信箱：njcbs1988@163.com
　　　　　联系电话：025-83283893、83283864（营销）　025-83112257（编务）

出 版 人　项晓宁
出 品 人　卢海鸣
责任编辑　崔龙龙
装帧设计　石　慧
责任印制　杨福彬

排　　版　南京新洲印刷有限公司
印　　刷　南京工大印务有限公司
开　　本　710 毫米×1000 毫米　1/16
印　　张　16
字　　数　242 千
版　　次　2023 年 12 月第 1 版
印　　次　2023 年 12 月第 1 次印刷
书　　号　ISBN 978 - 7 - 5533 - 4508 - 6
定　　价　52.00 元

用微信或京东
APP扫码购书

用淘宝APP
扫码购书

▲ 20世纪60年代输电线路导线人工展放

▲ 20世纪70年代变电站支架安装

▲ 20世纪80年代变压器安装

▼ 20世纪90年代输电线路导线锚固作业

▲ 铁塔组立施工

▼ 直升机展放导引绳

▼ 调试做高压试验

▲ 变电站隔离开关吊装

▼ 江苏首条超高压输电线路 500 千伏徐州—上海输电线路工程

▲ 江苏首次跨越长江的五峰山通道大跨越

▼ 500 千伏江阴长江大跨越工程

▲ 750 千伏拉西瓦—西宁输电线路工程

▲ 1987 年投运的 500 千伏江都变电站

▲ 500 千伏南京东善桥变电站

▲ ±500 千伏常州政平换流站

◄ 埃塞俄比亚 230 千伏
GONDAR 变电站

◀ 1000 千伏晋东南—南阳—荆门特高压交流试验示范工程（07 标段）

▼ 昌吉—古泉 ±1100 千伏直流输电线路工程（豫 2 标段）

▲ 1000 千伏南京变电站、±800 千伏南京换流站

◀ 1000 千伏苏通 GIL 综合管廊工程

▲ 2008年抗冰抢险

▲ 500千伏变电站事故抢修

◀ 阜宁风灾输电线路抢修

二十大保电特巡 ▶

序

合上《跨越——苏电铁军精彩70年》，提笔作序，思绪久久不能平静。

与江苏送变电结缘，要追溯到20年前我职业生涯的开端，粗犷豪放、专业、能战斗是他们给我留下的第一印象。记忆最深的是2005年的一天，台风即将来临，220千伏淮涟线上的跨越网要紧急拆掉，在联系江苏送变电项目部后，下午6点即安排了两支架线施工队伍，至晚上9点跨越网全部拆除，仅用3个小时，线路顺利恢复送电，我悬着的心终于放了下来。那一刻，望着夜色里渐渐隐去的背影，我坚信这绝对是一支能干事、干成事的铁军队伍。

2022年9月，再次重逢江苏送变电，我已是铁军一员，倍感光荣。这一年多的时间，我了解了江苏送变电的发展脉络，感受了它所承之重，体会到了偌大企业的艰辛与不易，当然也更坚定了我传承好、发展好、记录好江苏送变电的决心，此时此刻，大责在肩，舍我其谁！

回看《跨越——苏电铁军精彩70年》这本书，详细记录了江苏送变电70年来在施工、技术、人文、创新等领域发展进步重要节点上的关键人物和事迹，有时任领导的艰难求索、勠力改革，有技术专家的突破封锁、锐意创新，有全体职工的坚守道义、无私奉献……通篇读完，一幅幅历史画面在眼前浮现，如置身其境，丰富而厚重。对江苏送变电来说，70年光景的"跨越"尤显岁月悠长，70年来在江海上的每一次"跨越"，都展示着江苏电网、国家电力事业蓬勃发展的荣光，"跨越"代表了江苏送变电在输变电施工领域的硬实力，更代表着每一代送变电人越是艰险越向前的无畏精神！

故人早相识，今又再相知。

代代开路人,青史留明志。

旌旗猎猎,光辉熠熠,七十载责任犹记,百岁时辉煌再叙。向 70 岁的江苏送变电致敬！向 70 岁的江苏送变电献礼！

吴永杰

2023 年 12 月 8 日

目　录

第一章　精兵强将显风流

第二章　坚枪利炮攻硬仗

第三章 南征北战写春秋

第四章　保电卫国挥热汗

第五章　转型升级新征程

引　言

　　岁月鎏金，春秋代序；七秩芳华，薪火相传。自 1953 年江苏送变电事业启航，已经走过了 70 年的发展历程。70 年来，江苏送变电始终牢记"人民电业为人民"的初心使命，负责输变电工程建设，承担电网突发事故应急抢修等艰巨任务，积极服务党和国家工作大局，坚决扛起电力保供首要责任。

　　江苏送变电始终秉承"服务电网发展，铸造苏送品牌"的使命追求，把创新与发展作为立业之本，在体制机制、技术变革、管理创新、人才培养等方面下功夫，走出了一条栉风沐雨、薪火相传之路，走出了一条技术变革、攻坚克难的创新之路，走出了一条笃定执着、精益求精的匠心之路，走出了一条敢于争先、砥砺前行的奋进之路。岁月与情怀碰撞，使命与光荣交映，从微光初显到豁然开朗，从欣欣向荣到蒸蒸日上，逢山开道，遇水架桥，关键时刻拉得出、顶得上、打得赢，展现了他们忠诚担当、求实创新、追求卓越、奉献光明的精神风貌，铸就了特别负责任、特别能战斗、特别能吃苦、特别能奉献的"四特"铁军精神。

　　1953 年，是国家"一五"计划的开局之年，党中央审时度势，着力推进工业化建设，电力作为工业发展的命门，发展势头迅猛，电业部门和电力企业开始有计划、有重点地开展火电厂和电力网建设。任务催生使命，1953 年 1 月 21 日，华东电业管理局修建工程局在江苏无锡宣告成立。修建工程局下设 8 个工程队，其中以原苏南电业局线路工程队组建的第三工程队承担送变电工程施工任务，它就是江苏送变电的前身。1958 年 5 月，这支送变电施工队伍改属电力工业部上海基本建设局领导，称上海基本建设局送变电工程处。同时，工程处本部由无锡迁往南京市中央门外东井村 41 号办公。同年，工程处职工分流至江苏、浙江、安徽、山东、福建五省及上海市，分别组建各地的送变电工程施工队伍。从此，这支在江苏成立的送变电施工队伍，在中国大地渐成星火燎原之势。1971 年 9 月 9 日，这支送变电施工队伍更名为江苏省送变电工程公司。

江苏送变电事业的启航，创下了送变电队伍创业初期多项"首次首条"的记录。1953 年 3 月，首次承建的 13.2 千伏丹阳至珥陵输电线路顺利开工，吹响了江苏送变电事业发展的号角。自那以后江苏送变电人走南闯北，四海为家。没有人会忘记，他们在北京城市供电线路改造现场忙碌；没有人会忘记，他们的身影在闽鲁两省首条 110 千伏线路上穿梭；没有人会忘记，他们的臂膀在华东地区首条 220 千伏线路上发力；没有人会忘记，是他们让 110 千伏镇扬线成为跨越长江的首个印记，是他们让 110 千伏电网在苏沪两地首次缔连。在环境艰苦、物资匮乏的年代，精神是最好的食粮，技术装备落后就手脚并用，施工条件差就肩挑手抬。这是一条起步创业之路，艰辛与曲折相伴，勇气与毅力相随，工业发展大势催人奋进，送变电人倾洒汗水与热血浇灌着电力发展的根系。

中国共产党第十一届三中全会以后，大力开展的经济建设为电网发展带来了强大动力，也为江苏送变电的发展注入了强心剂，"科技兴省"成为主流思想，也促使职工的工作意识，由片面完成施工任务向全面提升施工技术转变，成为 220 千伏系统全省大联网输变电工程建设的主力军。1979 年，承建的 220 千伏淮阴至泰州输电线路工程荣获"国家质量银质奖"，这是江苏送变电获得的第一枚高级别的质量奖，也是职工队伍着力加强质量管理、开展技术革新的起点。1984 年，江苏送变电承担了华东首条 500 千伏徐州至上海输电线路工程的施工任务，推行全面质量管理和技术管控，建成了省内第一条 500 千伏过江通道镇江长江大跨越工程。现如今，江苏送变电建设的输电线路已先后 15 次跨越长江天堑。

20 世纪 90 年代，江苏省推出"三个为主、四个加快"的发展战略，江苏电力工业获得前所未有的发展机遇，电网建设进入新一轮高峰期。1996 年 2 月 5 日，经江苏省电力工业局批复同意，公司更名为江苏省送变电公司。本着更多更快更好地参与工程建设的目的，江苏送变电对科技创新的追求达到新的高度。围绕"百年大计、质量第一"方针，江苏送变电顺利通过质量管理体系认证，进入质量管理的新阶段，在工程建设中按达标投产考核要求，精心施工，全面提高工程质量和整体移交水平。这一阶段，承建了当时世界第四、亚洲之首的钢筋混凝土烟囱型塔 500 千伏南京大胜关长江大跨越工程，500 千伏东善桥变电站首获中国建筑工程质量最高奖项"鲁班奖"，500 千伏石牌、车坊变电站和石胜输电线路的质量和工艺水平被誉为全国最好，而这些都成为江苏送变电发展历史的丰碑与标志。

进入 21 世纪初期，以全面贯彻落实科学发展观为根本，以调整电力结构、发展清洁能源为重点，扩大"西电东送""北电南送"输变电规模，持续推进南北互济、全国联网，发展特高压等大容量、高效率、远距离先进输电技术，成为电网建设的主攻方向。在先进技术手段的研究与运用、安全与质量把控方式的全面优化、南北区域电力通道的不断构筑等大好形势下，江苏送变电人持续努力，造就了一流的施工工艺与工程质量。在这期间，江苏送变电建成当时世界最高输电铁塔，高达 346.5 米的 500 千伏江阴长江大跨越工程；承建的当时亚洲最大的换流站±500 千伏常州政平换流站工程，是"西电东送"通道的受端关键工程；参建的拉西瓦 750 千伏超高压工程，将水力资源高效转化为电能输送，致力于缓解中东部地区电力供需矛盾；参建的 1000 千伏晋东南—南阳—荆门首条特高压交流试验示范工程，指明了国家开始特高压工程建设的发展方向。政策的倾向是调整优化能源结构，提高清洁能源在终端消费中的比例，通过加快现代电网体系建设，适应大规模跨区输电和新能源发电并网的要求。这一阶段，江苏送变电更多的是把多年的优质施工经验带出江苏走向世界，在各类重大工程施工现场扛起争先领先的大旗，为构建安全、稳定、经济、清洁的现代能源产业体系做实行动支撑。

党的十八大以来，"强富美高"新江苏的蓝图清晰擘画，能源革命不断深化，能源与信息等领域新技术深度融合，"源—网—荷—储"协调发展，集成互补的能源互联网规模显现，带来了 500 千伏骨干网架建设的日趋完善，特高压领域工程建设的蓬勃发展。特高压淮上线、晋苏线、锡泰线、白江线，特高压南京站、泰州站、虞城站等一批技术先进、国际领先的工程相继竣工投产，成为"新基建"时代的有力佐证。这其中，世界上电压等级最高、输电容量最大、技术水平最先进的 1000 千伏苏通 GIL 综合管廊工程的顺利投运，更是实现了特高压华东环网的合环运行，为提升能源互济互保能力、建设安全高效长三角经济提供了强大的支撑。在特高压入苏战略中，江苏送变电作为电网建设的主力军，承担了江苏境内 80% 以上特高压输变电工程的建设，有力地支撑了江苏特高压主网架建设。

在电网施工建设蓬勃发展的同时，江苏送变电不断优化并完善机构设置和经营模式，除了以承担输变电工程建设为主营业务，也承担过江苏境内所有特高压线路的运维保障，对特高压变电站和换流站的检修工作已进入常态化运行。2012年，成立了特高压重大施工装备租赁分公司，作为全国三大特高压施工装备基地之一，有力支撑我国特高压工程建设。2017 年，江苏省电力有限公司应急抢修中心挂牌成立，成为保护省内电力主网的重要特种兵。2018 年 3 月，把集体企业整合，成立江苏海能电力设计咨询有限责任公司，承担电网设计、施工、培训等业务。2019 年 11 月，特种作业（电工）培训中心开业，填补了南京地区电力电缆、电气试验、继电保护特种作业培训空白。2021 年 1 月，国网江苏电力输变电施工培训基地揭牌，目前已成为国家电网系统六大基建施工技能实训基地之一，施工培训业务成为江苏送变电拓展的又一新亮点。

70 年来，江苏送变电人矢志不渝，笃行不息，足迹遍布祖国大江南北及海外多个国家。江苏送变电施工经验丰富，施工装备精良，经营状况稳健，综合实力强大，多年来稳居国内送变电行业前列。作为电网建设的主力军，主动承担电网重大项目施工，积极投身特高压工程及跨区联网工程建设。先后参建了 ±1100 千伏昌古线、±800 千伏青豫线等十余条特高压线路工程和 ±800 千伏苏州换流站、1000 千伏浙南变电站等多座省内外特高压站建设。连续 17 年被评为"全国优秀施工企业"，连续 17 年获全国"安康杯"竞赛优胜单位称号，被中华全国总工会、国家安全生产监督管理总局授予"全国安康杯竞赛示范单位"，自 2015年起，连续获评"工程建设诚信典型企业"。多次荣获全国"五一劳动奖章"、江苏省文明单位、国家电网先进集体等荣誉称号，成为中国电力建设企业协会送变电施工专委会和江苏省电力工程企业协会会长单位。江苏送变电创造了多项世界第一，质量工艺始终保持国内同行先进水平，参建的工程 8 次荣获国优金奖、7 次夺得鲁班奖，累计荣获省部级以上工程奖 140 多项。

只有长期开展自主创新攻关，才能在同行业中勇立潮头，领航前进。当前电网转型升级速度加快，江苏送变电将转变发展理念，进一步提升科技创新工作，加速培育核心竞争力，为我国电力建设事业持续健康发展继续奋力前行。

大路的核心在于方向，行者的坚持在于信仰。关山万千重，山高人为峰。每一个江苏送变电人是担当有为的"拓荒牛"，是矢志前行的"逐梦人"，是只争朝夕的"实干家"……冲锋在前、奉献在先，汇聚起团结奋斗的磅礴力量，为江苏送变电事业的继承和发展注入源源不竭的动力。

回首来时路，砥砺再前行。总结江苏送变电 70 年发展历程，新一代的江苏送变电人将一如既往地和全国人民一起，踔厉奋发，勇毅前行，以人民对美好生活的向往为方向，为实现中华民族伟大复兴而不懈奋斗。

第一章

精兵强将显风流

第一节 薪火相递为电网

江苏送变电成立70年来，经过几十年的艰苦创业，施工实力不断发展壮大，为我国电力建设事业，特别是为江苏电网的发展作出了重大贡献。在陈汉权、苏冶宾、王凤歧、章森生、陈庆祥等一届又一届领导的带领下，江苏送变电施工能力和技术装备水平不断登上新台阶，引领整个送变电行业树立起具有"四特"精神的"铁军"形象。走近他们，走近那激情燃烧的岁月，一个蓬勃向上、充满生机的江苏送变电，正从70年的历史深处款款走来。

◎ **大刀阔斧搞改革**

20世纪90年代是江苏电力工业发展的迅猛时期，电网建设也随之进入新的历史发展阶段。1992年，邓小平视察武昌、深圳、珠海、上海等地，发表著名的"南方谈话"，明确回答了许多长期困扰和束缚人们思想的重大认识问题。这次谈话成为将中国改革开放和现代化建设推向新阶段的又一个解放思想、实事求是的宣言书。

也就是这一年的9月，江苏送变电来了一位新领导——丁文瑞，那年他47岁，辗转天津、徐州等地，来到南京。1963年，丁文瑞从天津电力技工学校毕业，分配到徐州电业局工作，一干就是将近30年。调到南京后，丁文瑞有了施展手脚的广阔天地。在他任期内，江苏送变电以深化改革为先导，不断转换经营机制，把企业推向了市场，通过内部改革，实行干部多轮聘任等措施，推行承包经营责任制，增强了企业的活力，取得了较好的社会效益和经济效益，使企业进入全国同行先进之列，为江苏电网事业的发展作出了较大贡献。

时隔 31 年后的今天，丁文瑞已 78 岁，那个火热的年代依然历历在目。作为辉煌岁月里一个特殊的注脚，在江苏送变电迈皋桥老办公大楼的走廊里，体现公司发展理念的"内求团结、外争效益"八个大字仍在无声地、无比荣耀地诉说着这段历史。

向外争效益，就要先从内部进行改革。而当时的情况是，效益差，人员散漫，也不怎么出活，即便出活质量也不怎么样……大家都看着丁文瑞，也都在想，这个刚从徐州调来的人，到底怎么样？

丁文瑞没有盲目下手，而是做了半年宣传，陆续找来老职工、中层干部，甚至是职工家属，针对不同人群召开各种讨论会，研究相应措施。他说，这就相当于京剧表演中的序幕，先把气氛吹起来。第二年年初，公司召开职代会，以往从来通过不了的那些管理制度，在那次会议上全通过了，其中就包括《三项（劳动、人事、工资）制度改革实施方案总则》。丁文瑞说，这就相当于职工代表们给了他一个可以工作的"许可证"。

于无声处听惊雷。丁文瑞开始大刀阔斧地搞改革。丁文瑞对江苏送变电的工作特点是再清楚不过的：点多、线长、面广，职工们常年在外，承担的活高、难、险、苦、脏、累……要使企业形成足够的凝聚力和向心力，必须调动全体职工的积极性。丁文瑞是善于做思想工作的，在全体中层干部会议上，他详细阐述了"处理好物质文明与精神文明建设相互关系"的观点。他说，跟苏联的西医疗法或休克疗法不一样，我们中国是中医疗法，就是先产生内在的变化。这个中医疗法，就是从各个方面对公司内部力量进行重塑，它体现在"劳动、人事、工资"等各种规章制度上。

在公司各项规章制度建立以后，所有人员都下岗，再通过双向选择重新上岗。比如办公室要两个主任，一个正主任、一个副主任，有 5 个人报名，公司的竹志扬、李孝圣等老职工从能力、人品等角度对其进行综合测评。整个过程，丁文瑞本人并不参与，只在旁边听着，以保证双向选择的自主、自愿原则。在此大环境下，最后包括公司食堂班长也是竞争上岗，并与公司签订承包合同。

基于提高企业经济效益的目的，公司根据责、权、利相结合的原则，实行以承包经营为主要形式的经济责任制，各基层单位划小核算单位分包到班，责任到人，建立起"岗位靠竞争，报酬靠贡献"的激励机制。每轮承包经营期为一年，对施工工程处统一按施工图预算切块下达，实行"全额承包、确保上交、超利多留、亏损不补"的承包方式，包工程施工，包上缴利润，包工程处的工资总额和全部支出。工资总额则与工程施工的管理、效益、质量、安全、工期和"双文明建设"目标挂钩考核，鼓励各工程处自揽施工任务，开展多种经营，逐步使各工程处成为独立经营、自负盈亏、自我发展、自我约束的实体。

经过三项制度改革后，江苏送变电焕发出蓬勃的生命力。20 世纪 90 年代，也因此成为公司施工队伍发展最快的时期，同时也是职工的工作与生活条件进一步改善的时期。丁文瑞说："在此之前，公司里的很多年轻人都不愿意在前方，因为前方吃住行都比较艰苦，老婆、孩子也照顾不了，但在改革之后就发生了根本性变化。"有一个老职工，小孩是家里的独子，也在公司里上班，他找到丁文瑞，不想让小孩在前方，说家里没人照顾，想叫儿子回来，而他儿子当时也想回来。丁文瑞就说："这样，过了春节，等 3 月份以后，也就还有一个月，你找相关人员去办手续，如果不让办你再来找我。"

丁文瑞口中的 3 月有何特别之处呢？"3 月份是春节之后，不是我们刚奖励兑现过吗？他儿子舍不得走了。"后来，丁文瑞碰到那个老师傅，故意问他儿子的事情办得怎么样。那人回答他："哎呀，他不肯回来，说什么还年轻，要为公司做贡献。"

年轻为什么就愿意留在前方了呢？在丁文瑞到公司召开第一次职代会的第二年，也就是 1994 年，差不多同一个时间段召开兑现大会，工程处的承包人一下子兑现奖励十多万，后来最多的达到三四十万。这个数字，放在今天也是不敢想象的。丁文瑞说："第一年兑现的时候，只有一个工程处没有完成任务，没能拿到兑现奖，负责人那个春节也没休息，就到各个供电局去找活干了。"

在公司规定面前，每个人都要严格遵守。当时，有一个员工平时只顾着给别人干私活，最后竞争上岗没人要，就被安排到了一个后勤岗位上。有一天，丁文瑞发现他正趴在桌子上睡觉，按规定扣了他当月奖金，如果下次再发生类似情况，那就得直接待岗。针对当事人说因感冒吃药发困的解释，丁文瑞说："你如果有病，请病假休息，上岗就要精神集中！"当时，给铁塔紧螺丝也是一个棘手问题，丁文瑞就把工作进行拆解、细化，规定 4 个人分 ABCD 四个角，1 人一个角，哪边松了就找哪个人。针对职工赌博的风气，丁文瑞也有严格规定，"赌博一次降低工资；赌博两次的，留厂察看；赌博三次的，开除"。

丁文瑞对员工的管理体现出强硬的态度，但他对职工的家庭却有着无微不至的关心。他说："作为公司领导就应该爱护自己的职工，把自己的职工服务好，对他们的身体、道德和学习，予以全方位的关注。"送变电的职工，大部分主力在前方，有很多家庭就是女的在后方，男的在前方，有的大半年都在工地上，只能在工程间歇的时候回家。丁文瑞所做的就是及时解决职工家庭的困难，让他们没有后顾之忧。"'为人民服务'那几个字，不是空的，对吧？"

随着适应市场经济需要、富有活力的内部经营机制的形成，江苏送变电扩大了经营空间，进入快速发展期。2000 年 12 月，由江苏送变电承建的 500 千伏南京东善桥变电站工程摘取了"中国建设工程鲁班奖"。在市场条件下，品牌就是市场，就是效益，"鲁班奖"是中国建设工程质量的最高奖项，拿到了"鲁班奖"就意味着企业树立了最好的品牌。与此同时，丁文瑞也在思考，内部力量又将如何从聚变到裂变？早在 30 年前，他就提出送变电要在工程施工、工程监理和工程抢修等处多面开花，还要力争线路运行，这个颇具前瞻性的理念，已深刻融入江苏送变电血脉，激荡着公司不断奔赴向前。

◎ 做一位学习型领导者

董四清绝对是一位学习型的领导者。

在他从一名风华正茂的天之骄子，成长为江苏送变电领导的过程中，他获得的那些华丽耀眼的学习证书，也是不容忽略的存在：1988 年，22 岁的董四清从武汉水利电力学院工业与民用建筑工程专业毕业；1995 年至 1998 年，董四清通过三年不脱产学习，从华北电力大学电力基本建设管理专业取得第二学历……与此同时，他于 1991 年任 500 千伏南京大胜关长江大跨越工程技术负责人；1993 年起，历任公司土建工区副主任、第一工程处主任；1996 年 11 月兼任第一工程处党支部书记；1998 年 9 月任公司副经理；2001 年 10 月任江苏送变电总经理，那一年董四清 35 岁。年轻就代表着有无限的可能，他把年轻当成可以容错的资本，带着江苏送变电朝着一个个近乎不可能完成的任务进击，最终他在公司的发展史上，留下了一个果敢而又坚毅的身影。

2004 年 11 月 18 日，500 千伏江阴长江大跨越工程竣工投运仪式在大跨越南塔现场举行，这标志着江苏送变电职工经过 1400 多个日日夜夜的奋战，为他们所承建的当时世界最高的输电铁塔工程圆满地画上了句号。对于这项不断超越极限的伟大工程，当天的投运仪式极尽荣光：大跨越南塔临时搭建的竣工投运仪式主席台周围，彩旗招展，花团锦簇，两个红色巨柱气囊，高高地耸立在主席台两边，分别镶着"建世界首高铁塔"和"创电网辉煌业绩"七个金黄色大字的条幅。主席台后方的天蓝色幕布上，"500 千伏江阴长江大跨越工程竣工投运仪式"的白色大字在阳光下显得格外醒目。在热烈气氛的烘托下，参加竣工投运仪式的各级领导，对该工程的成功建设和顺利投运都无一例外地给予了高度评价。掌声、鲜花、荣誉，纷至沓来。江苏送变电作为参建功臣单位，由时任江苏省副省长的蒋定之亲自授旗，上台受旗的正是董四清。那一年，董四清 38 岁。

将近 20 年之后，再谈起江阴长江大跨越工程，董四清依然气定神闲。他说得更多的还是技术、工程。技术在不断突破的过程中提升，工程也成就了一个个技术人员的成熟。为了不断超越，江苏送变电上上下下克服了各种困难和压力，工程真正做到了让技术回归技术。在紧要关头，董四清听取多方技术人员的分析，进而做出判断和抉择……在他的叙述中，历史所呈现的不再是一个胜利者脸上应有的兴奋与骄傲。相反，在他所表现出来的那些沉思里，有对历史的敬重，对并肩奋战在电网事业的"兄弟"们的感念之情，对大家以大局为重、奔向同一个奋斗目标的感慨和自豪。

也正因为如此，董四清重申了他对公司"四特"精神的认识与理解。他说，正是这种"四特"精神，铸就了江苏送变电这支队伍的灵魂。他说："江苏送变电从事的就是急、难、险、重的工作。特别能吃苦，意味着这个行业的工作条件很艰苦，大家既具有这种精神，同时也具有奉献精神与不变的初心；特别能战斗，意味着这支队伍有实力、有信心完成一个个挑战，这是经过一代代江苏送变电人传承积淀下来的能力；特别能奉献和特别负责任，则说明大家都有超强的大局意识，促使江苏送变电在强手如林的竞争队伍中，始终保持在第一方阵的位置。"

2006 年，董四清在离任报告中对自己任期内的工作做了简单的总结：5 年来，坚持以科技进步为先导，施工生产能力显著提高，实现了从组立普通高塔到特高塔，从常规型线路到紧凑型线路，从交流输变电工程到直流输变电工程，从 500 千伏同塔双回路到同塔四回路，从组立角钢塔到钢管塔，从架设 400 导线到 630 至 720 导线，从跨江封航架线到不封航架线，从安装敞开式电器装置到 GIS，从参与主变局放试验调试到自主试验调试等多项新突破。江苏送变电承担建设的工程质量继续保持先进水平，尤其是成功建成同类型世界第一高输电铁塔——500 千伏江阴长江大跨越工程，使输电线路，尤其是特高塔组立和跨江放线施工技术，达到了国内领先水平。

在那个阶段，江苏送变电承建工程质量稳定，施工安装工艺优良，创建了一批优质工程。5 年时间，累计荣获江苏省"扬子杯"优质工程奖 9 项、国家（南方）电网优质工程奖 10 项、中国电力优质工程奖 7 项、国家优质工程奖 3 项。500 千伏苏州石牌变于 2003 年荣获国家建筑质量最高奖——"鲁班奖"，2005 年投运的 500 千伏南京龙王山变电所荣获 2006 年度鲁班奖……

所有的成绩属于集体，但集体之所以为集体，就在于它有组织、有领导、有方向、懂管理、讲科学。比如在此过程中，董四清通过积极发扬公司主动"找米下锅"的优良传统，对全公司进行市场意识的宣传，树牢职工提高自身竞争力的意识，并初步形成了"立足省内、面向全国、走向世界"的市场发展定位。在他任期内，引入了绩效管理系统，建立了绩效管理制度；变革了薪酬体系，实行了薪点工资制度——该制度两年一考核，将同一个岗位的工资分为 12 级，极大程度调动了职工的积极性，为人员有序流动提供了可靠依据。

董四清还非常注重对人才的培养。他说，学校教育与实际工作是有一定差距的，甚至是脱节的。他当年从学校毕业，一开始就被投放到班组锻炼，这种粗放的工作模式，能迅速让人完成从理论到实践的学习。他也由此知道，对一个大学生而言，最初的工作短板在哪里，急需要解决的问题在哪里。这都是他曾经摸索走过的路，自然会为大学生扫除相应的障碍。所以，仅在他任期内的 2004 年，就以年轻的大学生为重点，全面开展员工职业生涯设计工作，并与 70 名新来的大学生进行了职业生涯设计的沟通工作。

同时他还加强职工教育培训工作，组织开展各种类型的理论、业务、技能培训。新增了省电力技能类一、二级专家 3 名，职工陶宁则荣获"全国行业技术能手"称号。秉持"人力资源是第一资源"的科学思想，董四清积极推行以素质教育为核心的"创建学习型班组，争做知识型职工"活动，领导制定并下发《创建学习型企业 2004—2006 年规划》和年度实施计划，使各项工作始终保持向上发展的良好态势。

重视人才发展、构建良好的工作生态体系。在董四清看来，这就是保持江苏送变电队伍的年轻化和知识化，唯其如此，才能跟进时代发展的新形势，并在优良传统的影响下，不断掘进，不断取得更大的胜利，为我国电力事业做出更大的贡献。

◎ 蹚过主辅分离的危机

2011 年，国务院批复有关电网主辅分离的改革方案，除送变电企业外，勘测设计与修造企业都将从电网系统中分离。而在 4 年前，2007 年，国资委牵头制定了《电网主辅分离改革及电力设计、施工企业一体化重组方案》，该方案在各大部委间达成一致以后上报国务院，即要把设计、施工、修造这些国家认为不属于电网系统主营业务分出去，这其中就包括送变电企业。在国家如火如荼的电力体制改革中，2008 年雨雪冰冻灾害，成为一个转折性事件，经此事件之后，确保电网的安全稳定运行应作为电网的一项重要职能，成为大家的共识。两大电网要求重新界定辅业范围，认为送变电企业不应作为辅业分离出去。

其时，杨建龙在江苏送变电的领导岗位上已是第 6 个年头。他亲历了 2008 年驰援湘粤浙南方抗冰抢险保供电，这也成为他领导江苏送变电再次树立电网"铁军"形象浓墨重彩的一笔。在那次行动中，江苏送变电兵分几路，赶赴湖南、广东、浙江等地，出色地完成了相关线路的修复任务，被国家电网公司授予"抗冰救灾恢复重建功勋集体"称号，电网"铁军"之名从此在社会上广为流传。

时间回到 2008 年初，当时，全国发生大范围的冰雪灾害天气，南方电网大面积停电，主干网大面积停电更是长达一个多月。杨建龙说，这么大范围的倒塔停电，在全世界范围内都是极其少见的。如果这种情况发生在欧美，起码要修七八个月，但在中国，则充分发挥出了举国体制的优势。

杨建龙清楚记得，那年的 2 月 8 日，正好是大年初二，上午 11 点多，他接到江苏电力公司领导命令，要求支援湖南电网抢修。公司第一批抢修人员大年初三中午即在太阳宫集结，启程前往抢险目的地。长期以来，职业的敏感性，已造就了江苏送变电人的未雨绸缪。在此之前，当 2008 年第一场大雪来临之际，为了应对冰雪天气可能带来的损害，江苏送变电即制定了抗雪灾应急预案，成立施工抢修应急领导小组，下设现场调查组、抢修技术组，以及包括物资、工器具等在内的综合供应组和后勤保障组。所以支援南方抢险的命令一下，各基层单位项目部就如离弦之箭，立即实施应急预案，在第一时间内充分调动各方面力量投入抗灾抢险准备工作。与此同时，综合供应分公司、公务用车分公司等单位仔细调度，保证满载物资的车辆随时整装待发。

兵马未动，粮草先行。即便有了充裕的物资，在严峻的现实面前，如何进行调度，也颇费脑筋，这就需要在做某件事情之前，提前做好谋划。杨建龙要求大家过去后先把住的地方安顿下来，而且每次都要带上好多南京盐水鸭。支援广东时，公司在一个濒临倒闭的度假村安扎下来，那个地方有一个大索道，吃住都还算方便。事实证明，杨建龙是有预见性的，等到后来各个抢险队伍陆续到位，再想找个合适的住处，已没那么容易。

后来，基于公司有着丰富的山区作战经验而被要求支援浙江时，公司同样是一边联系宾馆，一边联系索道队伍。"浙江丽水那个地方全是山头，人是弄不上去的，几百号人的吃住，这可不是开玩笑的事，也要妥善安排。"当年44岁的杨建龙，凭借先人一步的敏锐和智慧，在这场战斗中打得游刃有余。

其时，在苏北片区值守的4名工程技术人员经南京转战浙江金华，首批施工的78人随后抵达浙江省金华市武义县。至此，在江苏电力支援广东、浙江抗冰抢险保供电的任务中，江苏送变电一共承担了500千伏江城、500千伏双瓯、龙瓯三条受损线路的抢修任务，而这些线路90%以上的塔位都在崇山峻岭中。这意味着，根本无法用人力进行塔材搬运。于是，技术人员通过搭建索道来替代人工运送塔材，既提高了施工效率，又减少了队员的劳动强度。由于工期紧张，抢修项目部打破常规，大胆创新，在抢修现场实现了"两个三同时"，即拆旧塔、拆导线与立新塔"三同时"，组立新塔、布置牵张场与展放牵引绳"三同时"，将拆旧、塔材运输和立塔交叉进行，合理安排，争分夺秒，大大提高了工作效率。

铁肩担道义，丹心铸光明。3月7日晚上9时，随着浙江500千伏龙瓯5464线102-109#最后一相线的附件安装和跳线工作结束，抢修突击队胜利完成了电网恢复重建任务。那场战斗的余响一直持续到今天。多年后，身处省公司本部的杨建龙笑得仍是那么坚定。在他看来，人才的培训、装备的升级以及科技的创新，都帮助江苏送变电打了一个有准备的仗。而事前的调度与安排，对人心的揣摩与激励，都让这场艰苦卓绝的雪地战斗显得有条不紊，再次彰显了江苏送变电"特别负责任、特别能战斗、特别能吃苦、特别能奉献"的"四特"精神，谱写了抗灾抢险工作的新篇章。

2008年雨雪冰冻灾害同时给电网发展带来了新的警示，而中国又正处于特高压快速发展阶段。杨建龙说，特高压体现了发展的科学性，具有其长距离、大容量、低损耗、节约土地资源的优势。但是范围扩大以后，就会面临沿线范围内气候变化大的挑战，有的地方气温低，有的地方气温高，再加上整个电网的优化、供电的保障，统一调度就显得格外重要。

一个是应急抢险，一个是作为特高压建设支撑和保障，杨建龙敏锐地捕捉到潜伏在前夜里的暗潮，他带着江苏送变电，再次抓住历史机遇，在国家加强电网建设、构建科学合理的大电网中彰显江苏送变电特色、贡献江苏送变电力量，并在此过程中见证了在特高压的技术发展中诞生了很多"中国标准"，实现了"中国创造"和"中国引领"。在此大背景下，江苏送变电在技术创新、装备升级等方面都得到了迅速发展，比如成立的特高压装备租赁分公司，是国家电网系统三家区域性专业设备租赁公司之一。

此外，为了应对外部环境的变化，江苏送变电内部也迎来了全方位的改革，包括对企业进行规范和"瘦身"，为员工建立导师带徒培训系统——当时分公司的总工、经理、项目经理，都属于高阶导师，通过每周一评定期对参加培训人员进行指导。"跟踪三年，基本上就能带出全方位的优秀人才。"杨建龙说。

于危难之时力挽狂澜，杨建龙成功地让江苏送变电继续留在了电网主营业务，但江苏送变电人的危机感并没有就此解除，他们反而以此为动力，不断求新求变求发展，努力向前奔跑。

◎ 多年同事成兄弟

40 年零 6 个月，这是邵丽东交付给江苏送变电的所有光阴。从初出校门风华正茂到退休时双鬓染霜，邵丽东用自己的坚守、细致和担当，成就了人们对一个土生土长的江苏送变电人的无限想象。

1982 年 1 月，邵丽东从南京工学院电力专科班发电厂及电力系统专业毕业，同年分配到江苏送变电工作。在此之后的 40 多年时间里，他历任技术员、主任工程师、副主任、主任、副总经理、总经理、党委书记。

2013 年 9 月，51 岁的邵丽东从副总经理的职位上，被提拔为公司的一把手。谁也不会想到，邵丽东当时在整个送变电行业的一把手里是资格最老的——在32 家省级送变电企业中，他管生产管了 12 年，时间是最长的。那时，他一年出差 250 多天，汽车行驶近 10 万公里，飞行六七万公里。对这段经历，邵丽东的印象是：辛苦、累，但也比较愉快，因为工作比较单一，所以当时出彩的地方也很多。

基于江苏经济形势与体量，以及江苏送变电长期凝聚成的企业精神，邵丽东迅速认准了上任后的工作思路，使公司的利润总额继续保持行业排头，与第二名拉开很大一截距离。在他担任公司主要领导后，公司施工、运维抢修、机械设备租赁等业务都得到了战略性发展和推进。

正如邵丽东所说："项目管理首先在人，配备精兵强将是打造精品工程的关键；其次是完整的管理体系和完善的管理制度，做任何事情都要有章可循，有据可查；再就是材料设备源头把关，施工机械优先提供，技术服务及时到位，监督指导从不间断，遇到问题迅速协调。"邵丽东就是送变电生产出身，所以没有一件违章事件能够逃脱他的火眼金睛。在公司的例行检查中，只要发现一起，他处理起来都是毫不手软。他的态度就是，平时把工作落到实处，但真有事情来了，他也不怕，完全能做到胸有成竹，指挥笃定。用别人的话说，邵丽东身上有苏南人的认真和细致，也有在江苏送变电锻炼出来的粗放与豪迈，这种统一体带着当时的江苏送变电，在电力发展的大风浪中一往无前。

国家电网系统有三家特高压重大施工装备租赁企业，江苏送变电是其中之一，经过重要战略决策和持续推进，凭借先进的设备机具、卓越的专业技术和丰富的工程服务经验，为全国数十家送变电企业提供施工装备租赁业务，直接服务特高压工程建设。

在公司内部，邵丽东则提出工作要以"四个有利于"为标准，即是否有利于企业健康发展，是否有利于员工队伍稳定，是否有利于核心业务开展，是否有利于一线工作方便和规范。这个标准被贯彻落实到公司每一项工作中，成为指导部门、基层单位和个人，尤其是领导干部处理问题的行动指南。此外，邵丽东还倡导和践行让老实人不吃亏、让创新者有舞台等"四让"用人理念，畅通职员职级发展通道，加强梯队建设，在他任期内，公司干部队伍整体年龄结构得到优化。

从基层走上领导岗位的邵丽东，对江苏送变电的过去和现在再清楚不过了。他认为，基于既有的现实面向未来，这才是一种负责任的态度，他将送变电与建筑行业相提并论，都是到处"溜达"，而且还是在野外。他说："对送变电而言，实际上一直是一个市场化的企业。"

邵丽东把自己的姿态放得很低，他也一直戏称自己是"丐帮头子"，带着一帮兄弟讨饭吃。在此过程中，邵丽东与同事处成了有着特殊情感的关系。他清楚兄弟们异于常人的艰辛，也懂得他们背后的情感期望，更知晓每一个兄弟的血性。2000 多号职工，就是 2000 多个家庭，所以，在邵丽东上任后，他提出要稳定，不让兄弟们为吃饭发愁，要为职工寻找一个稳定可靠的收入来源，争取能够过得更好一点。

如何才能找到一个合适的切入口？2017 年江苏省电力有限公司应急抢修中心在江苏送变电挂牌成立，这意味着，作为省内电网主网的重要保护屏障，江苏送变电再一次被放到了当仁不让的位置。这个成绩绝非一蹴而就，背后的琐碎、努力与艰辛，都深深打上了邵丽东的烙印，成为他任期内不懈努力的一个注脚。

邵丽东总是将姿态放得很低，也因此赢得了同行的尊重，并被推选担任中国电力建设企业协会送变电施工专委会会长一职。对邵丽东而言，这个头衔是一种信任，也是一种沉甸甸的责任。他身体力行，为全国送变电行业率先蹚出一条发展之路。也就是说江苏办成的事，别的省份可以参考遵循。

可以说，正是邵丽东身上的这种顶真、不认输的性格，直接促成了江苏送变电后来独立完成了特高压南京站的工程。业内人都知道，独立完成这样一项工程，这是一次绝无仅有的创举，完成不可能完成的任务，它可以是一种挑战，但最后也可能适得其反，反而会被从神坛上拉下——从某种程度上说，邵丽东已然功成名就，但他选择了一条逆行之路，从游说整个工程由江苏送变电一家完成，到完美交付，及至最后获得鲁班奖等荣誉，邵丽东将其视为自己 40 余年职业生涯的一个壮举。这个壮举，值得他对 40 年的付出不留遗憾，也值得后来的送变电人对其不断言说，不断演绎，并将其提炼为江苏送变电不朽的神话。

一起被言说的，还有邵丽东彰显在生活细节中的认真：他抽烟后总会将烟头摆得整整齐齐。在别人拍的镜头里，他总能发现不易发现的问题……而他割舍不了的，还是那些一起奋斗过的同事。他们的未来，他一直在牵挂着，一直在关注着。

◎ 有幸成为"铁军"一员

从淮安供电公司回到南京工作的吉宏，在江苏送变电留下了长长的履历。"我来的时候，特高压建设正是最密集的时候，南京站还没有完全建成，泰州站在紧急开工，东吴站扩建正在筹建……另一个就是公司至今拿了7个鲁班奖，这4年期间拿了2个，以及参与被称为'万里长江第一廊'的苏通GIL综合管廊工程。"面对如此辉煌的成果，吉宏在言谈中，却更愿意把自己与江苏送变电的联系追溯至2002年。

2002年，江苏送变电参与谏泰线长江大跨越夹江段抢修，吉宏当时在江苏电力生产运营部输变电管理处工作，全程参与了线路抢修协调工作，并有幸见证了江苏送变电"铁军"的战斗力，其"四特"精神给他留下了非常深刻的印象。当时，从接到任务，到抢修竣工，仅用6天时间就提前完成了抢修任务，捷报直接上报到正在溧水召开的省公司党委会上，引起了轰动，获得省公司领导的一致赞扬。非常巧合的是，省公司对江苏送变电进行的奖励签报和表彰文件，后来都是吉宏起草的。

在此十几年后，吉宏也成为"铁军"的一员，并于2017年初成为这支"铁军"的掌舵者，对其有了更深切的认识。他说，谏泰线抢修充分体现了江苏送变电的铁军精神、匠心品质和责任意识。2002年是如此，2008年抗冰抢险也是如此，2016年阜宁龙卷风抢修更是如此。"这是送变电历任领导和全体员工共同努力，不断积累的结果，体现了江苏送变电发展过程中的文化传承，更可贵的是送变电优良传统能够代代相传。"

吉宏把这种传承称作"砌围墙"，经历任领导的带领，不断加高再加高，终于使现在的江苏送变电这样一个"长城"，在行业内处于比较领先的地位。"我们的业绩、内部管理，以及员工队伍的素质，都是遥遥领先的。这不是哪个领导的事情，是历届领导的共同努力。"在长达 70 年电网建设的"长征"路上，江苏送变电走的是一条不断超越、力求卓越的奋进之路。

于 2019 年国庆节前投运的苏通 GIL 综合管廊工程，江苏送变电全程参与，体现了多项当时最高的技术成果，对吉宏个人而言，这是他一定阶段工作的很好总结。

苏通 GIL 综合管廊工程，是"国家大气污染防治行动计划"重点输电通道的重要组成部分，起于长江南岸苏州，止于北岸南通，于 2016 年 8 月开工建设，2019 年 9 月正式投运，是世界上电压等级最高、输送容量最大、输电距离最长的特高压气体绝缘金属封闭输电线路工程。隧道盾构直径 12.07 米，全长 5468.5 米，GIL 线路总长 34.2 千米。该工程代表了特高压输电研发、电工装备制造、GIL 设备安装施工等领域的国际领先水平。

有专家指出，通过该项目建设，我国掌握了特高压 GIL 输电全套技术，构建了长距离隧道 GIL 安装、调试和运行技术体系，攻克了江底电力隧道建造的技术难题，对未来输电线路跨越江、海等特殊地段具有重大示范引领作用。该工程在基础研究、涉水涉航、工程设计、设备研制、施工安装试验、运维检修等六大领域开展专题研究达 53 项，其中江苏送变电研发的全机械化 GIL 专用运输及安装机具等多项原创性科技成果，填补了特高压 GIL 工程施工技术空白。

值得一提的是，工程创新设置 SF$_6$ 集中供气站，这正是吉宏当时极力争取的结果。该技术首次实现 SF$_6$ 气体热交换、集中存储、干燥净化、管道输送、安全监控一体化作业，GIL 充气速度提升 1 倍以上。工程还创新设置 SF$_6$ 气体现场检测试验室，实现即采即测，检测效率较传统方式提高 27 倍。

海涵地负，能达通衢。江苏送变电管辖的集体企业海能公司于 2018 年 3 月完成了重组，其经营范围在原有的设计和电力施工基础上又全面拓展了新能源设计、EPC 项目、配网项目、特种电工培训等业务范围。经济效益大幅改善，内部管理更加顺畅，历史遗留问题基本解决，职工队伍和谐稳定……吉宏在任上将这些工作做得风生水起。

从反对到接受，从接受到想方设法做思想工作，吉宏开始策划所属三家集体企业合并方案。"解决问题的重点，就是把原来企业老的领导干部妥善安排好。他们都为企业贡献了一辈子，有的快接近退休年龄了。"事实也证明，把他们安定好成为合并中最关键的一个因素，老人的脱离，同时也保证了新的海能公司以年轻才俊为多，轻装上阵。如今，其盈利水平、盈利能力、业务发展能力、业务扩张能力都是以前想都没想到的。

重要的是对施工培训基地的投入，也正呈现欣欣向荣的态势，现已在特种作业（电工）培训中心取得了高压、电力电缆、继电保护、电气试验等8个专业的培训资格，在电力电缆、继电保护、电气试验等3个专业也取得了实操考试资格。专业的培训，一方面解决了电力人才梯队建设的断档问题，一方面也是基于江苏送变电的发展需要，可以作为以后的一项重要业务去拓展。吉宏表示："随着基础建设投资不断下降，基建项目越来越难，毛利率水平越来越降低，竞争越来越激烈，培训应该作为一个重要的方向去发展。在此过程中，年龄大的班长、施工队长，在现场干不动以后，也可以到培训中心当老师，继续发挥他们的作用，让他们丰富的临战经验通过传帮带，得到很好的传承。"

◎ 两次成为送变电人

前后两次成为江苏送变电人，孙雷的感受是不一样的。

2015年7月，孙雷从淮安调回南京，任江苏送变电副总经理。其时，江苏整个电网建设正处于特高压建设的密集期和高峰期，参与建设的江苏送变电总能在其中留下深深的印迹。目睹一个项目从无到有，从不毛之地建设成规模比较宏伟的工程，此前一直在供电公司工作的孙雷大为震撼。他说："这些项目的建成及其施工的过程，真正体现了我们这个行业在电网建设上的高端实力。"孙雷正是通过一个个具体项目，对江苏送变电产生了越来越深切的认识。

孙雷初到江苏送变电时，江苏首个统一潮流控制器（UPFC）工程正在建设当中。项目位于燕子矶新城，旨在通过换流技术在电网关键线路中实现电网潮流的灵活调控。虽然当时在国内已经有类似技术，但真正形成成套化的运用，燕子矶新城的这个 UPFC 项目还是第一个。

"我们搞电的人都有一个基本常识，就是电力不能储存，只能根据它的电源负荷侧的各种因素和参数，形成一个电网潮流的自然分布。比如放在以前，哪边缺电了，哪边电力供应不够，其解决办法要么建电厂，要么建变电站，想办法为它提供能源。UPFC 是对自然分布的电力进行一定的人工干预和调节，是对电力进行强制性分布的科研性项目。"按照孙雷的解释，该工程相当于通过"红绿灯"式的智能调节，控制电流的流向和流量，让电流高效流动，减少损耗，使运行更经济。

孙雷初到江苏送变电工作的第一个国庆节，正好亲历了该项目的建设过程。一次性安装成功，一次性调试成功，没有留下任何问题移交给项目生产部门……这些都不断刷新了他对江苏送变电的认识：原来，一直与大工程相伴相生的江苏送变电，不只有铁军的"四特"精神，还兼有一定的科研前沿性。"这说明，对于紧紧跟上我们国家电力建设新技术和应用的最新潮流，江苏送变电绝对处于第一方阵中排名靠前的位置。它不只体现在队伍的人员和资产规模，还体现在各个方面，包括技术能力、管理能力，以及对业务的钻研。"

2020 年，孙雷再次回到江苏送变电担任一把手。这时，他对送变电的定位以及对送变电的发展有了更多维度的思考，他紧抓国家构建新型电力系统契机，带领整个公司向电网基建施工、电网检修、应急抢险等多个支柱产业纵深发展，努力打造多元化的业务结构。

2021 年 3 月 15 日，习近平总书记在中央财经委员会第九次会议上作出构建新型电力系统的重要指示。随着江苏省内风能、太阳能等新能源的开发和利用进入新局面，区外新能源引入规模持续扩大，各类新能源送出工程的配套建设成为关键支撑，这对省内电网结构的稳定、输电通道的承载力提出了更高要求，电网建设工作面临着新挑战、新任务。比如公司承建的凤城—梅里长江大跨越工程，就是为省内过江断面新增的输电通道，参建的白鹤滩入苏特高压直流工程就是为清洁能源"西电东送"构筑的绿色"大动脉"等，通过多维发力，助推国家电网高质量发展再上新台阶。

2022 年，孙雷告别江苏送变电，但他在新的岗位上，对江苏送变电的发展依然保持一贯的关注。这既是情感使然，也是责任所在。他会考虑如何解决未来人力资源短缺的问题，提出要培养后续队伍，防止发生青黄不接的现象。基于新能源对电网友好性和对电网适应性的研究才刚刚开始，他会关心电网相应的配套在哪里，"对我们送变电这样的企业来说，也要关注这种发展趋势，比如让像光伏这种微网的建设走在全社会的前面，等等"。

孙雷现任国网江苏电力建设部主任，对他来说，离开江苏送变电，只是工作另起一行，主题不变，行文方式不变，风格却更显雄健，工作腾挪之际，他更清楚地看到"铁军"精神成就了江苏送变电人攻坚克难、发展壮大的不竭动力，看到匠心品质背后汇聚了江苏送变电屹立不倒、长盛不衰的精神源泉，也由此看到江苏送变电持续性发展的根本所在。

借着工作之便，孙雷会勉励昔日的年轻同事，扎实提升自身精神素养，以昂扬的精神风貌和优异的工作成绩迎接工作中的每一项挑战，还会以实际行动践行他对青年职工的勉励。不久前，他领着一帮人赴江苏送变电施培基地，关心慰问积极备战国网施工技能竞赛的选手们，叮嘱选手们训练要劳逸结合、张弛有度，合理安排作息时间，做好个人防护，确保人身安全。

先后两次成为江苏送变电人，孙雷对它的感情更炽烈、更深沉，每次碰到江苏送变电在任一把手吴永杰同志，他都会与其探讨，在新的历史时期，江苏送变电如何走向高质量发展之路，让江苏送变电的"铁军"精神继续传承、发扬下去。其拳拳之心、殷殷之情，被所有人看在眼里——这时候的孙雷，再一次成为了江苏送变电人。

第二节 运筹帷幄敢争先

江苏送变电作为以承担输变电工程建设为主业的大型国有企业，在每个项目中都配备管理经验丰富的项目经理，技术过硬的项目总工、施工队长、技术员、安全员、质检员等一批专业的施工管理人员。项目管理首先是人，配备精兵强将是打造精品工程的关键；其次是完整的管理体系和完善的管理制度，凡事做到有章可循、有据可查。"特别负责任、特别能战斗、特别能吃苦、特别能奉献"的"铁军"精神，同样体现在科学的管理当中。

◎ 迎难而上的威武之师

2013 年的 1000 千伏浙福线和 2015 年的 1000 千伏蒙天线，两条特高压线路工程具有多方面的相似性，作为项目经理的赵冬对这两个工程的记忆尤为深刻。

江苏送变电负责施工的浙福线 8 标段，位于浙江省武义县，沿线地形复杂，大部分为无人区，山高沟深，人稀路遥，平均海拔 400 多米，最高达 1600 米，环境十分艰苦和复杂，是江苏送变电建设史上最具挑战性的工程之一。而蒙天线 9 标段沿线地处太行山区，被崇山峻岭所环抱，平均海拔高度 983 米，山峦绵亘，沟壑纵横，多悬崖与滑坡，交通、材料运输、登山作业都极为艰难，较之浙福线更为艰苦，是一块名副其实的特高压工程"硬骨头"。

依照惯例，两个工程开工之前就提前谋划，明确了工程进度要始终保持"全线第一方阵"的目标。

　　浙福线 8 标段开工前夕，首要事情是搭好项目管理班子。当时在项目部管理人员的挑选上要求十分严苛，一是必须参与过特高压等国网重点工程，具有丰富的施工经验；二是必须年富力强、工作认真负责、执行力强、创新力强、肯吃苦、不怕打硬仗。最后选出的是一批以项目经理赵冬、项目总工陈根华、技术员赵智强等为领头人的年轻有为的骨干人员，这些生龙活虎的 80 后，工作起来效率极高。

　　在线路复测阶段，组成了由项目经理、技术人员、经营人员和班队长为成员的现场勘察队，提前熟悉了解现场地形地貌，构思每基桩位的道路进场方案和基础、立塔、架线施工方案。可以说在别的队伍还没有进场的时候，他们就已经在考虑最后的立塔、架线方案了。以浙福线为例，一位工作了三十多年的老师傅曾在施工中说，能够把工程的谋篇布局提前到这样一个程度，他还是第一次见到。

　　工程管理上，无论前期策划、过程管控、还是人财物的统筹调配，无一不突出全面细致、无死角无遗漏的特点。细节决定成败，在施工过程中，哪怕现场工器具上的一颗螺丝，都要严格检查把关。千里之堤，溃于蚁穴，不能有丝毫的马虎。为了管理到位，施工方案的编写往往巨细无遗，事前将各种潜在的安全危险点、危险源悉数列出。

　　山区施工，运输塔材通常依靠索道，可是由于浙福线 8 标段 76% 的铁塔是钢管塔，塔材最大单件重达 5.3 吨，普通的索道不能满足需要，于是公司自行设计制作了 6 副重型索道，运输能力显著提高。这种重型索道支架宽度加大至 3 米，确保了重型钢管构件和组塔施工机具都能够顺利通过，增加了侧向支腿，提高了索道运行过程中的横向稳定性，并对侧向支腿的布局进行了优化，改善了索道支架钢梁的承载能力。此外，工程还建设了 53 条轻型索道，用于运输砂石以及水和食物等供给。索道的使用从根本上解决了以前在山区施工完全依靠人工运送的困局，大大提高了劳动效率。

　　除了重型索道，公司还研发使用了 T2T80G 新型立塔抱杆、东方红全地型牵引车，改进了塔材运输炮车，创新采用了旋翼放线直升机等先进机械与器具。

　　施工过程中，始终突出一个"先"字。先人一步，方能快人一程。

　　"我们之所以能够成为全线各标段建设中的佼佼者，主要在于我们有一支战斗力特别强、执行力特别高、思想特别活跃的年轻铁军团队。"赵冬从以人为本的管理角度这样总结道。

　　没错！人是生产中最关键的资源。组织保障、技术保障，没有人去执行，一切都是空谈。这些"80后"的年轻人脑子灵活反应快，发挥才智迎难而上，随时上网查资料，召开头脑风暴碰头会，创造性地进行施工，遇到难题都能迎刃而解。

　　在浙福线的施工中，由于工程电压等级高、铁塔重，掏挖式基础平均坑深14米，最深的达到了22.5米。这么深的基础，就是平地下挖都非常困难，何况在深山岩石上一层层爆破下凿。如果按照常规方式，一基基础光挖坑就要近20天，这样的速度严重影响工程进度。为了加快施工，项目部一方面积极与负责爆破管理的当地公安部门协调，另一方面要求爆破施工单位增派爆破人手，并采取多种措施，提高爆破人员的积极性。同时针对坑内爆破后，粉尘自然排空近5个小时的慢速问题，项目部创新研发了PVC烟囱抽尘设备，1个小时就将粉尘排完，大大提高了工效。

　　与此同时，这些年轻人身上具备的那股不怕吃苦的"铁军"精神也常常让人动容。由于浙福线绝大部分的铁塔立在深山中，线路复测时，他们经常行走于陡峭的荒山上、密布的丛林中，无路可寻，怎么办？他们随身携带小砍刀，遇到荆棘或树杈挡路，就自己"砍"出一条道来，爬悬崖、走沟壑、游河川，往往累到虚脱。被尖利的树刺划破衣服，刮伤大腿和胳膊，摔跤滑倒流血流汗，路线不明又走了大量冤枉路，有时还会被毒虫叮咬，遇见蛇与野猪那也都是家常便饭。他们从无畏惧，背着干粮、拿着水壶，人均穿坏三四双登山鞋，瘦了十来斤，花了整整40天的时间，终于将79个塔基点复测完毕。

　　随后的开工正值夏季，浙西的最高温度能达到40多度，为了避开高温，施工队早上5点半就上山，紧锣密鼓地工作到10点左右便下山，下午4点再上山，一直干到晚上8点半才下山。而夏季过后，山区好像没有秋天，顿时就进入了冬季，早上起来满地都是冰霜，施工人员就集中在上午9点到下午4点工作，中间只有半个小时用来吃饭休息。天寒地冻，炮钎钻在山石上有时一下子只能打出个白印，一天下来往往只打了两三个炮眼，但为了抢工期，没有人畏惧退缩过。

日晒过、雨淋过、雪冻过、风吹过，年轻的"铁军"在磨炼，在"淬火"，最后都蜕变成了"黑金刚"，再也没有什么困难能阻挡他们！他们在特高压浙福线的现场成长起来了，变得勇敢而坚强。

在蒙天线的施工中，由于项目部距离现场路途遥远，即使是最近的塔位也需要一个半小时的车程，而且只是到达山脚下的村庄，上到山顶还要再步行一个小时。若是更远的塔位，路程能有300公里，当天是赶不回项目部的。为了节省时间，往往塔立到哪儿，施工人员就近就住在哪儿，山村、山顶来回地更替，半个月洗不了澡更是常态。遇到下雪天气寒冷，住在山顶，身下铺上厚厚的褥子，身上盖几床被子，甚至用绳子把被子和身体捆在一起，再裹上帐篷布都很难暖和过来，真可谓是彻入骨头的寒冷。而到了炎热的夏季，山上光秃秃的连一棵遮阳的树都没有，作业人员只能在大太阳底下暴晒。

由于是全山区的工程，没有一基塔是立在平原上，加之无进场道路与通信信号，山高路险是最主要的地形特征。通向各塔位的山路十分复杂，有的异常狭窄，一个人走都很困难，更不用说行车了。山上植被稀少，很多地区山石风化严重，多乱石、碎石，崖壁险峻，有时遇到风大得人都站不稳的山口，稍有不慎很容易滑下山坡。

科技是第一生产力，项目部沿用超前策划的一贯作风，技术先行。项目总工黄磊带领几个年轻的技术员用心琢磨，认真研究，大力推行机械化施工，针对岩石深基坑采用水磨钻施工技术；针对山区特高压酒杯塔窗口大、横担长的问题，并用T4D85座地四摇臂抱杆和T2T80G平臂抱杆分解组立技术；规范索道使用方法，同时使用全地形履带车解决运输难题；配备倾斜角测量仪、旁压测试仪等先进设备，确保工程安全可控推进。

放线过程中，因为整个档距大约7公里，跨越了十多个山头，所以每个山头、每一基塔都要有人员监视。山里风大，再加上档距大，放线过程中导线特别容易缠绕，一旦发生缠绕，就必须立即处理。护线人员以最快的速度上塔，将绳索固定在缠绕的导线上，地面工作人员通过拉绳子，将导线一根根理顺，才能继续牵引。有时候缠绕处在两个山头之间，下面是万丈深谷，处理起来更是十分棘手。

在太行山里，想找一块平地极其困难，但是每一段放线都必须要有张力场和牵引场，项目部指挥施工人员充分发挥愚公移山的精神，把挖掘机开进来，挖平一个个山头，再将边上的陡坡加固加宽，多余的碎石拉去回垫相邻的另一个牵张场。一块场地前后需要花费近两个月才能平整出来，而蒙天线 9 标段一共 10 个牵张段里只有 2 个牵引场处在山谷，勉强算是有场地，其他的都需要挖山填壑。据统计，总共开辟牵张场地 8000 平方米，挖掘岩石 30000 立方米，修筑道路 20 千米。

正因为两个工程均位于非常艰苦的环境，项目部在确保工程进度的同时，更加注重各方面的安全管理。明确以项目经理为安全第一责任人的安全组织体系，强化各级"安全第一责任人"制度，项目部、施工队、施工小组均明确安全第一责任人。所有施工人员均经过技术交底，通过安全考试后方可进行作业。施工中严抓严管，严格落实各种措施，细致入微。

工程还充分利用了基建管理信息系统、P3 与 Google Earth 软件、数字化档案管理系统、视频监控系统等先进的工具手段，克服了时间紧、施工难、任务重、要求严等一系列困难，精心组织，严格管理。江苏送变电人靠着化钝为利的"铁军"精神，保证了两条特高压线路均以精品工程的面目完成全部任务，为国家加快推进建设特高压骨干网架做出了自己的贡献。

◎ 科学谋划的文明之师

±800 千伏泰州换流站坐落于江苏兴化，是内蒙古锡林郭勒盟—江苏泰州 ±800 千伏特高压直流输电工程的终点站，也是世界上首座千万千瓦级分层接入的交直流深度融合特高压站，建筑面积 23256 平方米，占地 22.85 公顷，被誉为"亚洲第一站"。金振强作为这个新时期重点工程的项目经理，深感责任重大，挑战来自方方面面，同时他也非常清晰地意识到，高质量建设的保障必须依赖于一套高效、严格和科学的管理制度。

自工程伊始，就明确了创建中国建设工程鲁班奖的目标，江苏送变电组建了创优临时组织机构，对工程创优进行全过程指导监督，项目部下功夫编制成《创优策划书》，明确职责分工，排定工作计划，推进创优工作，强化工程创优组织。之后定期召开创优推进会，统筹组织重要施工方案评审，确保方案实施的可行性，同时精心组织实体工艺检查和内在质量深度管控，确保土建施工和电气安装工艺的质量要求。

泰州换流站中的许多设备都是第一次采用，项目部针对各类具体问题，在开工前很早就进行了科技攻关，致力于技术创新，提前解决了一道道全新而困难的课题。

全站的核心设备换流阀所在的阀厅安装，对土建施工及电气安装的精细度与安装环境都有着最高的要求。施工阶段，阀厅作业面积达2000平方米，相当于5个篮球场，而现场运输、保管、安装及试验等各个环节却都有着非常严格的要求，要想在这么大的空间内做到无尘化施工是个难点。为此，金振强带领项目部经过多次研究与论证，决定把作业空间分成4个区域，采用粉尘仪实时监控阀厅空气质量，数据直接显示在入口处的屏幕上。同时，对作业现场设置了多级防尘措施，保证进入阀厅的人员穿好防尘服后还要经过风淋装置除尘，以彻底隔绝外部的灰尘。

安装穿墙套管时，项目部创新研制了调整葫芦的吊装方式，用来调节套管角度，通过阀厅内外安装人员的密切配合，可以快速、准确地将套管安装到位；工程采用了接地件预加工方式，采取新的加工工艺，工期缩短为传统工期的30%；用电焊的方式取代了热熔焊，无需抬起接地扁钢，无需反复移动，校验一次成型，保证接地面垂直，定位准确。

由于工程规模大、参建人员多、交叉作业多，为加强现场安全管理，金振强带领项目部采取了多项措施：制作人员信息卡、车辆信息卡，凭卡方可进入施工现场；将施工现场划分为网格状工作面，并与工作面负责人签订安全协议，实行精细化管理；每个作业组由工作负责人持作业票带进带出。在现场每个入口的电子屏上，都有清晰显示的各作业点人员信息。此外，项目部还建立了劳务分包人员名册，将其也纳入到施工班组中，实行无差别管理，做到安全管控全员覆盖。

换流站的施工始终秉承低碳、环保、创新理念，改进传统管理思路，在保证质量和安全的前提下，最大限度节约资源，减少对环境的负面影响，努力实现"四节一环保"，充分体现了绿色工程的特点。依托本工程，"一种预埋槽钢安装工具"等 2 项成果获得国家发明专利，"一种现浇清水混凝土防火墙模板"等 18项成果获得国家实用新型专利，"换流站防火墙整体式大模板的研究"等 11 项获省部级或行业级 QC 小组成果奖。

2019 年，±800 千伏泰州换流站获得中国建设工程质量最高奖——鲁班奖，而这一工程近乎完美的成功建设也离不开始终勤勤恳恳却又技艺精湛的土建现场项目经理张龙和电气项目总工李权权等年轻人的默默奉献。

±800 千伏泰州换流站土建 A 包也是由江苏送变电承建的，施工范围包括直流场、500 千伏交流区等重要版块。江苏送变电作为整站土建部分施工的牵头单位，在完成自身施工区域的同时，还得协调其他土建施工单位的工作。这对于第一次做特高压站现场项目经理的张龙来说，当然是一种挑战，这位毕业于同济大学土木工程专业的高才生最终完美地交出了答卷。

土建施工前，张龙组织项目部技术人员对图纸进行会审，发现雨水泵站距离围墙较近，由于围墙基础前期已经做完，而雨水泵站的基础又很深，开挖后将会影响附近围墙基础的稳定。针对此情况，张龙与项目总工施魁等人进行了认真的研究，最后向设计院提出了这一问题，并拿出了建议方案：把雨水泵站的结构改为沉井的形式。中南电力设计院经过现场勘察，确认了现场情况，也同意了项目部的变更方案。沉井施工在换流站还是首次，土建技术人员充分运用自己的专业知识，自加压力，也要保证这个重点工程安全、可靠地推进。

直流场阀塔基础的施工也非常值得称道，上部设备对基础预埋的地脚螺栓的精度要求很高。设计人员用商量的口吻，希望施工误差最好控制在一毫米以内，这远远超出了施工规范的要求。每一组 6 个地脚螺栓，一共十多组，每个螺栓位置误差小于一毫米，这谈何容易。土建施工人员采取了分步骤校核的措施，最终几乎是零误差移交，连设计院的设计人员都松了一口气。电气施工单位辽宁送变电安装时，设备与地脚螺栓的对接非常顺利，比原计划节省了很多吊车台班，这是他们未曾预料到的。

在科学谋划方面，张龙针对工程所在地的地理及气候情况，提前做出了应对措施。泰州换流站位于里下河地区，是长江与淮河之间最低洼的地区，而施工必然会遭遇梅雨季节。为此，土建开工后，第一步抢先把站内的排水主管网环通，并且在关键位置安装好大功率的潜水泵。2016年的梅雨季节比往年时间更长，现场虽然经历了持续的大雨，却没有出现淹水的情况，这让现场的业主和监理都甚感欣慰，再一次称道了土建施工策划的能力。

李权权刚进入江苏送变电时分配在变电分公司，之后又到调试分公司工作了几年，两个业务版块的锻炼经历使得他既精通安装业务，又熟悉调试业务，协调能力比较突出。他曾担任过500千伏变电站的施工负责人，整体能力较强，基于培养和锻炼的目的，公司决定让这位年轻人担任泰州换流站的电气施工的项目总工。

±800千伏泰州换流站在与1000千伏泰州交流站进行二次连接时，电缆敷设长度总计1000千米以上，最长的一根电缆就有1000多米，尽管在沿途转弯处用自行研制的滑轮装置大大减小了摩擦力，可是敷设这么一根长电缆仍然需要七八十人同时作业。人员本就紧张，工期紧迫，工作量又这么大，需要想些办法解决电缆展放慢的问题。为了节省人工减少工作量，李权权带着技术人员研究、设计、出图、下料、焊接，终于成功制作出了水平旋转的电缆盘控制装置，使用效果完全符合预期。今后只要将一盘盘电缆运至敷设起始位置，架起来，四五吨重的线盘一个人就可以轻松操作，既节省了人力物力，也减小了劳动强度。

2017年7月的一天，李权权正在办公室接受媒体的采访，现场的二次施工人员郑兆和忽然急急忙忙拿着图纸走进来。

"李工，这个位置的厂家图纸和设计图纸不一致啊。"

李权权立刻停下采访，接过图纸仔细查看，原来是某油温过高跳闸信号接入换流变汇控柜端子模块，厂家图纸是接在 X61-6 的位置，而设计图纸则是接在 X62-6 的位置，工作人员在检查核对已接好的二次回路时发现了这一问题。李权权随即将两份图纸一一拍照，分别反馈至厂家和设计单位相关人员，及时讨论并制定了解决方案。

"施工过程中，我们对每一个环节都细心再细心，工作做完了再由专业人员仔细检查，每一个细节都不放过，确保正确无误。"李权权介绍说。

当完成了白天忙碌的工作之后，李权权的夜间工作才刚刚开始。吃完饭，他像往常一样拿着电脑回到办公室开始梳理一天的工作和安排第二天的工作，直至夜里很晚才会休息，第二天继续早起投入新的一天工作。

在泰州换流站的建设过程中，李权权的孩子出生了，而他直到当天夜里才赶回家看望新生儿与妻子，皆因必须将手上的工作完成，肩上的责任重大。

工程结束后再去询问参与施工的项目管理人员，他们都觉得没有什么可讲述的，一切都是顺理成章、按部就班地开展，这也印证了"善战者无赫赫之功"这句话。像金振强、张龙、李权权、施魁这样技术精湛、工作认真的骨干精英，只是项目部众多管理人员的几个缩影，而正因为拥有这些一代代年轻有为的人才，江苏送变电的创新精神与活力，方能跟随时代的脚步长久地延续下去。

◎ 跨出国门的"远征军"

为了响应"走出去"的战略号召，江苏送变电积极参与国际竞争，先后在巴基斯坦、越南等 7 个国家建设输变电工程。2004 年成功中标埃塞俄比亚电网建设的 GM-1 工程，该工程包含 GONDER 和 METEMA 两个 230 千伏变电站的建设，其中 GONDER 变电站为扩建，METEMA 变电站为新建。

2004 年 12 月 4 日，江苏送变电组织谈判小组赴埃塞俄比亚参加工程的合同谈判，以高亚平、赵鲁成、邵林冲等为代表的公司骨干以流利的外语、精湛的专业知识、良好的谈判技巧，给埃塞俄比亚电力公司的谈判对手留下了深刻的印象。经过近一个月的谈判，2004 年 12 月 31 日，成功签订了总承包的工程合同，中国驻埃塞俄比亚大使馆商务参赞也应邀出席了签约仪式。本工程的合同与普通国内项目合同区别很大，是根据国际咨询工程师联合会（FIDIC）的标准样板制定的，合同条款庞杂、巨细无靡，光合同页就厚达几千页。此次项目合同签订过程也给江苏送变电在海外业务开展方面积累了不少宝贵的经验。

2005 年初，项目进入前期准备阶段，因为是总承包，所以包括材料设备的设计、制造和采购均由江苏送变电统一安排。江苏送变电与南京一家设计院合作，构支架等材料则交给制造厂家根据设计图纸进行加工生产。一天，工程管理部主管该项目的负责人严宏来到制造厂家进行常规检验，凭他多年的现场施工经验发现，构架似乎有点"单薄"的感觉，于是回到公司便向副总工程师周修建及时作了汇报，周修建立刻找来年轻的技术员顾海荣，让他对构架的型材进行复核。小顾用传统的手工计算方式，将设计院的构架图纸重新进行了力学计算，经过多次反复的验算，发现构架中的若干腹杆确实存在设计偏小的问题。第二天，周修建带领小顾一起来到设计院，找到负责人说明了这个情况，设计院也十分重视，很快做出验算并确认了问题的存在。之后经过修改图纸、更换腹杆、重新组装，最终，所有原材料在江苏送变电一丝不苟的严格把关下，顺利装上了运往海外的万吨远洋巨轮。

由于所有的设备和材料均需从中国起运，而仅变压器一项就有几百吨的重量，无法实施空运，只能通过海轮进行运送。此次工程的所需物资前后共分成了两批起运，分别从天津港和上海港出发，经过了约一个月的航程终于抵达埃塞俄比亚邻国吉布提的国家港口。埃塞俄比亚本身是一个内陆国家，没有港口，一切进口海运货物均须经过吉布提才能入境。

在货物运达吉布提港口后，紧接着面临的最大挑战就是运输。埃塞俄比亚位于东非高原，属于山区国家，平均海拔近 3000 米，素有"非洲屋脊"之称，道路大多崎岖不平，山路十分普遍，有的运输路段有着连续 3 到 4 个 15 度左右的陡坡和急转弯道，道路运输条件十分恶劣。为了确保运输道路的安全性和可靠性，项目部给予高度重视，对埃塞俄比亚境内 GM-1 项目可能利用的运输道路进行了咨询和实地考察，最终选择了一条安全风险较低，道路条件相对较好的运输路线。

运输路线需要连续行驶在各种山区道路上，先到达 GONDER 变电站所在地，卸下所需设备与材料后再驶往终点 METEMA 变电站的建设现场，全程近 1800 千米，距离非常遥远。为了应对运输路线中占比最大的荒无人烟的山区，负责押运的人员提前备好了大量饮用及生活用水，而在运输过程中，即便气候炎热，出于节水的考虑，押运人员也只能采用毛巾蘸水的方式来抹身。当车队经过著名的东非大裂谷时，还曾面对过荷枪实弹的当地武装力量。东非大裂谷这段道路两边均为落差达七八十米高的陡峭悬崖，必经之路上有一座陈旧的钢架桥，而桥上部署了许多持枪士兵、坦克与重机枪，明显是将此桥作为一个重要关卡来守卫的，未经允许不准任何车辆通过。江苏送变电的押运人员经过与士兵的耐心交涉，并说明此行是出于为埃塞俄比亚建设的友好目的，终于使对方同意放行。由于此钢架桥年代已久，承重有限，6 台巨大的平板运输车花费了整整一个白天的时间才缓缓陆续驶过，而每一台车的成功过关都会引发全体押送人员的热烈鼓掌与欢呼，场面十分振奋人心，让所有亲历者都留下了极其难忘的记忆。

经过周密的计划和 12 天艰苦卓绝的长途跋涉，一台 230 千伏变压器、3 台 230 千伏高压电抗器以及众多其他设备和材料终于成功运抵两个变电站的建设现场，顺利完成了全部运输任务，保证了工程的顺利进行。

两个变电站的土建部分，江苏送变电分包给了埃塞俄比亚的土建承包商，然而当地的土建施工队伍缺乏相对成熟的技术管理水平和统筹考虑的管理理念。在 GONDER 变电站的基础施工过程中，技术员鞠保兴曾发现多个开关位置的混凝土基础尺寸与设计尺寸有偏差，于是要求施工方返工，可是对方的拆除效率很低，原本一天就能完成的任务因为人员的匮乏与工具的落后整整延误了近一周。针对此类情况，以项目经理邵林冲为代表的管理人员采取了针对性的措施，除了作业指导书以外，还根据每个分项工程的实际情况做了流程指示，便于土建承包商的理解，并严格按照此流程来对工程进行质量和进度的控制。通过以上措施，江苏送变电给埃塞俄比亚的土建承包商带去了很多新的管理方式和管理观念，不仅促进了工程质量的提高，也加快了工程进度，确保土建项目按时移交电气安装。

江苏送变电在 GM-1 工程中向埃塞俄比亚派出管理与技术人员共 20 多人，其中具有英语交流能力的不在少数，可以与对接的埃方人员进行沟通。不过，现场还雇用了很多当地人作为施工协助人员，他们文化程度不高，只会说埃塞俄比亚方言。项目管理人员为了工作便利起见，充分调动起各自的学习潜能，在不算长的时间里就掌握了一定数量的当地方言，有的甚至可以用方言与当地人进行交流。

初到埃塞俄比亚，江苏送变电的管理人员因为水土不服加上当地卫生条件较差，多数患过疟疾，连续几天出现忽冷忽热、食欲缺乏、无力及发烧等症状。项目部对此十分重视，除了准备针对性药物之外，还将患病人员及时送至当地医疗卫生条件较好的私立诊所进行治疗，经过一到两周的时间，所有人员均恢复了健康，重新投入紧张而繁忙的工作当中。

埃塞俄比亚一年分干湿两季。雨季从每年 4 月至 9 月，其余是旱季，旱季在 2 月、3 月最热，地面温度最高可达 50 摄氏度以上。GONDER 变电站所在地临近一座中型城市，生活条件相对较好，而 METEMA 变电站则位于一处人烟与植被稀少的荒芜山区，常年气温都在 40 摄氏度以上，且干旱无雨，工作及生活环境异常艰苦。为了解决用水及食品问题，项目部都会定时到邻近的城镇，以若干塑料大桶承载饮用水，再采购一些所需食材拉回 METEMA。由于埃塞俄比亚特殊的地理与自然环境，可食用的蔬菜种类乏善可陈，基本只有洋葱、土豆、辣椒几种，遇上当地的斋月，肉类也无法买到，只能长时间以青椒炒鸡蛋、洋葱土豆丝几种菜来对付，即便不在斋月，中国人习惯食用的猪肉的购买渠道也相当有限。

作为新建变电站，METEMA 在电气安装之前新建了一些平房，供管理与技术人员居住。这些由当地人承建的房屋由于施工工艺较差，连关闭房门都有困难，且留有很多很大的缝隙，到了晚上，各种虫类都会从门窗的缝隙进入室内，给所住人员造成了不小的困扰。加上此处没有通电，用电全靠柴油发电机提供，而发电机又不能 24 小时运转，晚上 10 点之后需要关闭，如此一来，带去的电风扇也无法使用，虫类的干扰就愈加明显了。

作为扩建的变电站，GONDER 的安装工作带电作业较多，由于埃塞俄比亚对运行变电所的运行管理模式、水平与国内差异非常大，潜在的安全风险更大。此外还有各种停电情况，停电作业协调相当困难，工程进度也多受影响造成工期紧张。而断路器、主变等设备的安装对天气、湿度、风速、沙尘及空气污染的控制要求也很高。对于这些问题，江苏送变电的管理人员充分发挥长期积累的先进管理经验，运用过硬的技术实力，克服了种种困难，一一予以解决，实现了既定的目标。

埃塞俄比亚工程期间，有一件让所有参与者都留下深刻记忆的事，即使时隔多年，每次只要想起，都会感慨不已。

朱延安，一位经验丰富的老起重队长，由于主变压器的运输与吊装难度大、要求高、任务重，江苏送变电将其派往埃塞俄比亚进行技术指导和把关。当他下了飞机之后，未来得及休整，就马不停蹄地投入工作之中。在主变压器吊罩检查的时候，不巧下起了大雨，而正在进行的检查无法停止，因为不能让变压器长时间暴露在空气之中，于是冒雨开展工作。之后几天，一贯的强烈责任心让朱延安又连续奋斗在现场，但水土不服、时差，加上没有得到有效的休息，导致他最后在施工现场累倒了。大家连夜将其送到当地医院检查，确诊为急性阑尾炎，需要立即进行手术，但被告知当地医院外科卫生条件及医疗水平都较差，无法实施手术，只有 800 千米外的首都亚的斯亚贝巴具备手术条件。当时朱延安的症状已相当严重，项目部积极与当地医院、机场进行沟通协调，医院方面先输液消炎，机场做好病人登机准备。随后大家一面火速护送吊着点滴的朱延安赶往机场，一面紧急联系首都驻留人员安排接机及医院手术事宜。经过一番波折，老朱终于被送到了手术台上。术后，主刀的医生告诉鞠保兴，如果再晚来一点，老朱可能就有生命危险了，因为腹中患处即将穿孔。

在这场与时间和病魔的赛跑中，江苏送变电的项目管理人员同心协力、全力以赴，以挽救宝贵生命为最高己任，最终成功化险为夷，这也是他们在项目管理上必不可少的应急管理能力之体现。

2006 年 12 月 31 日，GONDER 变电站启动投运，2008 年 3 月 16 日，ME-TEMA 变电站启动投运，GM-1 工程宣告顺利结束，受到埃塞俄比亚国家电力部门的高度评价，被誉为创造了埃方电力建设工程管理上的奇迹。另一方面，GM-1 工程的成功实施，也使江苏送变电成功站稳了国际电网市场，在国际工程的施工管理、技术管理、经营管理等方面锻炼和培养了一批专业人才，标志着江苏送变电的品牌形象已迈出国门，走向世界。

第三节　义不容辞赴"战场"

　　江苏送变电的一线职工，在各个急难险重的工程中，逢山开路，遇水搭桥，谱写出一个个强劲的音符，描绘出一片片美好的画卷。他们 70 年风雨无阻，日夜兼程"战斗"在平凡又崇高的岗位上，反映出他们吃苦耐劳、无私奉献、不畏流血、勇往直前的"铁军"精神。他们真正是我国电网事业一个铁打的营盘，流水的"兵"，他们都为江苏经济建设大发展默默无闻献出宝贵的青春年华，也把他们的爱献给了中华民族伟大复兴大业。

◎　电网建设的多面手

　　王邦是一个非常能吃苦耐劳，而且做任何事都毫无怨言的"战友"，他从事送变电工作以来，一直扎根于施工第一线。他与班组里的"战友"每天早上出发，干到晚上收工，他总是风雨无阻，一马当先，冲在最前边。尤其是在面对停电施工、抢险施工、特高压施工等急难险重的任务时，他更是积极面对，敢于思考，勇于创新，认真研讨施工方案，详细安排施工计划，带领"战友"们解决了一个又一个重大难题。

　　王邦是 1993 年参加工作的老职工，在输电线路工作岗位上已有 30 余年，担任施工班组长达 20 年，虽然在输电线路施工方面十分熟悉，但是他还在不断学习、不断探索。在他担任班组长期间，先后参与 1000 千伏晋东南—南阳—荆门工程、±800 千伏溪浙线、±800 千伏灵绍线、±800 千伏锡泰线、±800 千伏青豫线等多个特高压工程的施工。并且参与了广东冰灾、江苏阜宁"6.23"龙卷风、江苏响水"7.20"风灾等重要抢险任务。他还参与过6次大跨越工程，其中有500千伏江阴长江一跨、220千伏燕子矶大跨换线、500千伏五峰山大跨换线、舟山副跨以及世界最高输电铁塔凤城—梅里长江大跨越。他在大截面导线展放、山区架线、高塔组立等方面都积累了丰富的施工经验。

在工程上碰到棘手的问题时，王邦有时候会"猴急"，有时候还很较真，如果问题不解决，他一定不会罢休。正因为有这种干事的蛮劲，他往往会立马"诊断"出诸多的"疑难杂症"。比如架线时对迪尼玛绳人工回收慢、工作量大的问题，王邦一头扎了进去，和"战友"一起研制出的"依附于手扶绞磨迪尼玛绳回收装置"获得实用新型专利；在舟山副跨"战役"中，面对主管就位难的问题，他亲自爬上高塔研究试验，经过多次改良，最终研制出钢管塔主管根开液压调节装置，顺利完成了大跨越组塔施工任务。

在江阴长江二跨项目上，面对世界最高的输电铁塔，他多次爬上跨越塔亲自参与安装。在北跨越塔双平臂抱杆大臂吊装剩下最后一节时，突然大雨倾盆而至，把他们浇成了一群"落汤鸡"。此时天快黑了，但根据施工要求，当天必须完成抱杆平臂的吊装任务，不然将给施工带来严重的安全隐患。王邦二话不说，立即爬上抱杆，迎着大风大雨亲自干，迅速完成了构件的吊装就位工作；在井筒吊装时，几十吨重的井筒悬浮在空中，需要尽快就位，在这紧急关头，高度控制尤为重要，如果出现偏差后果不堪设想。王邦一直"悬浮"在385米的"舞台"上，像一位动作娴熟的指挥家，引领"演奏家"在半空中摆动着"乐器"，随着井筒成功就位，一支优美的抒情曲也完美演奏完毕，王邦悬着的一颗心也平稳地"落地"。

举出这几个例子，对于王邦来说，只是"冰山一角"。他们常年在一线施工，没有热闹，只有苦累。白天不是日晒，就是风雨，浑身油腻腻脏兮兮的，就像一群流浪江湖的"艺人"。但王邦没有文艺细胞，只有技术缠身，晚上回到住处，还要总结当天的工作经验、安排第二天的工作计划，很少有休闲的时间供他享受安逸的生活。不过最开心的是每天下班，打电话回家报个平安，听听老婆的

"牢骚"和女儿的撒娇，心里才得到一些安慰。有时候面对家人的不理解，他只会苦笑笑，把心中的委屈一带而过，思维又投入了工作状态中。

每当一个个工程投运后，王邦就彻底地放下心来，品味一下成功的喜悦。每当他回头看看以往施工的导线、铁塔在空中闪闪发亮的时候，他满满的自豪感和成就感油然而生，就是再苦再累也值得。王邦像一座高塔，江苏送变电的每个工人都像一座高塔，日日夜夜坚守在广袤的田野上，他们都在为我国电力事业发出一份光和热，也在为发展我国经济建设默默地努力拼搏着。

◎ 勤勤恳恳的老队长

1985 年参加工作的薛昌福，是江苏送变电三工区一班的送电工。到了 1997 年 10 月任第四工程处四队副队长，1999 年 11 月任第四工程处三队队长，2004 年 3 月任第二分公司三队队长。他是一个老师傅了，已参加送变电线路架设工作 38 年。他获得了不少荣誉：2008 年度抗冰抢险功臣个人，2009 年度南京市劳动模范，2012 年度江苏电力优秀班组长等。

薛昌福作为施工队长先后参与过多项工程，如同一个骁勇善战的老"团长"，带领"战友"们拿起"武器"，攻下了一座又一座错综复杂的"城池"。2003 年，500 千伏田上线；2004 年，500 千伏江阴长江大跨越；2005 年，500 千伏华车线；2006 年，±500 千伏贵广线；2007 年，750 千伏拉宁线；2008 年，500 千伏马锡线；2009 年，±800 千伏向上线；2010 年，500 千伏溧丹线；2011 年，500 千伏斗常线增容改造；2012 年，500 千伏常熟电厂送出线路；2013 年，1000 千伏淮上线；2014 年，1000 千伏浙福线；2015 年，1000 千伏淮上线（二回）；2016 年，±800 千伏晋苏线；2017 年，锡泰特高压配套 500 千伏送出线路；2018 年，苏州站 500 千伏送出线路，等等。

从 2003 年到 2019 年，薛昌福服从命令，听从领导指挥，担任各项工程施工队长，这需要多么大的勇气和自信，才能挑得起如此多的重任。他没有辜负领导对他的信任，各项工作都较好地完成了，是一个勤勤恳恳、努力干好工作的老队长。几十年如一日，他几乎天天奔波在田野中，如同一头默默耕耘的老黄牛，从未离开过脚下的泥土。

2007 年，他担任 750 千伏拉西瓦—西宁输电线路工程施工队长，该输电线路工程是西北 750 千伏主干网架的重要组成部分，也是"西电东送"的重点工程。该线路地处青藏高原，平均海拔 2700 米以上，最高海拔 3860 米，空气稀薄，地形复杂，气候恶劣，施工难度空前。陡峭的悬崖，刺骨的冰寒，还有明显的高原反应，成了制约人员、设备进场的关键因素。

面对这种恶劣的自然环境，施工人员无畏无惧，每天坚持徒步 1—2 小时到达现场塔位开始作业。而薛昌福在提及重冰区架线时，他至今还记忆犹新，当时 108 号耐张塔 CD 腿面是 70 度左右的悬崖，而且是高低腿，地形可用面积极小，瓷瓶安装采用起吊后 1 片 1 片对接的方式，作业人员在极端寒冷的气候下，仍然完成了该项急难险重的施工任务。为了完成 97 号—118 号段架线任务，山谷里有 2 个施工班组，住在单薄狭小的帐篷中，饮的是山中冰下的溪水。他们忍受着零下 25 摄氏度的低温，常常在半夜里被冻醒，却仍然坚持每天早起，徒步出发到施工塔位，忙碌了一天之后，才拖着疲惫的脚步从山上下来。他们在山中洗澡更是奢侈，本来地方缺水，人又很累，往往是浑身泥浆，也顾不上洗澡，就倒下去呼呼大睡了。

他们承建的是该输电线路工程Ⅲ标段，从 97 号铁塔开始，至青海西宁市郊的 750 千伏西宁变电站 147 号铁塔，线路长度为 22.3 千米，杆塔数量 51 基，其中有 22 基铁塔处于重冰区，铁塔平均重 66.4 吨、直线横担最长为 53.6 米、直线塔头最重达 23.6 吨。该段输电线路平均海拔 3519 米，而 111 号铁塔导线悬挂点海拔达到了 3820 米，为当时 750 千伏线路中海拔最高，在这样的高度进行架线施工，可谓"世界高原第一牵"。10 月底导线展放结束后，开始高空紧线和附件安装，至 11 月 20 日架线施工全部完成。

薛昌福他们克服了地理和天气的双重困难，拼出了江苏送变电人的勇气和豪气，面对 750 千伏拉西瓦—西宁输电线路工程这块"硬骨头"，在规定时间内圆满完成了施工任务。在老队长这种老黄牛精神的鼓舞下，全体施工人员的青春年华都无私地奉献给了崇高的电力事业，这也是他们内心深处最终的目标。环境再恶劣，工程再艰苦，就是再沉重的"铁塔"，也压不塌江苏送变电人的血肉双肩。

◎ 青出于蓝的"送二代"

刁全胜 1986 年正式走进中国电力事业的大家庭，成为江苏送变电队伍里的一员，他参与过诸多重险工程建设。其中的酸甜苦辣和喜怒哀乐，成功与失败，道不尽江苏送变电人奋勇争先，前仆后继的壮举，造就了他们这样一支"铁军"队伍。

2003 年刚升任队长的刁全胜，就从政平换流站投运成功的喜悦中，奔赴湖北武汉荆州换流站的建设。省外工程，由于路途遥远，不能说回家就回家，那一年他的孩子 4 岁，正是需要爸爸陪伴的年纪。但对于江苏送变电人来说，只有一个信念，那就是暂时放弃和割舍家庭的温暖。

去荆州临走的时候，刁全胜忘不了孩子拉着他的手说："爸爸，你什么时候回来？"这一问，瞬间刁全胜眼泪流了出来，弯下腰搂住孩子说："爸爸完成任务，立即回家，好吧！"孩子深情地看着爸爸，目光里充满了期待。他的妻子在一旁安慰道："工作重要，孩子交给我，你放心去吧！"刁全胜又以疼爱的眼光盯住妻子，点点头恋恋不舍地走出家门。在家人的支持和鼓励下，刁全胜带着自信，义无反顾地奔赴异乡，担负起送变电工程建设的重任。

在荆州换流站建设中，困难一个接着一个来。首先是人员安排问题，100 多人纷繁复杂的工作，都是头一天夜晚就像备课一样划分好，注意些什么，重点放在哪个组等。刁全胜每天工作巡查时，对发现的问题都会随时做好笔记，到了晚上就对第二天工作进行预演，思考可能会发生什么，每个难题怎么解决等。比如在 500 千伏 GIS 安装过程中，管母每天的需要量要提前进行倒运开箱，然后送入防尘屋清洗组装、密封，第二天再倒运到现场使用，要是让安装组去会消耗大量时间，影响安装进度，就不能如期完成交付。后来他组织技术班组长开会讨论，优化程序，制定计划，保证了从出库到现场安装一条龙服务，每个环节的工作都能得到最大优化和提升。

施工最怕的还是雨季，现场下过雨后，十天八天土壤都是泥泞不堪的。荆州换流站的进口设备都是用集装箱运到的，而这样的环境到集装箱掏设备是最恼人的事，吊车加钢板翻，来回就是三天时间。吊构架时，一台大吊车需要几十根道木，不然对付不了这松软潮湿的地坪。其实困难还有许多，但这些问题在他们面前都是小菜一碟，啃"硬骨头"才是江苏送变电人"铁军"精神的体现。荆州换流站顺利投运，为江苏送变电省外工程赢得了荣誉和口碑，这就是他们的鸿鹄之志。

刁全胜的父亲是江苏送变电退休的老职工，由于某些原因，刁全胜未能顶替父亲的班。但他受到父亲的耳濡目染，一心热爱电力事业，决心走父亲走过的"长征"路。他经过不断努力，通过笔试和面试，最终追随父亲的脚步，成为一名普通的电力工人。

刁全胜在电力大建设、大检修中不断地成长和进步，但是对于他的家庭来说，送变电人心里永远都埋藏着深深的亏欠。父亲在临终的几天里，因为施工需要，刁全胜只陪护一天一夜，就立即奔赴工作岗位了。平时陪伴父亲的时间很少，刁全胜总觉得内心愧疚。和父亲见面时，父亲每每问起送变电的事，"谁谁谁怎么样了""谁谁谁退休了""你到哪个工程干了"等，脸上总是充满着温和与兴奋，而且无比骄傲和自豪。刁全胜说等退休了，他也会像父亲那样，也会经常把工程上的事说给儿子听。

刁全胜参与了一系列 220 千伏、500 千伏变电工程。他想起那一次在金坛建设河头 220 千伏变电站的时候，他带孩子去站里亲眼看看爸爸是怎么干活的，孩子说："爸爸当个小队长，他们还蛮听话的。"孩子一句暖心的话，引得大家哄堂大笑。这是刁全胜在工作中，唯一一次跟孩子面对面的互动。

工作中的苦与累，生活中的喜与乐，都是相辅相成的，有苦有累，才有喜和乐。比如泰州交流站大检修期间，在检修任务比较重的情况下，由于疫情，人员没有很好的衔接，造成工具短缺、检修不彻底等问题，后来在泰州换流站大检修中，刁全胜担任总指挥，亲自抓人员调配，他提前10天来到站内，清点库存，抓紧提取机具，统计所需物料。而对站里的特殊检修项目，刁全胜会同技术人员现场勘察，推演作业流程，做好了充足准备。在各级领导的支持和鼓励下，他带领施工人员圆满地完成了大检修任务。

团队的力量可以汇聚成大江大河，任何艰难困苦都无法阻挡"一江春水向东流"的气势，这就是江苏送变电人钢铁般意志的充分体现。刁全胜作为一个"送二代"，继承了前辈优良的传统，每打一次"攻坚战"，都会像他名字寓意的那样，大获全胜。

◎ 安装线上的主角

作为江苏送变电电气二队队长的皇甫道军，自从担任队长以来，先后参与了1000千伏南京变电站、±800千伏泰州换流站、1000千伏苏通GIL管廊、±800千伏虞城换流站等基建工程。他还参与过政平换流站、泰州换流站等省内特高压站十余次年度检修工作，而且他在现场都是"扮演"着主角。

在1000千伏南京变电站建设阶段，他主要负责构架吊装工作。彼时的1000千伏是他接触的最高电压等级，部分格构式构架为钢管结构，构架柱与横梁全部采用螺栓连接，而且连接处螺栓十分密集，柱顶又为棱台形状收口，所以，1000千伏构架吊装是当时的一大难题。现场的工人们虽然很用心，也很给力，但安装后的构架误差还是太大，效率低下，根本不符合工程建设要求。这个难题导致皇甫队长压力过大，经常吃不下睡不安。

时光匆匆，岁月如梭。几个日出又日落，现场构架安装进度还是迟迟提不上来。有一次晚上加班，皇甫队长灵光一现，突然想到构架用"分段组装再吊装"的安装方法，结果在保证工程质量的同时，又提高了工作效率，而且有很强的可操作性，也极大地减小了柱顶棱台收口带来的误差问题。当皇甫队长探索到新的安装方法后，他带领这支"铁军"的班组连续加班加点，他们常常是全站第一个到场，最后一个离场，硬是把时间一点点抢了回来，提前完成了构架吊装任务。在大家喜悦的笑容里，无不透露出他们对"头儿"想出来的点子十分满意，感觉那些叫劳累和疲惫的东西，也都随之烟消云散了。

在1000千伏苏通GIL管廊建设阶段，皇甫道军作为该项目南岸施工区域的电气队长，在GIL设备支架安装、壳体安装、导体对接等各个施工方面都起到了模范带头作用，展现出他的大公无私又无畏的奉献精神。尤其是在设备支架安装阶段，因管廊内空间狭小，需要运输的物资又多，还存在交叉作业，现场施工效率不能充分提高。为此，皇甫队长提出"白加黑"模式，与北岸的队伍错开施工时间，而且他主动要求自己队伍夜间施工，让北岸的队伍白天施工。因为现场环境和工人们生物钟问题，夜间施工无疑会增加现场的作业风险、降低作业效率，但皇甫队长处处为他人着想，吃亏的总是自己。

从支架和设备进场起，每个夜晚皇甫道军都坚守在管廊内的施工现场。工人们轮班休息，可他没有让自己闲下来，有句话经常挂在他的嘴上："只有身在现场，我才足够放心。"所以，现场的技术问题、安全问题，他都会牢牢地把控，决不允许一丝一毫的失误。皇甫队长身材魁梧，黝黑的皮肤包裹着发达的肌肉，整个人像座铁塔似的，十分健壮。然而在他连续坚守了80多个夜晚后，由于用脑过度，长期疲劳作业，多次出现晕厥、头疼等身体不适。有一天，他正在干活时，突然眼前一黑，差点倒下。发生这样的意外，他从未向别人吐露，就是对他的家人也不曾"汇报"过，避免他们担惊受怕，这就是一个男人对工作和家庭的担当。

皇甫道军是一个舍小家为大家的"公众"人物，一次次举措触动到身边人的内心深处，每个人都为他竖起大拇指。面对一系列重点难点工程，皇甫队长都能保持清醒的头脑，理智把控现场，迅速发现问题，当场予以解决。

从基建一线走来的皇甫道军，留下了一串串坚定的足迹，像一首首诗行，印在绿色的田野上。他更像一颗颗顽强的螺丝钉，紧紧地固定在电网的塔架上，日日夜夜传送着光和热。如今他仍以饱满的热情和昂扬的斗志，奋战在电网基建的第一线，还在为我国电力建设事业努力拼搏着。

◎ 完美收官的调试人

在输变电工程施工中,调试人员充当的是守门员的角色,对此,董晓崇感触颇深。他从 2010 年开始从事电气试验技术工作,现任江苏送变电调试分公司试验中心片区主管,主要负责变电站一、二次设备试验调试,输电线路相关电气试验、光缆熔接、通道联调等工作。而这些相关工作很多是输变电建设工程的收官项目,需在项目最后阶段开展,既要检查各类电气设备的安装质量,又要保证工程的正常投运。这是电网建设、检修中极为重要的环节,对调试工作整体的安全管控、技术管理等都提出了很高要求。

线路工频参数测试是线路工程的收官工作。从 2015 年至 2021 年上半年,江苏送变电的该项工作由董晓崇负责。这项工作通常在线路、变电站投运前的 1 至 3 天开展,时间紧,风险还高,而且需要在相邻运行线路的陪停下,才能进行测试工作。重点工程、特高压工程,有时需要他们在凌晨开展,经过 4 至 8 小时连续工作,往往是日夜连轴转才能完成任务。特别是项目技术负责人、报告审核人,当其他人工作结束准备休息时,他们还在整理数据,准备出具报告。经过 2 个小时的紧张工作,报告便会提交给项目管理单位和调度部门,他们这样做可以确保报告的时效性。在董晓崇带领下,他们从事该项工作这么多年,没有一次出现失误。

在 2016 年 12 月和 2018 年 2 月淮安换流站 500 千伏送出,2017 年 5 月泰州换流站 500 千伏送出,2021 年 6 月 500 千伏吴江—特高压东吴站线路等工程建设中,他们无论寒暑和风雨,技术人员乃至部门领导都在一线现场坚守岗位。董晓崇他们经常是从深夜奋战到凌晨两三点,甚至六七点,他们都毫无怨言。一旦开工就打起精神、互相鼓励,集思广益,既保证安全,又确保完成试验任务。为了工程按期投运,他们不畏艰难,不计较个人得失,这是责任使然,更是江苏送变电的"铁军"精神在不断地激励着他们。

变电站的调试工作也是投运前的必要技术手段,其中一次调试工作通常会持续到投运的前一天，二次调试更是要持续到投运工作完成。越到后面工期越紧张，工程根据规模不同，在投运前的 1 至 2 周要大量加班。尤其是二次调试工作，今天查回路、明天调保护、后天对信号，周而复始，只有这样做投运时间才能得以保证。

在虞城换流站工程中，江苏送变电承担了全站分系统调试工作，调试人员需要非常高的职业素养和专业技术水平。为了保障如期赶上计划的验收时间，他们采用轮班方式，对排班时间和施工工序进行了精细化把控。在加班加点的努力下，赶在验收前完成了对所有设备及系统的调试工作，确保所有设备都以极高的质量交付使用。

作为全世界为数不多的混合级联特高压换流站，虞城站的分系统调试本身就是一个具有挑战性的工作，在如此压力下还能高效高质量完成任务，这是江苏送变电调试人员的专业水平、技能水平和执行力的高度体现。

虞城换流站作为一个大站，各作业点之间分散距离远，需要相互配合时，由于部分工作区域存在电磁屏蔽的影响，电话和常规的对讲机等通信手段难以形成有效的沟通渠道，给调试工作带来了一定难度。同时在部分室内工作区域，施工早期阶段由于照明和地板还未装设好，但为了加快进度需要尽早对设备进行调试，工作人员就需要摸黑进入继保室，踩在高出底部一米的地板支架上进行作业，这就存在一定的安全风险。

针对这些困难，他们通过升级设备的方式，以提高调试的效率和安全性。对于各作业面间通信不畅问题，专门采购多对大功率对讲机，保证有效的沟通渠道；采购一批头灯等设备，以解决照明问题。诸如此类，他们可谓是逢山开路，遇河架桥，在这些装备和安全设施的保证下，顺利而又高效地完成了全站分系统调试工作。工欲善其事，必先利其器。完备和可靠的施工器具，是顺利且优质完成工作的基础保障。本着高效、经济的原则，为工作人员及时提供各种必要物资和设备，一直是他们在管理中关注的重点之一。

从 2022 年 2 月 6 日到 2022 年 5 月 19 日的这 100 多天里，董晓崇仅仅休息了两天时间。但一切艰难困苦，都不能阻挡他们提前完成任务的决心。他们可以自豪地说，在国家电网建设中，"铁军"精神在江苏送变电这支队伍中会永远传承下去，调试将一如既往承担好收官职责，不断谱写出电网建设事业新的篇章。

◎ 第一个吃螃蟹的人

2015 年，吴凯从南京工业大学研究生毕业后进入江苏送变电。当年 11 月，他参与的第一个项目是 ±800 千伏南京换流站。告别大学校园的喧闹，走上送变电的道路，吴凯开始了送变电事业的生涯。

每天早上 5 点起床，在热火朝天的施工现场，他从早到晚忙着测量、检查等工作。尽管心里有所准备，但还是预料不足，一时难以适应这种忙碌的生活节奏。有一次，领导安排他统计混凝土、钢筋等材料的使用量，涉及相关图纸 200 多册。吴凯欣然接受，然后便吃住在会议室里，连续"静坐" 8 天，把图纸上的数据梳理得清清楚楚。

经历一段时间的磨炼，吴凯很自然就适应了施工现场的工作环境。一个电力施工方面的"小白"，融入送变电"铁军"的大家庭，吴凯一切从零开始，从此踏上了人生新的征程。

±800 千伏南京换流站，是吴凯梦开始的地方，也是实现梦的地方。他看到师傅们长期户外作业，黝黑的面庞因为系安全帽带留下的两道浅白色的印痕，明白这是电力工人被日晒、雨淋、风吹铸造出来的"纪念章"。吴凯更加明白，施工现场是锻炼人的地方，也是培养人吃苦耐劳、担当奉献精神的地方。

2022 年 6 月，吴凯回到了南京，开始筹划一个新的项目。新项目是南京秋藤—望江 220 千伏线路电缆工作井工程，从 2022 年 6 月开始，吴凯带领团队做项目前期调研，直到 2023 年 3 月，项目才真正开始施工。这个工程采取了新的管理模式，是江苏送变电第一个完全自主组织施工的电缆土建项目，吴凯成了第一个吃螃蟹的人。

2023 年 9 月 11 日，该工程 J3 盾构始发井基坑开挖见底，深度达到 25.49 米，刷新了江苏送变电超深电缆工作井基坑开挖记录。J3 盾构始发井位于南京建郾区江心洲，作为 1 千米盾构段的始发井，是整个工程最关键的节点。基坑共设置两道混凝土支撑，四道钢支撑，分六层开挖，于 7 月 25 日正式挖掘，方量超过 5000 立方，历时 48 天。

因为 J3 井距离长江仅 300 米，存在着"三大"难题：周边地质条件复杂，地下水系丰富，渗漏水风险大；支撑体系复杂，作业面狭小，开挖难度大；作为工程关键节点，工期压力大。面对"三大"难题，项目部迎难而上，前期调研学习了南京地区多个地铁在建深井基坑工程，依托公司土建专业团队，研究各项技术难点。施工前他们还邀请了国内资深基坑专家，对重点专项施工方案进行评审。经过团队的不懈努力，各项难题被逐个击破。

针对渗漏水风险大的难题，通过坑内外协同降水、坑内明排抽水、桩间夹层提前泄水等"防疏结合"的方式，有效地解决了地下承压水的问题。在开挖过程中，采用智慧管控手段，对围护结构薄弱部位进行渗流监测，对坑内外水头差进行监测，预判围护结构渗漏情况，及时采取措施，为基坑开挖创造了可靠条件。

针对开挖作业面小的难题，根据不同开挖深度，创新采用微型挖机、长臂挖机、伸缩臂挖机、电动抓斗机等多种机械相结合的方式分层开挖。

针对关键路线工期紧的难题，组织降水、土方、结构劳务、钢支撑安装等多个班组开展"百日攻坚"活动，积极沟通确保各班组各工序间的高效衔接，设置多班施工人员确保 24 小时不间断作业，在确保安全的前提下，争分夺秒。

"起于三寸之坎，以就万仞之深。"江心洲工作井是江苏送变电有史以来施工最深的电缆工作井，项目管理团队将继续脚踏实地，坚持不懈，积跬步行千里，确保工程安全平稳推进。9 月，工程已正式进入结构施工阶段，11 月开始移交进行盾构掘进。

吴凯目前带的项目团队都是年轻人，而且 60% 是研究生。毕竟他们是第一次摸着石头过河，心里没底，压力很大，但是年轻人面对挑战，只会越战越勇。他们在办公区院子正中用白色鹅卵石铺成江心洲的形状，在 J3 井的位置处，栽上一棵茂盛的杏子树，象征着团队的美好愿景。

当谈及家庭时，吴凯立即收敛了笑容，脸上显露出几分愧色。女儿已经上小学，平时靠爷爷奶奶接送，对工作的投入与责任心，使他与家人聚少离多。他心里一直有一个阴影——在苏州某隧道工程施工期间，那天他家里有急事需要赶回去，夜晚不在工地，结果突发渗水淹了井。后来虽然解决了渗水难题，工程也顺利按期完工，但他还是不能原谅自己。如果他守在工地，这种情况也许就会被及时发现，及时处理。所幸事故没有造成严重后果，否则他会后悔一辈子。

吴凯如今必须全身心守在工地上，夜里才睡得踏实。这个工程已经连续施工了半年多，他甚至抽不出一天时间回家看望父母和孩子，工地变成了他的另一个家。凌晨的办公室经常灯火通明，一周5天的夜间施工，他常常就睡在办公室里。

把工程干完、干好就会有满满的成就感，这是吴凯工作最大的动力。这个工程圆满完成了，这个年轻的团队又会奔往下一个工程。什么是"铁军"精神，就是江苏送变电一个个"铁人"，凝聚出的钢铁般意志力和无畏挑战的精神。

第二章

坚枪利炮攻硬仗

第一节 顶天立地的"金箍棒"

置身户外，举目望去，一座座电力线路杆塔像一个个庄重威严的战士，挺立在旷野之中，蜿蜒而去。电力给工业带来了动能，给人们送去了光明，而这一个个"战士"仍默默无闻地站立着，数十年如一日，经受着风霜雨雪的洗礼和日月的变迁。线路杆塔作为输电线路建设的重要部分，如何组塔是其核心。江苏送变电人的智慧是无穷的，总是能用有限的工具创造奇迹。他们就地取材，用角钢、钢丝绳、滑车、绞磨搭建一套成熟的起吊系统，而这套系统的核心部件叫作抱杆，被业内人称为顶天立地的"金箍棒"。

◎ 高塔施工的"顶梁柱"

回顾江苏杆塔吊装历史，抱杆的发展见证着江苏送变电创新的脚步，诉说着一代又一代江苏送变电人不解的铁塔缘。

1976年，江苏送变电自行设计和制造的多臂自升式悬浮抱杆，用于220千伏南京燕子矶长江大跨越193.5米高塔的吊装施工。说起这个事情，不得不提到竹志扬。1963年，毕业于浙江大学工民建专业的竹志扬，加入"四海为家"的江苏送变电基建队伍。在送电技师张云江的指导下，竹志扬改进、设计出了薄壁钢管抱杆，一改过去组立杆塔长期使用木抱杆的历史。

1973年，领导交给竹志扬220千伏南京热电厂跨江铁塔的吊装设计任务。从这天起，他日思夜想的便是各种吊装工具和吊装方案。他骑车跑遍了石头城的建筑工地，经常出入图书馆，甚至流连在儿童玩具柜台前。神奇的是，南京火车站的升降梯给了他设计灵感。半年后，他终于与技术员王炳钊一起，完成了多臂自升式悬浮抱杆的设计。

抱杆的吊装承力系统包括四套摇臂及相应的起吊、调幅滑车组，圆台形承力钢筒、四根撑杆和八组可调式拉条，组成一个稳固体。承力钢筒内穿一根 45 米长的中心抱杆。中心抱杆和吊装承力部分利用塔身主材作支承互相提升，达到吊装最佳有效高度。

抱杆加工成型后，竹志扬坚持先试验后施工，可那时的他人微言轻，未能如愿。时值烟花三月，汛期将至，为赶进度，抱杆没做试验便被运到江南现场，投入吊装。1976 年 3 月 26 日，那是一个灰色的日子，八卦洲七里工地发生倒杆事故。消息传来，竹志扬哭了，但人如其名，他像一棵竹子那样坚韧、斗志昂扬，伤心过后便冷静下来，亲自拍摄了记录事故全过程的照片。当晚 12 点回到南京，他立即冲洗底片，终于在黎明时分通过一张张照片把现场还原出来了。竹志扬整理出两套，一套留给自己，一套坦坦荡荡地交给了组织。

经过认真分析，重做试验，如果严格按技术措施施工，这场事故完全可以避免。但还是有人说闲话，竹志扬默默承受着一切，一如既往，埋头苦干。所幸，历史是公正的，竹志扬专心致志地辛勤耕耘，得到了党和人民的充分肯定。1978 年，在全国科技大会上，多臂自升式悬浮抱杆设计荣获全国科技成果三等奖。竹志扬也因此先后荣获水利电力部和江苏省人民政府授予的"科技先进工作者"称号。

随着我国社会主义建设事业的发展，电力在国民经济中的地位愈来愈重要。为把徐州发电厂的电输送到上海，国家决定建设一条徐州到上海的 500 千伏输电线路。这是国家"七五"重点工程项目之一。该线路进入江苏镇江时，被长江天堑阻隔。为了引进外资和技术，镇江大跨越工程由意大利政府贷款，并由该国 SAE 公司提供立塔工具和施工方案。

当意方介绍了他们为镇江大跨越制定的悬浮独抱杆的立塔方案后，SAE 公司设计总工程师尤迪卡先生充满自信地说："这是传统而先进的方案！"中方代表团对该方案进行了认真讨论。经过竹志扬等人的精确计算和严密论证，他们发现该方案有明显的技术缺陷：高空操作频繁，全部构件需经过 1131 次起吊，而起吊次数越多，不安全因素越大且工期较长，需 5 个月之久。最要害的问题是，铁塔的上横担和扶梯平台的吊装方案根本无法实施。

作为主谈人，竹志扬感到责任重大。"我们是中国的工程师，对国家负责，对工人兄弟的生命负责，这是我们的神圣职责。在关键问题上绝不能让步……"竹志扬向团长陆卓全慷慨陈词。

第二天，会议室里竹志扬对意方说："我们中国要的是 20 世纪 80 年代的先进工艺，而贵公司提供的只是 50 年代的老方法。它虽然是传统的，但并不先进……"竹志扬寥寥数语，但掷地有声。接着，竹志扬如数家珍。从国内黄河大跨越的施工到长江大跨越的立塔，他详细地陈述了中方的意见，接着拿出一大堆公式、图形、符号加以佐证……两个小时过去了，会议气氛由尴尬变活跃，意方代表的神情由凝重变钦佩。在严肃的科学态度面前，意方终于不再坚持己见，同意按中方的要求修改方案。

但是 4 个月过去了，意方同意修改的方案却迟迟未见动工，倒是推荐了美国 GE 公司总承包的广东珠江 500 千伏大跨越的施工方案和塔吊。然而高 250 米、重 130 吨的庞然大物，千里北上，谈何容易？有心人毛估一下，要用 8 个火车皮，一个多月时间，没有 50 万元人民币，想都别想！

一时间，工人惊讶，干部咋舌，而领导们更是如坐针毡。因为他们比一般人更清楚，徐沪线的输电线路建设是引进外资的项目，仅外资贷款利息每天就要付 9 万元人民币。而现在已是 1987 年 5 月了，按施工计划，1988 年初非得立塔不可，否则，国家将蒙受重大的经济损失。

"我来干！"南下考察归来的竹志扬当机立断，他要拿出设计方案和立塔的关键工具——60 米旋转式多臂浮抱杆！

终于，在 1987 年 11 月，由竹志扬设计的 60 米旋转式多臂浮抱杆研制成功。该抱杆构思新颖，设计独特，由一根 60 米的主抱杆、4 根 18 米摇臂抱杆、转向头部、转向底座及三道转向提升腰箍等部件组成。它的最大特点是可利用塔身做支撑。主体既可随塔身升高而升高，又可旋转 90 度，摇臂可变幅，能进行全方位的吊装作业，且不受地形地貌的限制。

抱杆顺利地通过了各项试验，该被运往五峰山了。五峰山，位于镇江境内长江南岸，海拔 142 米。竹志扬的心神不禁被牵引到了长江畔，那座 134.75 米的高塔就要耸立在这座山的顶峰上。隔江而望的北塔高 179.5 米，两塔中间是滔滔东去的长江。

在 1988 年 3 月开始吊装铁塔时，意大利 SAE 公司驻施工现场代表、结构专家麦佛迪尼先生曾预言："到今年 10 月 1 日也难以完工。"麦氏的话并非耸人听闻。且不说整个跨越要组立 2 座跨江塔、4 座耐张塔，单江边的这 2 座跨江塔就接近 1000 吨，光螺栓就有 22 万套之多、36 吨之重，且地势险峻，技术要求非常高。

作为技术总负责人的竹志扬，深知肩上的担子重如千钧。他乘渡船穿梭于大江南北之间，寒风里，骄阳下，他和工人一起颠簸在敞篷卡车里。50 多岁的人了，有时还得爬上 100 多米高的铁塔指导施工，解决难题。他很少休息，眼里布满血丝，嗓子经常哑得说不出话来，人也日渐消瘦了。

1988 年夏天，出现了多年不遇的高温天气。在吊装北塔上横担时，竹志扬发现该构件设计重 6 吨，而实际重 8.1 吨，超出设计三分之一的重量。这样一来，抱杆的承受能力还得重新演算。时间不等人，整整两天两夜，竹志扬不曾挨过枕头。一天中午，工区副主任李永正有事找他，看到竹志扬趴在铺满图纸的桌子上睡着了，手里还抓着支笔。李主任心头一颤，蹑手蹑脚地退了出来。晚上，工人们热得喘不过气来，有的爬到房子的平顶上纳凉，有的登上江边的趸船歇息。可竹志扬为了保证第二天的工作万无一失，还得坚持在屋子里做最后的演算。

时光在匆匆流逝，铁塔在悄悄生长。在 82 个有效工作日内，经过 84 名技工和 43 名壮工的努力，两基总重 920 吨的超百米高铁塔，终于在 1988 年 7 月 23 日组立完毕。施工质量好，倾斜度不大于 2 厘米。施工安全可靠，用经理陈庆祥的话说，就是"谁也没有碰破一块皮"。

这次成功组塔，为国家节省了 11.3 万美元的外汇贷款，比原本要采用的意大利 SAE 公司设计的特高型塔吊方案节省费用 51.95 万元人民币。这次成功组塔，使江苏境内的第一条 500 千伏输电线路于 1988 年 9 月 4 日正式贯通。

◎ **比建造埃菲尔铁塔还难**

2004 年建成的 500 千伏江阴长江大跨越工程，是江苏省内电力主网架的重要跨江通道，也是江苏 500 千伏输变电工程重要项目和连云港田湾核电站配套送出工程之一。跨越段距离 3703 米，由两基跨越塔和四基耐张塔组成，其中两基跨越塔高 346.5 米，重 4410 吨，居当时世界输电铁塔之最。

高塔傲然屹立长江两岸。抬眼望去，银白色的角钢构件排列有序，直冲云霄，这是江苏送变电人亲手立起的高塔！走近塔腿，那用 65 毫米厚钢板焊接成的四拼十字柱塔腿非常"壮实"，4 位大汉手拉手才能环抱；塔腿之间相距约 68 米，整个塔基的占地面积足有 10 余个篮球场那么大。

然而回首来时路，江苏送变电自上而下都有这样的感慨——"展望未来幸福，回忆往事痛苦"。压力实在太大了，任务完成了皆大欢喜，完不成如何向党和人民交代？身上的担子太重了！可真是如临深渊，如履薄冰，步步惊心。

立塔，是大跨越工程最关键的战役。2002 年 8 月，公司专门成立了 500 千伏江阴长江大跨越工程项目经理部，调兵遣将，全力打造最强阵容。公司副总工、教授级高工、省电力一级技术专家王中，高级工程师、高级技师、省电力三级技术专家熊织明，公司副总工、高级工程师钮永华，高级工程师、高级技师戴如章，以及具有丰富施工经验、人称"大塔王"的省电力一级技能专家王金柱等，成为强有力的项目部技术核心力量。

有人将江阴大跨越塔誉为"中国的埃菲尔铁塔"。殊不知，跨越塔顶部要承受导线 1000 多吨的压力和 100 多吨的水平拉力，组立起来比埃菲尔铁塔还要困难：一是高，安装组立 300 多米高的输电铁塔，无论国际国内都没有过，无现成经验可参考；二是难，由于采用格构式箱体结构和组合角钢结构，构件多、接头多，又有许多十字形断面，且 300 多米的顶部还有宽 77 米、重 200 多吨的顶架、横担，就位非常困难，如 0—55 米段的塔腿就有 28 个接头，每个接头有 32 块联接板、352 套螺丝，一基铁塔光用螺丝就达 42 万套；三是险，塔上作业面小，而作业量大，人在空中施展不开，稍有不慎，就会发生意外。

负责立塔的项目专工熊织明，早在 2000 年就开始了组立铁塔的施工技术准备，编制了 4 套可行性方案，并于 2001 年 6 月 7 日、2002 年 10 月 24 日分别组织了两次立塔方案的专家咨询评审会。国内有关建设、设计、监理和施工的知名专家及领导参加了评审，对这 4 套方案逐一进行分析论证，最终选择采用双摇臂自旋转落地抱杆设计方案进行铁塔吊装。经过不断优化，项目组确定了 0—55 米段用 250 吨吊车组立、55 米以上段用落地抱杆组立的施工方案。该方案得到了本工程国外咨询单位德国 FICHNTER 咨询公司的充分肯定。

366.5 米，抱杆擎天，挑战极限。根据组塔方案，熊织明主持设计了落地抱杆系统及提升架系统。抱杆为钢管结构，最大起重荷载为 230 千牛，摇臂可自由调幅和旋转。如此的起重能力及大断面的抱杆在送变电施工史上绝无仅有。在制造厂对抱杆系统进行初步试验后，又请南京工业大学进行检验、测量和分析。各种工况的测试都表明，抱杆系统操作简便，性能优越，抱杆结构合理、先进，强度和刚度均满足工程使用要求。

366.5 米落地抱杆诞生了，它是当时世界上抱杆本体最高、最重，吊装范围最广，吊重最大的倒装提升式抱杆，在抱杆系统设计中创下多个首次。一是依据测力装置检测的数据进行调节的"四变一"提升抱杆方式，首次在 4 套提升滑车组尾绳上串接拉力传感器及调节装置，以显示的数值来调节，保证了 4 套滑车组受力均衡和重达 230 吨的抱杆平稳升降。二是首创电动联动设计的钢丝绳回收装置，保持与卷扬机同步收放，解决了长 3050 米、直径 22 毫米钢丝绳的收放难题，自动收放，同时为卷扬机提供了必要的张力支持。三是在输电线路施工中首次采用变频器调速，真正做到"毫米级"无级调速（0—30 米/分钟），大大减少吊件离地、吊装、就位时对各系统的冲击，保证了吊件都能在高空快速、准确就位。四是在抱杆设计中首创公母接头+横销方式，该方式受力合理，横销只承受剪力；抱杆承受压力时横销不受力，由母接头端部受力；抱杆安装拆除方便，每根主材上只用 1 只销子、2 只卡簧，利于抱杆升降。另外，滑车组采用大轮径滑轮配合不旋转钢丝绳的方法，解决了 366 米长滑车组扭绞的难题。利用落地抱杆合理分解吊装，考虑吊件在地面的组装位置、方向及吊件在高空的转向、就位等。

在这个工程中，由于改进浮抱杆为落地抱杆，吊装的稳定性更好了，高空人员的作业量减少了 50%，所以使用效率极高。由于措施得当、组织合理，在最难的铁塔顶架及横担吊装阶段，连同地面组装时间计算在内，只用了 11 天就吊装完成。这套落地抱杆系统还有一个明显的好处就是大大提高了安全系数，高塔组立未发生一起安全事故，整个大跨越的施工实现了零事故的目标，这是电力科技史册中光辉的一页。

366.5 米落地抱杆系统用于组立 500 千伏江阴长江大跨越工程中 346.5 米高的两基高塔，与其他可行方案在工期、费用、技术、安全、施工经验等方面进行综合比较，证明该方案工期节省约 9 个月，特殊施工费用节省约 540 万元，人工费用节省约 370 万元，为最佳方案。江阴长江大跨越工程高塔的安全、优质、顺利吊装，为江苏送变电高塔施工积累了重要的施工经验，为今后组塔施工方案的应用及施工工器具的设计提供了很好的参考经验，研究成果可直接应用于工程管理、施工方案确定、工器具设计等方面。

架线结束那天，和铁塔相伴大半生的老专家竹志扬顺着井筒外设的旋转爬梯，一步一阶，硬是登上了塔顶。346.5 米的高度，总共 1700 多阶，相当于 3 个金陵饭店那么高。"看到上来的人是竹总时，（我）身上的汗毛都激动地竖起来了，他已经 69 岁了啊！"塔上的小伙子事后这样形容道。跨越塔井筒内装有电梯，他却坚持要一步一步地登上去，这是怎样的一种情结！

登临塔顶，竹志扬举目眺望，不禁喟叹道："后生可畏，长江后浪推前浪，一代更比一代强。"这是对熊织明等专业人才的中肯赞扬。但后辈们深知，他们的成功也是站在像竹志扬这样的前辈们的肩膀上获得的。

◎ 站在前人肩膀上不懈探求

创新就是要把事情做到极致，同时也需要长时间的坚守，永不自满，永不停顿，努力做到今天比昨天好，明天比今天好。好不是终点，更好才是目标。专注于一件事，久久为功，不断提升技术水平，是江苏送变电人在专业领域永不停止的追求。

2002 年，500 千伏江阴长江大跨越铁塔组立时郭玉珠也参与了，当时用的是双摇臂钢结构落地抱杆，优点突出，安全性很好。整个抱杆的提升是利用一副提升架，提升一次的时间比较长，存在一些如操作程序复杂、投入人员较多、耗时耗力等不足，且地面的滑车组走绳总长达 150 米，大型绞磨动力系统占地面积大，滑车组钢丝绳容易绞在一起。2007 年，在湖北的特高压直流赤壁长江大跨越组塔施工时，郭玉珠把抱杆提升架原先的提升系统改成了液压顶升装置。

赤壁长江大跨越两基跨越塔高达 198.5 米，抱杆高达 224 米。在跨越塔组立前，郭玉珠与项目部技术人员针对立塔抱杆的提升架专门进行了研讨，决定在吸取原先落地抱杆提升系统优点的基础上，改进其不足。从 2008 年底至 2009 年 5 月，历经半年时间的艰苦钻研，技术人员们终于研发出了这种落地抱杆液压顶升装置。其优点是：每次提升时投入的施工人员大大减少，由原来的 30 人减至现在的 10 人左右；操作更为简洁，只需启动液压机就可以实现抱杆的稳步提升；占地面积少，省去了原来抱杆所用地面大型绞磨滑车组的走绳通道。此外，在提升每节抱杆标准节时，就位控制也更加精确。

2009 年 8 月 11 日，国家电网公司召开±800 千伏向上特高压直流输电线路工程启动验收委员会第一次会议。会上，国网直流建设分公司领导在汇报现场介绍进展情况时，向与会代表介绍了一种先进的立塔设备，并要求全线推广使用。这种先进设备正是江苏送变电研发的双摇臂液压顶升落地抱杆。

此后，在双摇臂液压顶升落地抱杆的基础上，江苏送变电又开发了落地的双平臂抱杆，之后又开发了落地的单动臂抱杆。目前，江苏送变电线路施工所用的所有抱杆，全部都是自主研发设计的。

2021 年，500 千伏凤城至梅里输电线路工程起于泰州凤城变电站，止于无锡梅里变电站。线路需要跨越长江，跨越段距离 2550 米。这就是举世瞩目的 500 千伏江阴二跨工程。为确保该条线路经过长江时，始终满足与江面垂直净高度大于 68 米的通航设计要求，长江南北两岸跨越塔设计高度达到 385 米，创下了世界最高输电铁塔纪录，但也给铁塔组立、登高作业带来了技术难题。

"在工程建设的初期，我们首先面对的难题就是高空铁塔的组立。以往都是利用双平臂抱杆进行特高压工程大型铁塔的吊装和组立，但由于大跨越工程的铁塔最终高达 385 米，现有最大规格的落地抱杆也无法满足施工要求。"工程技术员陈彬介绍道。当时的世界最高输电塔是浙江舟山大跨越的主跨越塔，他们本想利用该塔施工用的抱杆进行江阴二跨铁塔的组立，但是江阴二跨跨越塔的横担更长，底部塔腿的根开也更大，该副抱杆 42 米的吊装半径无法满足吊装要求。

没有捷径可走，只有自己重新设计一副满足这座世界首高电塔吊装的抱杆。

针对这个难题，郭玉珠带领分公司总工马龙、施管部副主任张仁强等技术人员开展了多次讨论，比较了多个方案。在一次次争论、比较过程中，解决问题的思路逐步变得明朗起来。最后江苏送变电联合专业制造厂家，自行研制了特大型大跨越组塔专用的"T2T1500 超大型落地双平臂抱杆"。抱杆设计最大高度达 446 米，上部结构采用了 96 米高的加强节设计，大幅提升了抱杆的抗风能力。抱杆最大起重力矩达 1500 吨/米，最大起吊作业半径达 50 米，最大起吊重量达 30 吨。4 项关键技术指标在目前同类型全座地双平臂抱杆中为世界第一。

考虑到实际使用的方便，技术人员还解决了一些关键的问题。抱杆采用 2 套 250 千牛牵引机作为提升动力设备，相应配置了 2 套可自动收放和排线的尾绳容绳装置，极大地方便了现场的操作；重新调整了液压提升装置，8 套顶升系统同步工作，提升时更加稳定；在指挥中心设置了先进高效的数字化集控系统，可实现抱杆顶升、变幅和起吊的集中可视化作业和安全监控，机械化、智能化水平大幅提升。

抱杆经中国电力科学研究院型式试验后投入使用。由于事先考虑了相关细节，吊装的过程特别顺利，几乎没有遇到什么障碍，相比于传统特大型大跨越组塔方案，节约工期 3 个月，减少了近 9000 人次的高空作业人员投入。"北塔施工时，塔材供应比较及时，从 8 月到 12 月，我们只用了 5 个月就完成了跨越塔的组立！"马龙自豪地说。

此外，该抱杆可适用于 420 米以下各类特大型输电线路大跨越塔的组立，为今后更高的铁塔施工预留了一定的技术储备。传承与托举也是工匠精神很重要的一部分，任何一个工匠都是在前辈榜样的引领与关心指导下一步一步成长起来的。沉淀技术基础，厚积薄发，才能够在前人的基础上提高。

第二节 蛟龙出海冲天飞

苏通 GIL(气体绝缘金属封闭输电线路)综合管廊是淮南—上海特高压输变电工程的"咽喉"项目,首次采用江底隧道输送特高压 GIL 形式,是目前国内江河埋深最深、水压最高的隧道,也是世界上电压等级最高、输送容量最大、技术水平最高的超长距离 GIL 创新工程,有着"万里长江第一廊"的称号,多项建设指标创造了国内外同类工程之最。为了解决 GIL 安装技术难题,不知有多少专家绞尽脑汁,不知有多少年轻技术骨干迎难而上,千方百计保证工程质量,全力以赴奋战 300 天,为祖国成立 70 周年献礼。

◎ "小火车"的大用处

横亘在长江两岸的苏通大桥,车辆川流不息。宽阔的江面上,舟楫如梭。上游 1 千米处,江水下深藏着一个超大管廊,长 5468.5 米,盾构直径 12.07 米,GIL 总长 34.2 千米,能通百万伏电。这个超大管廊名为苏通 GIL 综合管廊,连接苏州和南通,2019 年 9 月 10 日正式通电。在如此长距离的江底隧道内施工,技术难度可想而知。

由于 GIL 设备沿隧道蜿蜒敷设,空间受限,所以在设备研制、安装、试验等方面均面临着巨大挑战。作为一个世界级独一无二的项目,2018 年 11 月,隧道南北贯通后开始紧锣密鼓地电气安装施工。到 2019 年 9 月投运,也就短短 10 个月的时间,这期间不仅要完成 GIL 母线管的运输、对接、调试等所有施工任务,还要完成照明、消防、信号等辅助系统 800 多千米电缆的敷设以及设备的安装调试。

从苏通 GIL 管廊的南岸入口往前，缓缓向北深入隧道，脚下的地形逐渐有了一定的坡度。这是进入管道施工的唯一的必经之路，由此往里望去，是一眼看不见底的深邃黑洞。过去的 10 个月，这段路程被施工人员、各种工程车辆来来回回走过了无数遍。

在管廊入口处，有两条向隧道深处一直延伸的轨道，有点类似于比较窄的火车铁轨，在这轨道上行驶的一种车辆被施工人员称为"小火车"。它其实是一台 GIL 专用运输机具，专门用于将工程的 GIL 由地面运输至安装位置，还兼具将 GIL 托举就位的功能。这辆"小火车"是江苏送变电自主研发的一个专用施工机具。

为什么要研发这台"小火车"呢？因为每节 GIL 单元长 18 米，重 2 吨以上，需要从隧道南端的场地运至隧道内安装点。如果采用常规货车运送，一是排放的尾气会聚集在隧道的密闭空间里造成空气污染，危及工作人员的安全；二是在隧道内 5 千米多的路径上利用货车运输，空间狭小容易发生因驾驶人员失误造成的设备碰撞；最重要的是，GIL 是精密设备，运输中颠簸幅度大会导致内部元件损坏，进而可能引发设备事故，那就会后患无穷。

为了解决隧道内 GIL 管道运输和就位难题，2017 年上半年，江苏送变电电气专家徐军组织技术人员进行攻关研究，还专门立了一个科技项目。要解决空间狭小、长距离运输、运输稳定要求高等问题，项目组初期设计了很多方案。比如沿隧道顶部安装一套 5 千多米的行吊、自带吊臂的运输平板车和运输平板来与叉车配合作业，但受制于隧道空间，吊臂无法在隧道内伸展，而叉车在隧道内灵活性又太差，最终选定了运输平板带自举托臂的结构形式。

随后，攻关组成员会同设备厂家技术人员，针对 GIL 管道的尺寸和现场位置以及隧道结构尺寸，设计了对应现场 GIL 三相母线上中下布置的可调节起升支架。支架采用贴合管道的圆弧形托臂，防止母线滚动。运输车的底盘则仿照吊车设计了可伸缩的支腿，以防止 GIL 母线就位时重心偏移导致运输车侧翻。运输车顺着轨道将母线筒运至相应位置，先自下而上托举起管道再平移至 GIL 支架上，这样运输和预就位问题就解决了。在徐军的带领下，科研团队经过多轮试制和改进，最终研发成功。

江苏送变电专门研制的这套"小火车"系统，以电能驱动轨道运输，铁轨达到了动车轨道的标准，还具有智能防碰撞、限速预警、全方向可移动托臂等功能，保证运输过程无有害气体排放、无剧烈震动，方便实现 GIL 托举就位，确保了所有 GIL 设备安全运输至安装位置。正是靠它，施工人员才能在短短不到 5 个月时间，将总长度 34 千米多的 GIL 运进隧道，并完成安装。

施工期间，每天定点两个班次，"小火车"驮着 GIL 管道在隧道内来来回回。工程竣工后，"小火车"完成了它的光荣使命后又迎来新的身份，作为检修机具，隧道内一旦发生设备故障就靠它来完成抢修工作。

◎ 江底蛟龙的精准定位

2018 年 11 月，为了早日开始大规模安装施工，需要在隧道内率先完成临时照明、通风设备等安装。起初隧道内一片黑暗而且灰尘很大，加上空间紧凑密闭，让人觉得很压抑。为了赶紧开工，每个施工人员都配备了头灯及防尘口罩，100 多名施工人员利用头灯照明，将数万米电缆线、近百台配电箱及上千盏灯具运进隧道，并完成了隧道内临时照明的安装。为了更快更好地完成工作，工作人员三班倒 24 小时施工，隧道内分不清白天黑夜。工作主要在隧道下腔开展，宽度只有 2 米，从隧道口到中间位置接近 3 千米，全靠步行，施工人员每天都走 2 万多步。他们克服了精神压抑、时差等困难，为后期设备安装创造了良好的施工环境。

进入电气工程的重头戏——GIL 设备的对接和铺设。全长约 5 千米的管廊隧道从江底下穿，再从北岸"破土而出"，抵达南通引接站。整条隧道随江底地形高低起伏，最深处距离江面达 70 多米。在这里面铺设 GIL 管道，每根 1000 千伏母线筒长度就接近 6 千米，从地下隧道穿越长江，这在世界上都是绝无仅有的，如何将母线筒和设备精准就位是一个很大的难题。

管廊并不是一个规整的隧道，其环境多样且复杂，有多处转角与坡段，GIL设备需严格按三维设计精度进行现场安装。GIL安装精度控制的基础是支架的精准定位，依照设计要求，每72米里程支架安装沿隧道行进方向的轴向误差不得大于2毫米，要达到十万分之三的精度要求，而常规特高压设备安装的精度国家规范要求仅为千分之一，精度要求之高是前所未有的。

新的难题接踵而来，这又是一个施工过程中的"拦路虎"。为了确保安装的精度，需要利用科技创新的手段。为此项目部开展了《隧道内GIL支架高精度定位方法》的课题研究，并取得了实质性的成果。现场实施时，在隧道内建立了一套设备安装专用的加密控制测量网，其精度达到了每1000米误差控制在2毫米范围内。接着对每一副GIL支架进行平面坐标定位放样及高程定位放样，确保了支架安装精度。在一个72米段的GIL安装完成后再利用控制测量网对GIL管线进行复测，分析设备的加工误差以及安装误差的累计值，为后续支架定位动态调整提供依据。正所谓"失之毫厘，谬以千里"，每一处对接哪怕与设计图只有几毫米的误差，累计叠加起来的数据也势必会对整条管道的走势产生影响。一次次不断地校对，就为了修正微乎其微的精度误差。

在设备支架用化学螺栓进行固定安装时，同样遇到了定位的难题。由于管廊上腔地面找平层和结构层内有大量的钢筋网，安装化学螺栓时要避开这些钢筋，防止对钢筋网造成破坏影响结构层的受力。项目部借鉴其他行业的施工经验，采用了先进的钢筋探测设备。通过地质雷达向隧道地面发射高频宽带短脉冲电磁波，遇到差异较大的介质接触界面时，就会产生反射波。这个方法很容易找到钢筋与混凝土的接触面，也就清楚地找到了钢筋的位置。对钢筋网进行精准定位后，再确定螺栓安装位置，从而有效防止施工对结构的破坏。

◎ 在每个细节上下功夫

苏通GIL综合管廊工程除了自主研制GIL专用运输机具、开发GIL支架高精度定位系统，还在创新设置 SF_6（六氟化硫）集中供气站等环节上下功夫，攻克一个又一个难关，解决一个又一个难题。通过一个个细节的打磨，江苏送变电最终成功造就了一个精品工程。

GIL综合管廊位于长江底部，想要水下输电的话，就得为电力线路造出一条安全通道。在直径11米的隧道内布设两回六相1000千伏特高压输电线，用GIL的方式来实现，采用金属导电杆输电，并将其封闭于金属外壳中，将高压SF_6气体作为绝缘介质。

管廊内的GIL设备完成安装对接后，需充注近800吨SF_6气体。传统的注气方式是采用钢瓶向设备直接注气，那么要运进管廊的气瓶(50千克/瓶)数量将达到16000多瓶。大量压力气瓶存储在密闭空间内，不仅安全风险非常大，还需投入大量的劳动力进行气瓶倒运，而且注气速率还很慢。

项目部通过开展课题研究，自主研发地面集中供气站，配合敷设于管廊内的5.8千米输气管道对隧道内的GIL进行充气作业。这有效解决了几大问题与隐患：管廊内无需气瓶运输，避免与GIL运输、安装交叉作业；提高了充气效率，通过输气管道，可实现3个作业面同时进行充气，大幅缩短气体充注时间；经过多层过滤，注入GIL的SF_6气体质量得到有效保证；SF_6气瓶在地面集中管理，有效降低了安全风险；节省人工成本，大幅降低工人劳动强度。

为解决钻孔粉尘控制问题，施工队在钻孔区域设置移动防尘房进行降尘。化学螺栓钻孔会产生大量的粉尘，严重影响GIL设备安装对环境洁净度的要求。为了避免大量灰层粉尘污染环境、设备甚至危害健康，施工队在TE电锤上安装除尘系统，并利用高性能干湿除尘器收集施工中产生的粉尘。

为保障GIL安装对环境的要求，项目部研制了GIL安装环境控制系统。管廊内湿度大，作业面多，无法满足GIL安装对现场环境控制要求，因此专项研制了GIL安装环境控制系统。该系统由移动作业平台、防尘隔离罩、新风系统、除湿系统、除尘系统组成。在GIL对接前进行对接面密封及内部置换，内部温湿度及灰尘颗粒度满足安装质量要求后，作业人员穿着无尘工作服，通过风淋房后进入对接面工作现场。该系统既满足了不同相位GIL对接作业的高度需要，也保证了GIL对接面环境技术要求。

管廊内 GIL 设备安装接近隧道口处由于受高温影响，管廊内与户外温差大，形成了大量水汽，原防尘棚内的除湿装置效果已无法满足 GIL 设备安装对环境湿度的要求，于是利用集中供气站内的干燥空气发生器及敷设于管廊内的干燥空气管，在防尘棚内注入干燥空气，配合防尘棚内除湿装置的运作，有效消除了环境湿度增大对防尘棚内湿度的影响。

"特高压工程的每一个失误都可能造成难以挽回的损失，所以我们不放过任何一个微小的隐患。"每一个参与 GIL 管廊的施工人员都有这样的体会。功夫不负有心人，GIL 综合管廊工程获评 2020—2021 年度国家优质工程金奖，还荣获中国电力优质工程等荣誉。

◎ 创新之光照亮管廊

正如老子所说，天下大事，必作于细。专注，是从业者对每件产品、每道工序都凝神聚力、追求极致的职业品质。

GIL 运输车的应用，避免了常规运输方式对 GIL 单元冲击和震动影响，解决了隧道内通道狭小、GIL 单元不便运输的难题。该成果共获得省部级科技进步奖 1 项、发明专利 1 项、实用新型专利 6 项。

GIL 安装专用机具采用液压方式实现 GIL 设备 6 个方向加旋转调节的毫米级精确调整，解决了管廊有限空间内 GIL 安装施工难题，提高了 GIL 单元的安装精度和安装工效。该成果共获得发明专利 1 项、实用新型专利 4 项。

工程首次在特高压领域通过对隧道加密控制网进行坐标确认，实现 GIL 支架中心点三维定位，解决了管廊南北工作井"联系测量"问题实现了对 GIL 支架高精度定位，并采用激光定位仪和专用模板对支架预埋螺栓孔进行放样，应用钢筋探测器勘察结构层钢筋分布，合理选择钻孔位置。该成果共获得省部级科技进步奖 1 项、省部级 QC 成果 1 项、实用新型专利 2 项。

工程还在南引接站创新设置 SF_6 集中供气站，首次实现 SF_6 气体热交换、集中存储、干燥净化、管道输送、安全监控等功能的一体化作业。GIL 充气速度较传统方式提升 1 倍以上，同时消除了在隧道有限空间内 780 吨 SF$_6$ 存储、倒运产生的安全隐患。成果共获得省部级科技进步奖 1 项、实用新型专利 3 项。

依托特高压 1000 千伏苏通 GIL 综合管廊工程，各参建单位和科研单位在基础研究、涉水涉航、工程设计、设备研制、施工安装试验、运维检修等六大领域开展了 53 项专题研究，取得包括全机械化 GIL 专用运输及安装机具等多项原创性科技成果，填补了特高压 GIL 工程技术空白，标志着我国全面掌握了特高压 GIL 输电的设计、制造、试验、安装和调试全套技术标准，并创造 24 项世界第一，累计发表核心学术论文 142 篇，形成发明专利 35 项、实用新型专利 60 项，标准 6 项，获省部级以上科技进步奖 13 项，省部级 QC 成果奖 6 项，行业优秀设计一等奖 4 项，自行研制新设备 16 项，采用新技术、新工艺近 30 项。

2019 年 9 月 26 日，中央电视台《新闻联播》播发了一条快讯，穿越长江江底的苏州至南通 1000 千伏特高压综合管廊工程投运。至此，华东形成 4000 千米特高压输电双环网，覆盖长三角地区主要城市群。新闻瞬间传遍系统内外，江苏送变电人亲手建设起来的超级工程绽放出耀眼的光芒，社会效益、环境效益和经济效益显著，为跨江、跨海等特殊地段的输电工程建设起到了引领示范作用。

实践证明，江苏送变电人有迎难而上的勇气和克服困难的方法。徐军、李刚、高亚平、戴大海、吴勇、韩鸣、毕涛……他们深知自己肩上的使命与担当，面对大国重器，不畏不怯，主动创新，为电网创新工程交出了满意的答卷，以实际行动诠释着对电力事业的情怀。

第三节　放风筝的人

1960 年，江苏第一条跨越长江的线路工程——110 千伏镇扬线建成。63 年来，社会发展日新月异，用电需求也与日俱增。同时，长江中下游地区水文气候特殊，地理环境复杂，让输电线路对跨越档距、塔高等技术指标的要求越发严苛，施工难度也日益增加。在这样的背景下，江苏送变电肩负使命，不畏困难，积极进取，砥砺前行，不断突破壁垒，采用最新技术成功跨越天堑，架设了众多输电线路，确保了省内外的输电需求，使得"北电南送""西电东送"成为现实。从长江两岸的灯火辉煌，到黄海之上的渔村灯火，跨越山川，穿过海洋，所有努力，只为日暮黄昏时，共看人间华灯初上。

◎ 从不封路到不封航

每次爬山、过河，看见架设在山间、水岸的铁塔、高压线路时，总纳闷高压线是如何架在相距这么远的两个塔上的，相信大部分人都有这样的疑惑。

有那么一群人，数十年如一日，跨沟壑，穿林海，架银线，跋山涉水，披星戴月，走遍城乡每一寸土地。山高水长，铁塔巍巍，银线迢迢，架线人的身影却随之隐没了。

1997 年，在 220 千伏常娄线工程中，江苏送变电首次利用氢气球展放导引线，成功跨越了宁沪高速公路。10 月 10 日上午，宁沪高速公路常州段路面上车辆川流不息，每隔 2 秒钟就有一辆车飞驰而过。两座 23 米长、17 米高、4 米宽的跨越架屹立于公路两侧，犹如卫士守护着这条"交通巨龙"。为了给国家"九五"计划重点工程、江苏利港电厂3号35万千瓦机组年底发电创造条件，也为了不使宁沪高速公路交通受到影响，在这条电厂配套送出线路工程的施工现场，江苏送变电的工人们将利用氢气球进行导引绳展放施工。

"开始!"9时58分，总指挥赵华然发出了第一道命令。随即，一只直径达3米的五彩氢气球从路南的跨越架旁腾空而起，5米、10米、50米、100米……在西南风的徐徐推动下，气球飞过高速公路中间隔离带，挂在北侧车道中心线上空。"掷引绳!"总指挥又发出了第二道命令。只见站在路南跨越架上的叶万广手臂一挥，末端系着10寸扳手的引绳像荡秋千一样向对面飘去，扳手在空中划出一个大大的弧形。路北架上的吴代友和陈晓武则一左一右，探出身子，伸长手臂去勾那飘然而至的尼龙引绳。可惜，只差20厘米，失败了。扳手在10米高空游荡，下面车辆依然川流不息。调整气球高度，再勾，还是未勾着。正在大家焦急之时，也许是天遂人意，一阵强劲的南风吹来，气球向北飘动，小吴一把搂住飘向跨越架的导引绳。10点5分，导引绳顺利跨越了高速公路，整个过程只用了7分钟。

导引绳拉直了，拽着牵引绳越过30米宽的公路，接上拖带导地线的钢丝绳。12根银白色的小酒杯般粗的导线和2根地线从空中由路北缓缓地被"牵"到路南，挂到了铁塔上……

经过几个工程的尝试，氢气球展放导引绳的工艺逐渐成熟。1997年，在220千伏利港电厂至锡西南开关站送电线路工程中，施工队利用带电越线架、绝缘尼龙网将运行线路进行封顶，然后用氢气球展放绝缘导引绳，再实行张力放线，最后成功跨越了220千伏带电线路。此后，江苏送变电在架线施工跨越运河、长江支流、普通河道时，均可轻松采用不封航放线工艺。

2001年，在±500千伏龙政线工程施工中，运用18吨牵引机和15吨张力机相配合，实施720大截面导线的一牵二放线工艺，为全国送电线路展放大截面导线成功进行了试验。

21世纪以来，随着江苏送变电的发展，工程建设的脚步走向了全国各地，各种急难险重的施工任务也越来越多。在很多线路工程中，都会遇到跨江、跨河、跨峡谷、跨高铁、跨高速公路、跨各等级高压线路等难度较高的跨越施工任务。

以往那些封航、封路等施工手段的可行性已越来越低，客观和主观条件都要求江苏送变电采用新的施工方法，来应对越来越频繁的大距离跨越施工任务。江苏送变电从工程实际出发，应用当时先进的科技成果，探索各类先进的带电跨越技术，取得了很多技术成果。

2002 年 1 月，在 220 千伏石扬线夹江跨越段工程施工中，江苏送变电在不封航的条件下，用充氢飞艇跨越 998 米宽的夹江，成功展放 Φ4.4 迪尼玛导引绳。据悉，使用飞艇进行送电线路放线施工不仅在公司内部为首次采用，在华东地区也是第一次。

飞艇放线是当时国际较为先进的架线施工技术，我国仅有北京、云南、四川等几家送变电使用过，且都是进行跨越带电线路或跨越森林等地形，而跨江施工却无先例。

据专家介绍，过去跨江施工多采用封航的方式。这种方式一来需向航运部门缴纳较高费用，二来工作被动，需等待航道部门的通知，存在时间不确定因素，最大的问题是影响航道通行。相比较而言，飞艇放线是一项较为先进的技术，施工人员不仅可以随时施工，掌握主动，且费用较低，时间短，影响小。

本次飞艇跨江放线的成功施工，为后来江阴长江大跨越工程的放线施工积累了宝贵经验。

◎ 一个走在时代前列的选择

面对国内国际送变电施工技术的迅猛发展，江苏送变电技术人员积极关注架线施工技术发展动态，不断加强技术创新和探索。2004 年，由公司承建的 500 千伏江阴长江大跨越放线应用直升机展放初引绳，拉开了我国用直升机进行放线施工的序幕，为重点、难点工程放线施工提供了新的施工方法。

2004 年 7 月 18 日 11 时 18 分，成功的一刻终于到来了，江苏送变电人会永远铭记。就在 500 千伏江阴长江大跨越工程的最后一根导线过江之后，负责架线的项目专工钮永华又一次独自来到江边。"那一刻我的心情太复杂了，各种滋味都涌了上来，我感觉眼泪要出来，所以找了个借口从控制台上下来了。我想再到江边走一走，看一看……"说到这里，他沉默了。

长江下游 400 千米，自古就有"黄金水道"之誉，江阴段每日通行量达 8000 艘，往来大小船只络绎不绝，每天通行高度超过 25 米的巨轮就有 30 艘以上。

封航架线，可以通过江中趸船对接或采用水面垫船牵引的方法。这是江苏送变电在前几次大跨越中成功使用的方法，也是技术相对成熟的传统方案。但是，随着市场经济的飞速发展，封航手续更为复杂，对社会经济影响很大，据初步估计，仅封航一项损失就有 1000 多万元。

而不封航架线，无现成方案和经验可参考，江面、塔上的作业需要严密配合且存在许多不确定因素，风险相当大，稍有闪失，后果不堪设想。但如果成功，将成就一项伟大创新，更能向世人展现在科技日新月异的今天江苏送变电的实力。

4 种方案跃然纸上：趸船对接、垫船牵引、热气球不封航架线、直升机牵引迪尼玛导引绳不封航过江。如何选择？意见不一，争论激烈，众说纷纭。

"300 多米的高空架线，能安全完成最好，谁能保证中间不出什么岔子？当然要用最保险的方法，封航。"

"用热气球架线是有过先例的，但有致命弱点——受风的影响太大，江面随时可能起风，难以控制。"

"我们这个'世界第一'的工程应该尝试更大的创新，我们不是没有这样的技术水平。经过反复验算，各种数据表明，直升机不封航架线是可以实现的。"

"即便理论上可以实现，可这个方法谁都没有用过，创新的风险太大。再说国内能有合适的飞机和驾驶员吗？还是传统的、用过的方法更保险。"

"我们可以去挑选，然后在普通线路上试飞，和驾驶员充分沟通，检验方案，找出不足，降低风险。"

赞成，反对！

确定，推翻！

怀疑，验证！

每个参与工程的江苏送变电人都本着对公司、对工程极端负责的态度进行着一次又一次的讨论。每次讨论后又结合他人的意见重新审视自己的主张，不断思考、测算，在否定之否定的抉择历程中苦苦思索、求证。

无数次商讨与争辩后，意见逐渐归集。但选择只能有一个。

"这个工程不为创新而创新，但必须创新。"总经理董四清的意见得到公司决策层和广大施工人员的肯定。公司副总经理、项目经理邵丽东带领有关人员对架线方案进行了详细研究，在广泛听取管理人员、技术人员、作业人员的意见和建议，经过多方咨询和可行性论证后，江苏送变电人以过人的胆识和勇气决定克服一切困难，采用直升机不封航架线。

上下同心，全力以赴，破釜沉舟，一往无前。

这是对江苏送变电领导班子凝聚力的一次重大检验，也是对江苏送变电打破陈规、继承创新的一次艰巨挑战，更是对江苏送变电综合实力的一次严峻考验。

公司加强了对工程的管理，项目部所有人员全部驻守现场，又调一个具有丰富架线经验的施工队到场参与工作。

施工前，技术人员将可能遇到的情况进行纸上推演、罗列问题，针对性地制订应急预案，并在普通线路成功试飞，与飞机驾驶员就架线过程的技术要点进行说明和提醒。

5 月 10 日，虽经周密部署，直升机在不封航状态下第一次展放导引绳的尝试却失败了。

方案的设计者钮永华独自来到江边，望着滚滚东逝的江水，头脑一片空白，双眼模糊了……一时间，失败的阴影笼罩在每个人的心头。

一个特殊的分析会议在最短的时间内召开了。在场所有的公司领导、工程技术人员、高空施工人员、地面配合人员、后勤保障人员从江南江北的施工现场迅速赶来，挤满了会议室，有关的数据资料和架线实况录像很快被整理出来，技术人员从各自不同的角度对失败原因进行了仔细分析。飞？还是不飞？讨论异常激烈，最后思路也越来越清晰。

"这一次虽然失败了，但是让我们看到了这个方案的可行性，这其中有80%—90%的成功因素。大家打消顾虑，从失败原因着手，做好改进和准备工作，全力投入下一次直升机架线。"公司总经理董四清最后拍板，这是一次最有力量的拍板。于是，这才有了第二次架线的成功。

500千伏江阴长江大跨越工程中实施直升机不封航架线施工，与其他可行方案在费用、技术、安全等方面进行综合比较。事实证明该方案为最佳方案，仅封航费用一项就节省了约200万元，有多项关键技术创新，为今后跨越大江大河架线施工积累了很好的经验。首先采用海豚直升机跨江架空牵引Φ5迪尼玛一级导引绳，配合专用工器具和高空引绳移位等技术，在长江通航的情况下完成作业，然后再带张力机逐级进行牵放引绳和导、地线展放施工。在特殊工器具设计上，改良的张力机解决了迪尼玛绳在展放过程中与江面的安全距离问题，自行设计的全方位封闭结构滑车解决了高速运转时跳槽、卡线的技术难题。

2004年7月13日，华东电网有限公司董事长邵世伟再次来到江阴长江大跨越现场。望着巍巍铁塔，他由衷地赞叹："作为世界第一高塔，应该有自己的内涵。它不仅高度是世界第一，它的技术、材质、施工、管理、质量，都应是世界第一。通过两年的艰辛努力，你们成功做成了这件事。你们在管理上、技术上、工艺上创新，通过达标投产，争创金牌工程，把为生产运行搞好服务当成自己的责任，体现了大局思想，这是质的飞跃。"

一张张黝黑的面孔上露出了笑容，是成功的喜悦，是胜利的豪迈。

◎ 白天更懂夜的黑

架线施工的第一步是初导引绳展放，江苏送变电在采用过氢气球、飞艇、直升机等技术后，2004年起又应用了动力伞技术，在跨越施工中也取得了良好的效果。但这些技术也都有各自的局限性，比如：飞艇的抗风能力有限，在飞行过程中如果出现阵风容易导致飞艇偏离航线；动力伞施工虽然有过很多成功的经验，但由于动力伞上面需要有人员操作，安全风险较大。

随着科技的发展，无人直升机逐渐被运用在各行业。江苏送变电紧跟时代步伐，在 2008 年开工建设的 ±800 千伏湖北赤壁长江大跨越施工中，引进了无人直升机展放初引绳施工技术并获得成功，这标志着初引绳放线施工又有了新的方式。

向家坝—上海、锦屏—苏南输电线路是国家电网相继开工建设的两条 ±800 千伏特高压直流输电工程，也是当时世界上在建电压等级最高、输送容量最大、输送距离最长的直流工程。这两条线路在湖北赤壁市赤壁镇上游约 1.5 千米处并行跨越长江，简称赤壁长江大跨越工程，跨越段长 3124 米，两岸跨越塔间的距离为 1719 米，跨越塔全高为 203.5 米。

据时为工程管理部线路管理专职王志华和张仁强介绍，本次放线施工之所以采用无人直升机牵引导引绳，一是考虑施工工艺的科技创新，二是考虑工程的施工效益和效率。为确保本次工作万无一失，公司在历经数月的研究攻关后确定了详尽的施工方案，采用的是"2×一牵 1"放线工艺，即 2 台牵引机和 4 台张力机同时展放 2 根导线。之所以采用此放线工艺，是因为该工程采用了 720 导线，每千米重量达 4.5 吨，牵引力达 13 吨，对施工工艺要求非常高。

无人直升机牵引导引绳的方式和传统的封航后用船牵引过江相比，不仅节约时间，而且具有良好效率和效益。据了解，在国内跨越江河的大跨越线路工程中，采用 720 大直径导线的，赤壁大跨越尚属首个。

2009 年 9 月 5 日，向上线赤壁长江大跨越工程采用无人直升机牵引导引绳取得试验性成功，公司总工程师钮永华带领项目技术人员对首次作业的过程进行总结，在飞行性能、控制程序等方面又提出了修正和改进意见，又经历了一年多的反复试验和不断探索。2011 年 1 月 17 日—23 日，自主旋翼无人机展放初级导引绳科研项目试验终于获得全面成功。该系统研究的最终目标是实现送电线路初级导引绳的全自主展放，而本次试验的主要目的是检验无人机在全自主的飞行状态下其飞行的精度、可靠度。根据试验的结果，无人机完全能够满足预期要求。该无人机的规格为 120 千克级，其有效荷载为 30 千克。该科研项目的关键核心技术是实现无人机在展放初级导引绳的过程中，通过对初级导引绳与塔顶滑车的识别感应自动实时调整自身飞行轨迹，使初级导引绳能轻松落入滑车内，从而达到人工干预少、施工效率高的目标。

2011年9月28日上午，锦苏线赤壁长江大跨越工程无人直升机放线施工取得圆满成功，整个过程仅用时32分钟。当天上午6时58分，赤壁长江大跨越现场还笼罩在一片朦胧的晨雾中。"开始起飞！"随着现场总指挥一声令下，一架无人直升机从位于大跨越江南侧的防洪堤上腾空而起，直冲长江两岸的跨越塔。

7分钟后，无人直升机先是到达南岸高达203.5米的NJS3A高塔上空，将直径为1毫米的迪尼玛绳调整放入塔上定置的放线滑车中。随后，无人直升机飞过宽约1500米的滔滔长江，到达位于长江北岸的NJS2A跨越塔上空。当塔上的施工人员快速抓住飞机带过来的迪尼玛绳，将绳子牢牢扣死在塔上后，无人直升机完成了放线最关键的第一步。5分钟后，无人机返回江南起飞点。至此，导引绳展放工作获得圆满成功。

2017年，±1100千伏昌吉—古泉特高压线路跨越1000千伏南荆Ⅰ线利用多旋翼无人机展放导引绳又一次取得成功。多旋翼无人机展放初级导引绳安全系数高，在无负荷条件下最大能在6级大风中稳定飞行，抗风飞行能力强；能垂直起降悬停，不受任何地形限制；采用GPS遥控控制，抗干扰能力强；采用高储量电池供应动力，不受海拔高度影响，展放导引绳单价相对动力伞稍低。但是受目前电池技术限制影响，也存在电池使用时间总体较短、续航能力较弱、飞行距离较短等缺点。

2019年，江苏送变电首次采用无人机展放初引绳夜间飞行。1月4日凌晨0时40分，220千伏常州迥峰山—方麓线路GAT5-GAT6、GBT5-GBT6两档完成多旋翼无人机展放初级导引绳工作。该放线牵张段跨越宁杭高铁，为了不影响列车通行，只能在夜间列车运行空档期施工。这是江苏送变电采用无人机展放初引绳以来首次尝试夜间飞行，为了保证本次飞行的顺利进行，特高压租赁分公司的工作人员做足了功课。8组灯塔将现场照得灯火通明，如同白昼。操作人员在接到夜间飞行任务后，临危不乱，迎难而上，自行设计，自行组装，在多旋翼无人机的前、后旋翼臂上加装了不同颜色的 LED 灯，这样不仅能在夜间看清无人机的位置，还能辨别机头的方向。有了如此充分的准备，现场作业过程十分顺利，仅用时几分钟就完成了初引绳展放工作。

◎ 力量与效率的完美展放

张力放线是在我国建设 500 千伏输电线路工程时，逐渐成熟起来的一种架线施工工艺。江苏送变电通过几十年的不断探索、改进与创新，已积累了丰富的施工经验，架线施工工艺更加成熟，施工方法更加便捷。500 千伏及以上架空输电线路导线均采用一牵多展放方式进行张力放线，并采用与张力放线相配套的工艺进行紧线、挂线、附件安装等作业。特高压线路最关键的技术体现在导线展放这个环节上，这个环节如果处理不好，将给线路运行安全带来致命隐患。

"一牵六"和"一牵八"是两种针对多分裂导线、在复杂施工环境下发展起来的导线展放工艺，能一次性对所有导线进行牵引，其效率和效益显然是很高的，但其难度也会在普通张力放线工艺基础上成倍增加。所有导线与牵引走板相连，牵引走板通过连接器与牵引主绳相连，导线在牵引机的拉力作用下，从张力场开始，逐基通过杆塔上的放线滑车到达牵引场预定位置，完成导线的展放。

"一牵六"架线工艺一般应用于 750 千伏及以上电压等级的中等截面多分裂导线展放，能解决跨越河网密布的困难。2009 年 10 月 19 日 16 时，由江苏送变电承建的向家坝—上海±800 千伏特高压直流输电线路工程 G5001 - G5113 标段架线施工圆满完成。该标段线路途经江苏吴江的桃园镇、盛泽镇，浙江湖州的南浔区，嘉兴的秀洲区、嘉善县，线路长度为 53.4 千米，铁塔 115 基。由于政策处理困难，许多房屋尚未拆迁，线路所经地区河网密布，多次跨越运河、鱼塘，沿线苗圃、树木繁多，施工环境复杂，给架线施工增加了很大的难度。为了确保工程在 10 月 20 日前结束，同时减少政策处理影响，规避烦琐的跨越手续，项目部经过可行性方案研究，决定使用绕牵法，采取"一牵六"的架线工艺，一台牵引机和一台 4 线张力机、一台 2 线张力机配合使用，对同极的 6 根 ACSR-720/50

大直径导线同时进行展放。从 2009 年 8 月 30 日第一牵架线施工以来，该标段施工人员科学组织，精心施工，历时 50 天，圆满完成了整个标段的架线任务。

"一牵六"架线工艺也能解决山区施工的困难。向上线渝 2B 标段 2009 年 10 月 23 日传来捷报，由江苏送变电承建的向家坝—上海±800 千伏特高压直流输电线路渝 2B 标段线路全线贯通。该标段全长 38.402 千米，铁塔 70 基，其中直线塔 51 基，耐张塔 19 基。全线路均处于险峻山区，对承担该项工程任务的施工人员是一个极大考验。为了确保工程保质保量按时完工，项目部抽调骨干施工力量，合理调配资源，克服种种困难，最终比原计划提前一周完成了该标段的导、地线展放施工。为了解决山区放线施工的难题，在公司上下的共同努力下，施工人员因地制宜，大胆创新，在重冰区采取"一牵六"的架线工艺，同时对 6 根 AACSR-720/50 型钢芯铝绞线进行牵引，一举安全、优质、高效地完成了架线任务。

"一牵八"架线工艺在技术、装备和人员上都有其独特的要求。针对特高压工程八分裂导线的展放有"八牵八"、4×（"一牵二"）、2×（"一牵四"）、"一牵八"等多种方案，但唯有"一牵八"方案效率最高、效果最好，是技术最先进的架线方案，但因为需要的牵引力最大，所以实现的技术难度和对装备的要求也是最高的。牵引机怕"三超"——超载、超速、超温。远离牵引机是展放线安全的大忌，一旦发动机缸温及机油温度过高，或者遇到接头，就要减速，否则就容易发生安全事故。因此，展放线时牵张机操作手的经验非常重要，其工作就是要时刻保持导线牵引顺畅，放线效率的高低取决于他们对牵引过程的把控。

2008 年 4 月 10 日，我国首条特高压工程 1000 千伏晋东南—南阳—荆门特高压交流试验示范工程 07 标段 N502 号张力场，江苏送变电成功举行架线施工首牵试点，此举标志着该工程导线架设施工正式拉开帷幕，也是"一牵八"架线施工工艺在世界特高压工程施工中的第一次应用。因此，此次试点施工被誉为"世界第一牵"。随着"一牵八"走板顺利通过 N502 号铁塔塔头部位的中相九轮放线滑车，激动人心的"世界第一牵"首牵试点获得圆满成功。

2013 年，"一牵八"架线工艺在 1000 千伏淮上线的应用就更为成熟了。淮上线全线施工中只有江苏送变电负责的 20 标段采用的是"一牵八"架线工艺，快速高效，质量稳定。其他施工单位可能是一次牵 2 根或 4 根导线，而江苏送变电是将 8 根导线一次性牵引过去。这种工艺除了工效高，还有一个好处：因为所有导线都是一次性牵引的，就可以最大限度地避免导线高差的产生，对后续的紧线施工比较有利。淮上线设计的是八分裂导线，双回路共由 48 根 630 导线组成。张力场上，10 多位工人协同操作，一盘重 8.1 吨、长 3900 米的 630 导线大约需要两个小时就可以展放完成。

条条银线飞架在空中，成了一道靓丽的风景线，这是力与美的完美结合。它连接成支撑社会经济发展的强劲脉络，为全面推进中国式现代化贡献出磅礴的电网力量。谁也不应忘记送变电的施工人员，这些放线工人被称为"放风筝的人"，那些"高傲"的风筝，在他们的手上有节奏地自由飞翔。

第四节　移动的试验室

何为"移动的试验室"？这源自江苏送变电提出"将试验室搬到现场"的理念。把该理念应用到特高压南京 1000 千伏变电站的工程中，是国内首创并具有独立知识产权的创新成果。"将试验室搬到现场"这一创想，打破了传统绝缘油试验必须在基地试验室检测的局面，极大地保障了绝缘油的质量标准以及充注进程，为工程优质高效完成提供了有力的支撑。

◎ 把试验室搬到现场去

2015 年，国家重点工程 1000 千伏特高压南京站开始投建。它是 1000 千伏淮南—南京—上海特高压交流工程连接线上的咽喉要道，工程规模空前，现场高压设备需要使用的绝缘油总量也是空前的。

众所周知，在变电工程变压器、高抗等油浸式设备安装试验环节中，油品质量控制是一个重要环节，一旦不合格的油注入变压器，就会导致设备绝缘度不够，进而引起主变发热等故障，严重的甚至可能导致爆炸。因此，绝缘油的检测试验尤为重要，这直接关系到变压器、高抗等核心设备能否长期安全稳定运行。特高压南京站新上 4 台主变、4 台高抗，加上其他设备总共用油 1200 吨，试验工作量极大。

按照传统的检测方法，需要将油样送回油化试验室进行检测试验。工地距离试验室有两个小时的路程，来回送检不仅路途遥远、成本巨大，更会严重妨碍主变压器等关键设备的安装进度，这给特高压南京站建设工作带来了巨大难题。为了解决这一难题，邓福亮心中突然冒出一个想法：为什么不把试验室搬到现场去？

江苏送变电立即组织试验室团队仔细分析各种可行方案，积极组织会谈，运用"将试验室搬到现场"这一全新理念，设计了一种空间大、布局合理的绝缘油现场检测试验室。2015 年 4 月 20 日，南京站第一台特高压变压器被运输到现场，试验室也完成了安装调试，顺利投入现场试验，解决了工程的燃眉之急。

南京站现场组装的移动式绝缘油集中测试试验室，配备了气相色谱仪、颗粒计数器等先进试验设备，能够现场开展绝缘油理化分析。试验室保持恒温恒湿状态，确保试验环境达到试验室标准。试验室内设有水、电、气路及废油回收装置，配备不间断电源，并设置气体泄漏自动报警装置，保证了试验人员的身体健康。

为了保证注入的每一滴油都是高品质的合格油，每一批油都必须进行外观检查，再经过色谱、介质损耗、击穿电压、闪点、凝点、界面张力、含水量、含气量、油中颗粒度、体积电阻率、水溶性酸、酸值等 12 项数据检测。试验室遵循国家电网特高压油试验标准，有一项超标，就要重新过滤，重新做试验，直到数据全部合格才能注入设备。

试验室 3 名工作人员在变压器安装过程中共检测数据 2500 个，有效保证了主变及高抗的油品质量。该试验室满足了工程现场充注绝缘油过程中全部检测试验要求，共对 320 批次的油样进行试验，分析试验数据 3858 个。现场试验室的使用节约送检时间约 960 小时，节省送检里程 70400 余千米。试验室团队将该设计理念、实施方法汇集成文，形成 1 项发明专利和 6 项实用新型专利。

◎ 一定要有自己的地盘

时间上溯到 20 世纪 80 年代，那时江苏送变电的检测业务范围比较单一，只能做些常规试验。拥有的试验装备也很局限，美国的、德国的、瑞典的……全部设备进口化，几乎看不到国产设备的身影。"我们什么时候能用上国家自己生产的设备？"刚参加工作不久的邓福亮询问一旁的老师傅，并发誓，"再难也要搞出点名堂出来，让外国人看看我们电力技术的厉害。"

当时的试验仪器都是分离式元件，完全靠手动调节，边调节边记录，远不及现在的条件。不过，这也锻炼了技术人员的动手能力，为今后的自主开展试验、研发试验设备打下了基础。

变压器油的检测分成 3 个阶段进行，对时间要求高。那时公司都委托江苏电力试验研究院、各地供电公司等油化试验室进行检测，不仅受制于外单位，时间没有保障，而且检测费用高。另一方面，随着近年来公司承担的特高压建设任务不断增加，±800 千伏换流站、1000 千伏变电站检测项目多、要求高，拥有一座现代化的试验室必不可少，也是势在必行。同时，油化试验室对提高公司试验水平、提高试验人员技能水平也有很大的帮助。

因此，无论从现实角度着手，还是从长远方向考虑，没有自己的试验室，时时处处都不方便，阻碍着调试业务的进一步发展。"我们一定要有自己的地盘，要建一个属于我们自己的试验室。"一句朴素的话语，道出了当时每一个调试人员内心的苦衷和寄予的希望。

正是在这一背景下，总经理杨建龙、副总经理丁道军，不谋而合从公司未来发展的角度，提出了建立公司自己的油化试验室的构想。

◎ 终于有了自己的试验室

工欲善其事，必先利其器。公司建立油化试验室前，没有这方面的专业技术人员、试验装备，更没有建立该类试验室的经验。调试分公司经理徐军跟邓福亮商量着，可以先把变压器的耐压试验搞起来。

"我们只能先摸索，在学习的过程中逐渐深入研究试验设备的理论知识。"邓福亮回忆起当时的情景，感慨万千。第一次采购选型时，邓福亮和武汉理工大学的刘克坐了 40 多小时轮船到达武汉，去那里的变压器厂家实地考察，学习人家是怎么做耐压试验的，看看有什么先进的设备。买回来后，邓福亮就带领大型试验组具体实践，也没什么老师，全靠自己琢磨。邓福亮形容自己这几十年来的工作，就是在搭建一个又一个的"舞台"，台子搭好了，他也就撤了，把正式"演出"的工作交给别人，他好奔赴下一片"空地"。

一个现代化试验室的建立不是一蹴而就的，而是在摸索中不断改进，在改进中不断前行。经过半年多时间的可行性方案调研，2010 年 7 月油化试验室的建立终于进入实质性操作阶段。

2010 年 11 月 22 日，位于公司原汽贸大楼一楼的油化试验室揭开了它神秘的面纱，正式投入运作。当天，试验室就为 500 千伏茅山变、220 千伏淮宝变、500 千伏岷珠变现场送来的油样做了试验。送油样的现场施工人员高兴地说："我们终于有自己的试验室了！"

作为油化试验组组长的邓福亮参与了整个试验室的建设过程，他感慨地说："从无到有，很难，但我们成功了，而且有信心把它搞好！"

走进油化试验室，宽敞明亮的环境，整齐摆放的试验设备，一目了然的规章制度，都让人耳目一新。电力专用气相色谱仪、绝缘油介质损耗测试仪、微水测试仪等 10 台精密仪器，构成了整个试验室的核心。试验室具备溶解气体组分含量色谱分析、水溶性酸、酸值、闭口闪点、水分、界面张力、介质损耗因数、体积电阻率、击穿电压、油中含气量、油泥与沉淀物等 11 项变压器油全分析试验条件。一切工作有依据，一切过程讲程序，一切结果有证据，有了这样的一切，大家心里就有了底。

精密的仪器也需要有责任心的操作员才能发挥最大的功效。油化试验是复杂的多系统的专业作业，细节决定成败。试验人员在细节上下功夫，为了准时完成检测任务，他们放弃休息时间，加班加点为前方服务。以前的 100 毫升针筒和 500 毫升广口瓶，在现场取油样后用报纸包裹放在纸盒内，时常会打碎玻璃针筒。为了方便一线施工人员操作，他们专门订制了标准的取样箱，100 毫升玻璃针筒和 500 毫升玻璃广口瓶放在铝合金取样箱内，解决了长途运输受颠簸的难题。

原先油化试验和色谱试验全部委托当地的供电公司，在时间及技术上受制于他人，工程进度容易受拖延。自公司成立了油化试验室，能够自主完成试验项目后，试验人员在工作中及时与前方沟通，掌握工程最新动态，对现场施工过程中的油样状态进行及时监测。试验过程中能够掌握第一手资料，并反馈给现场项目部，让变电工程的施工进度有了切实保证。油化试验每年能为公司节约开支100多万元。

◎ 腰杆子硬起来了

对电网来说，变压器就像心脏，绝缘油就像血液。油化试验室的任务就是保证通往心脏的血液是纯净的。

2015年，江苏重点工程特高压1000千伏南京站开始建设。为了能在第一时间对绝缘油进行检测，试验室团队在工程现场搭建了一个绝缘油标准试验室，极大地提高了试验效率，完成了1200吨绝缘油的检测任务，为特高压南京站按期投运做出了重要贡献。

2019年，有"万里长江第一廊"之称的1000千伏苏通GIL综合管廊工程开工建设。这个工程是当前世界上电压等级最高、输送容量最大、技术水平最先进的工程。GIL采用SF_6气体绝缘的方式，将1000千伏特高压线路密闭在直径不到1米的金属管道内，就像罩上了一个"金钟罩"，整个管廊内共充有约800吨SF_6气体。

试验室团队接下SF_6绝缘气体的检测任务，意味着他们正在走一条没有前人走过的路，也没有任何的调试经验可以借鉴。SF_6气体作为绝缘介质，在充入设备前需要进行多种试验检测，800吨的气体光检验批次就达到了164批。如果按照常规的方法送至南京的试验室检测，现场距离南京200多千米，费时费力，且试验若不及时进行就会直接影响充气工作，进而影响到工程整体进度。为此，他们创新设置了SF_6气体现场检测试验室，实现即采即测，检测效率较传统方式提高27倍。试验室可以对SF_6气体进行全质量检测，并能实时监控检测到场的气体、输气管道内的气体以及灌入 GIL 设备后的气体质量，确保了现场气务工作顺利完成。

他们还创新设置了 SF_6 集中供气站，首次实现 SF_6 气体热交换、集中存储、干燥净化、管道输送、安全监控一体化作业，GIL 充气速度提升 1 倍以上。刚开始时，打算用 50 千克的气瓶运输这些气体，通过试验分析后，将气瓶改为 600 千克的，不仅便于运输，还能减轻检测压力。通过加大气瓶容量、实行集中供气方式，检测效率和精确度提升了，工程注气速度也加快了，工程得以顺利、稳步推进。

2022 年，特高压虞城换流站施工时，试验团队又在工程现场设立了油气试验室，也是绝缘油和 SF_6 气体检测的试验综合体。试验室全天 24 小时实时为虞城换流站的油气试验工作保驾护航，完成 1000 多项油气试验，节约送检时间 520 个小时，节约送检里程 35000 多千米，这种试验综合体也是首次在特高压工程现场运用。

◎ 还要继续开疆拓土

一路走来，油化试验经历了从无到有的改变，从固定到可移动的创新，从弱到强的蜕变。

2020 年，是油化试验室成立第 10 个年头，邓福亮从试验室成立之初便在这里破土开荒，对他来说，试验室就像自己的孩子，倾注心血，陪伴壮大。把这个试验室建设成省内一流乃至全国一流的试验室是公司每个人期盼的目标。2019 年 4 月，公司做出了申请 CNAS(中国合格评定国家认可委员会)认证的决定，并要求试验室于 2021 年的职代会上交出一份满意的答卷。

CNAS 是目前国内唯一一家有资格颁发国家认可试验室认证资质的机构。近年来，电力工程特别是特高压工程施工验收或创优时，由于试验室没有第三方认证资质，经常出现出具的检测报告不被甲方或监理认可的尴尬局面。此次决定申请认证，是检测中心提升一个层次的大好机会。

2020 年受到疫情影响，认证工作面临着时间不足、人员流动困难等方面的问题，咨询辅导、评审准备等环节均受到冲击，严重阻碍了年底"取证"计划。新年没过几天，邓福亮眼看复工遥遥无期，着急地与中心成员开展视频会议，云部署下一步工作安排，丝毫不敢耽误时间。

油化试验室团队一路披荆斩棘，评审准备、文件评审、现场评审、纠正整改、认可批准，走过道道严苛的审核程序。历时 16 个月，检测中心在 2020 年 12 月 9 日正式获得 CNAS 国家认可试验室认证，成为全国省级送变电行业第 3 个获得此认证的企业。成功获得国家认可试验室认证，一举跻身国家认可试验室的行列，这标志着检测中心具备了电器绝缘油、工业 SF_6 的第三方检测资质和能力，极大提升了公信力及品牌影响力。

试验工作是一项继往开来的事业，有传承，才有不竭的动力。一人强不算强，团队强才是真的强。每一位试验室成员立下宏愿，接下来还要开疆拓土，继续增加 CNAS 认证的检测项目，从需求出发，研究、创新并获得实际成果转换，创造社会价值的同时创造经济价值，并将创造力投入生产中去，推动检测中心不断前行。

第三章

南征北战写春秋

第一节 日益坚强的电力动脉

江苏送变电施工项目电压等级的逐步提升，促进了我国社会生产力大幅度提高，更促进了我国工业体系迅速发展。输电线路的杆塔大都架设于山高路险、江河湖海、沟壑纵横之地，但江苏送变电人不怕艰难困苦，他们的一个个身影，一份份坚守，像一面面旗帜，诠释着"人民电业为人民"的初心与使命，也展现出江苏送变电奋发图强、高速发展的历史进程。70 年来，江苏送变电由小到大，由弱到强，持续跨越升级，提升电力供应和资源配置能力，为进一步优化江苏新能源产业结构及践行"双碳"目标，实现绿色可持续发展的电力保供工作提供了关键支撑。同时，也反映了我国电力事业及社会经济发展大跨越的坚定脚步。

◎ 七十年前吹响"冲锋号"

江苏送变电是中国电力建设的一支"铁军"队伍，其历史进程可追溯到解放初期。成立之初，他们的主要任务是为国民经济建设和工农生产发展输送电力，承建 35 千伏及以下的输电线路，进行城市老线路的改造工程。从此他们开始了"长征"之路，开始了轰轰烈烈的跋山涉水、埋杆架线的艰苦奋斗历程。他们踏遍了大江南北，为中国电力事业流血流汗，为我国经济建设挥洒着宝贵的青春年华。

如今 70 年光阴飞逝，江苏老一辈送变电人勇担创业重任，攻坚克难，以坚毅的奉献精神和过硬的技术本领，为新中国电网建设事业贡献力量的动人事迹仍历历在目。

1953 年，创立之初的江苏送变电只有 160 名职工和 1 名技术员。施工和生活环境异常简陋，白天苍蝇叮，夜晚蚊子咬。住的是田间草棚，睡的是牛棚和猪圈，使用的是简单的手工器具。

1953 年 2 月 20 日，他们迅速成立了江阴珥陵线工程处，着手建设 13.2 千伏丹阳—珥陵输电线路。该工程为江苏第一个大型电力排灌区服务，送电线路建成后受益的农田约有 7413.33 公顷。全长仅 18 千米的丹阳—珥陵线路工程，看似不起眼，但在江苏送变电人心目中，却有着沉甸甸的重量。这条低压线路成了江苏送变电承建的第一个工程，而且在短短 20 天的时间里，工程处的全体施工成员披星戴月、奋勇拼搏，高质量完成了全部建设任务，宣告江苏送变电这艘工程建设巨舰已经"启航"。

更令人惊奇的是，随后 35 千伏戚墅堰—江阴输电线路 3 月 5 日开工，5 月 25 日竣工。这也是江苏送变电首次承担的 35 千伏等级工程，可谓是首战大捷，仅用两个多月时间，在没有榜样、没有经验的情况下，一项前所未有的工程又顺利完成了。

8 月 27 日，他们又成立了北京线路工程处，前往首都支援城市供电线路改造工程。他们经受住了考验，不到一个月的时间，在北京共改造低压线路 637 千米，兴建 35 千伏线路 40 千米。同时，还为中央人民广播电台竖立发射塔 10 基，真正为首都电力建设事业做出了贡献，也为江苏人民争得了荣誉。

这支江苏送变电施工队在陈汉权队长的带领下，越来越自信，越来越壮大，9 月 21 日又成立了山东线路工程处。在秋风送凉、丹桂飘香的美好时节，他们在山东建设的 35 千伏胶县—高密输电线路和高密变电所同时开工。又是短短的两个月，11 月底输电线路和变电所竣工，江苏送变电又提前完成了各项任务。

首年之内，轰轰烈烈干了几件"大事"，不是嘴上说说就可以成功的。施工人员在农村住宿，没有交通工具，每天上下工都是步行。施工条件艰苦，劳动组织分散，而且机械设备只有 3 台，许多重量级的手工器具，都由工人背驮肩负，那种艰苦程度是可想而知的。但他们没有抱怨，也没有退缩，每个工程都干得漂亮，而且完美，让人拍手称赞。

由于施工任务不断增加，1955年2月，公司所属的两个送电工地和中南电业部门部分人员共300余人，并入这支施工队伍，组成了送变电第一工程处。同时还招收其他的工作人员，队伍不断壮大。随着国民经济和国家输变电建设事业得到大力发展，送变电材料和设备运输量也在逐渐增加，线路施工和变电所安装新技术、新工艺也不断地涌现出来。

由于电力需求不断增加，输变电工程的规模越来越大，电压等级也越来越高。1955年5月，他们奔赴齐鲁大地，承建山东济南—博山110千伏输电线路。该线路全长110.73千米，他们日夜奋战，抛洒汗水，仅仅用时5个月，就在丰收的季节里让工程顺利建成并投入运行。

1955年9月，他们承建110千伏古田—福州输电线路工程。该输电线路全长87千米，仅用半年时间，于1956年2月建成投运，结束了福州市单靠福州电厂小机组发电的历史，为福州人民造福，为千家万户送去了光明。

1955年，在安徽35千伏芜湖—繁昌桃冲铁矿输电线路工程基础施工中，有超过85%的杆位被水淹没，19基杆位水深达1.5米。由于看不见桩位，施工人员跳进污水中，采取手摸的方式完成作业。在次年施工人员体检中，有24人确诊血吸虫病，9人确诊肺病，他们的身体受到了伤害，但是继续开拓输变电建设的决心没有动摇。

1957年1月，为配合望亭发电厂建设，同步建设上海—望亭的110千伏输电线路。从此开始，施工组织形式走上正规化，第一次设立了一个大工地，命名为228工地。施工队下设技术、统计、财务、材料、人事、劳资、保卫等管理人员；施工班组设立2个运输班、4个焊接组、12个线路班和1个专门的材料运输班。施工的高峰期，全线已有技工300余名，民工800余名。他们的施工队伍"招募"到了千军万马，大江南北，长城内外，哪里需要，就向哪里出发，向着越来越高的输电线路，吹起了"冲锋号"。

由于工程的难度越来越大，工作的强度也越来越高，施工技术要求更是越来越严，这对于他们来说，责任在心，重任在肩。上海—望亭输电线单回路长

100.96 千米，通过长江平原，地势平坦，河流纵横，村庄密集，大部分为水稻田、泥沼地，土质松软，跨越大小河流 225 处，可谓是一路艰难曲折，但他们一路高歌猛进。

工程于 1957 年 1 月 23 日开工，埋设底拉盘和浇制基础，而上海—昆山段土壤湿陷性土和流砂约占基坑总数的 8%，于是他们边挖边用木板支撑坑壁，硬是把这段基础按期施工完成。3 月上旬开始立杆，而分节组合水泥杆尚属首次施工，杆型体积庞大、笨重。在施工中采用地面焊接组装、整体起立的方式，18 米水泥杆采用两吊点脱帽式人字扒杆整体组立。22.5 米换位杆及 24 米跨越杆采用三吊点，用 16 米接腿式扒杆进行组立。而跨越阳澄湖的耐张塔，高 56 米，采用单扒杆带拉线的立塔方法。

工程的架线方法也与以往不同，还是首次施用，他们的心里没有十分把握。为防止倒杆事故发生，保证安全，他们没有按照以往导、地线同时收紧的方法，而是先紧地线后紧导线，分开架设。这样做的效果很好，加快了工程进度，线路于 6 月 26 日竣工，比计划整整提前了 31 天。

1957 年 6 月，为开发海南岛铁矿资源，他们赶往"天涯海角"，承建全长 68 千米的海南岛东方—八所—石碌 66 千伏输电线路，为海南岛铁矿开发提供了电力保障，为地方经济发展做出了贡献。

◎ 走南闯北去"发光"

江苏送变电踏遍了大半个中国，走南闯北为中国电力事业日日夜夜奔波着。经过了几年的风风雨雨，他们在总结经验的同时，一路于泥水中摸爬滚打，铸就了一不怕苦、二不怕死的精神，一支"铁军"队伍逐渐形成。

1958 年 1 月，江苏送变电首次承建华东电网第一条 220 千伏望亭—上海输电线路工程。江苏送变电人为改变技术装备落后的状况，减轻劳动强度，从 1958 年开始有计划地添置了施工机械设备和主要工器具，为江苏送变电的壮大创造了物质条件。220 千伏望亭—上海输电线路，自望亭发电厂出线，经吴县、昆山、青浦、嘉定，进入上海市西郊变电站，亘长100.3千米。线路通过长江冲积平原，在232基铁塔中，拉线塔215基，自立塔17基。导线采用ACO-332钢芯铝绞线，地线采用C-60钢绞线。

工程于1月8日破土动工，基础施工时为了节约木材，设计选用8厘米厚的预制混凝土模板，模板的混凝土也作为基础混凝土的一部分，要求结合成一个整体。由于资料有限，又加上缺乏经验，他们都是在摸索中前行，前4次试验均遭失败。第5次试验时，在混凝土模板中加入竹筋，强度试验终于达到了设计要求。使用竹筋混凝土模板代替木模板，共节约木材80立方米，在物资匮乏的年代显得十分宝贵。每基基础混凝土量平均27.8立方米，在混凝土浇制时，为了提高效率，就充分利用机械，因地制宜利用沿线密布的河网，将混凝土搅拌机装在船上，驶至塔位附近进行搅拌，节约了工程建设时间。

铁塔组立自4月20日开始，到7月15日结束。根据塔型结构自行设计加工立塔工具，制作了16米、24米分节倒落式扒杆，整体组合立塔183基；跨越地段及近电区采用龙门扒杆整体吊装9基；特殊塔采用外扒杆分解组立40基。

导线架设从5月26日开始。值得一提的是在155号至166号4.1千米的紧线档，尝试了以汽车绞磨作为紧线动力的办法。这个办法非常有效，仅1天时间就完成了紧线任务，是人力紧线工效的3倍。

在架线后期，正是夏收夏种季节，由于农民需要回家务农，劳动力顿时十分紧张。他们组织部分干部及变电职工参加架线：上海供电局派来4个班组支援线路架设；上海基本建设局100余名机关职工及家属也来工地参加劳动；南京电力学校120名学生到工地勤工俭学。在各路人马的齐心协力下，工程迎来了最后30天的施工高峰。全线于7月15日架通，7月24日降压110千伏运行一次性成功。

然而，这支江苏送变电"铁军"正在为电力事业大干快干的时候，想不到的事发生了。1961年，国民经济实行"调整、巩固、充实、提高"的八字方针，基建投资开始压缩，工程任务减少。在这种境况下，他们需要主动"找米下锅"，自力更生，艰苦奋斗，才有可能丰衣足食。他们迷惘、彷徨、忧虑，甚至在前进的道路上碰到了"晴转多云"的天气。

但不顺心的事，往往都是暂时的。当 1963 年国民经济开始好转，他们的工程任务又逐渐增多起来。1963 年至 1965 年期间，他们在承建两条 220 千伏输电线路的同时，利用工程间隙，又承建了苏州地区和上海市郊等 35 千伏农灌线路，合计 275.7 千米。而随着 220 千伏输电线路施工任务的不断增加，从 1966 年开始，他们很少再去承建低压 35 千伏的线路了。

1965 年 7 月，江苏送变电工程处支援西南"三线"建设，与东北、云南送变电施工队伍共同承建云贵高原上第一条 220 千伏宣威—昆明输电线路，全线海拔在 1900—2135 米之间。施工后期，"文化大革命"开始，广大职工排除干扰，终于使线路在 1966 年 11 月 28 日建成，将宣威电厂二期扩建发电机组的电力输送到昆明，缓解了昆明地区用电紧张的局面。

1969 年，施工队伍又要远离家乡，应召入川，为解决龚咀水电站的基建用电和永乐 814 厂的生产用电，承建 220 千伏宜宾—龚咀—永乐输电线路。工程沿线山高谷深，人烟稀少，三次跨越大渡河，深入大凉山彝族自治州，交通极为艰难。江苏送变电广大员工排除千难万险，坚持在"蜀道之难，难于上青天"的山区施工，顽强拼搏，于 12 月胜利完成施工任务。江苏送变电人走南闯北去"发光"，传承长征精神，为建设我国大西南电力事业，创造出了光明的一片天。

改革开放前夕，江苏送变电施工完成泗洪—盱眙 110 千伏输电线路，使苏北地区开始实现"楼上楼下，电灯电话"的目标。在该工程跨越淮河的架线施工中，一位曾经在现场拉线的退休工人回忆，那时候还是人工放线，施工领队嗓子都喊哑了。

这就是电力拉线工人的真实写照，为了电力，他们南征北战；为了电力，他们不知疲劳。他们的家就是施工现场，施工现场就是他们一个个"行走"的家。在第五个和第六个"五年计划"时期，特别是十一届三中全会之后，江苏送变电的工作重点，已经转移到电压等级更高的 220 千伏输变电工程上来，他们为我国社会主义经济发展努力奋斗着。

◎ 第一次"碰"上超高压

岁月匆匆，一晃 30 年过去了，江苏送变电已经壮大成为一个具有一定实力的专业化电力施工企业，在全国送变电行业内知名度颇高，不过，他们也迎来了新的挑战。

随着我国社会主义建设事业的大发展，电力在国民经济建设中越来越举足轻重了。为了把徐州发电厂的电输送到上海，国家决定建设一条徐州到上海的 500 千伏超高压输电线路，这是国家"七五"重点工程项目之一。

这条名为 500 千伏徐州—上海超高压输电线路的工程，从徐州电厂任庄升压站出线，途经徐州、宿迁、淮阴、扬州、镇江、常州、无锡、苏州 8 市的 18 个县（市），进入上海市嘉定黄渡变电站。该线路全长 563.144 千米，其中江苏境内 548.3 千米。这是江苏境内第一条 500 千伏输电线路，也是江苏送变电第一次施工 500 千伏电压等级的输电线路。

为了使徐州发电厂新建机组早日投产送电，缓解江苏省内用电紧张局面，1984 年 10 月 24 日在淮阴召开徐州—江都段工程开工动员大会，江苏送变电迅速组织人马，于当日开工建设。这个时候冬季即将到来，施工队伍战严寒，斗冰雪，克服重重困难，放弃春节休假，争分夺秒连续作战，于 1986 年 2 月 12 日架通了徐州—淮阴降压运行段线路。徐州—江都段也最终于 1987 年 12 月 27 日建成投运。

江都—斗山—上海黄渡段，于 1986 年 5 月 5 日开工，1988 年 11 月 2 日架线完工，其中镇江长江大跨越工程于 1987 年 5 月开工，1988 年 9 月 4 日跨江架线结束。全线于 1988 年 12 月 30 日投入运行。500 千伏徐州—江都输变电工程，于 1990 年获得国家优质工程银质奖；镇江长江大跨越工程被能源部命名为单项优质工程。

第一次施工 500 千伏输电线路，没有任何成熟经验，所以施工准备工作必须十分充分。江苏送变电从零开始，认真着手准备开展人员培训，学习先进的施工技艺。因为设备从几个国家进口，需要很强的技术支撑。从 1983 年 5 月开始，江苏送变电先后组织工程技术人员、生产骨干和工区干部参观 500 千伏平顶山—武汉线、大同—房山线路工程，学习兄弟单位的施工经验，收集相关的施工资料，进行机械操作培训、新工艺培训和新工人培训。先后举办测量、牵张机操作、液压等培训班 24 期，参培人数 747 人次。

基础分坑测量第一次应用计算机进行数据处理，质量检验除常规的试块检验外，第一次采用钻孔取芯机，在基础实体上钻取试块进行强度检测，1287 基铁塔基础的混凝土强度全部达到设计要求的强度。立塔采用的 20 米人字扒杆、落地冲天摇臂扒杆、30 米及 35 米带摇臂浮扒杆，以及立塔用的特殊配套工具，都是根据工程实际情况进行量体裁衣，由江苏送变电的技术人员自行设计和制造的。

导线架设采用"转角塔直通连续放线、直线塔紧线、耐张塔平衡挂线"三大施工工艺，并首次采用张力放线方法。导线在展放过程中，依靠张力机保持适当张力，不使导线落地或与障碍物摩擦，每个牵张段的牵引力和张力，事先使用微机按编制的程序进行计算，架线实际施工效果非常理想。紧线采用"延档紧线法"，在紧线场启动绞磨收紧导线，当弛度达到规定值时，将导线锚住；接着另一侧继续紧线，就这样不断延伸，直至将导线全线紧完。

用亲身经历的人的话来描述对施工现场的感受：当年在苏北施工，去现场一般坐的是拖拉机，被工友们戏称为"拖的"，偶尔坐上大卡车，便是世界名车"卡迪拉克"了。中午在施工现场休息时，找一些干香的稻草垫在地上，躺在上面，头枕着安全帽，便能感受到大地母亲的温暖，还能顺便享受一下日光的洗礼。晚上回到住处，工友们挤在一个临时挖掘的水井边洗漱，秋天的夜风吹得身子直打战，在冻得嘴里发出"咝咝"的响声中，洗去浑身的疲劳。

江苏送变电人第一次"碰"上超高压输电线路，通过全体施工人员的努力拼搏，在计划时间内各项建设指标均令人满意。该工程受到业界高度好评，至今仍是上一辈送变电人的骄傲，也为此后更多的超高压和特高压项目建设开了好头，打好了基础。

◎ 建设"西电东送"主干道

21 世纪的春风使我国各行各业有了突飞猛进的发展,这就更需要电力事业的大力支撑。江苏送变电不断自我革新,自我发展,在行业内的口碑越来越好,他们除了在江苏"主战场"继续"奋战",还逐步走向全国各地建设电力事业,他们身上的担子更重,施工的任务更艰巨。

±500 千伏龙泉—政平输电线路是三峡工程首个直流送出工程,线路西起湖北龙泉换流站,东至江苏常州政平换流站,线路全长 890 千米,是国家"西电东送"将三峡水电送入华东地区的主干道和华中、华东直流联网重要线路工程。

江苏送变电承建的是龙政线皖 4 标段,尽管他们已经有了 500 千伏交流线路的施工经验,但超高压直流输电线路还是首次施工,不能有丝毫疏忽,必须成功。通过积极筹备,龙政线皖 4 标段于 2000 年 12 月 15 日开工建设。

鉴于±500 千伏龙泉—政平输电线路的重要性,项目管理方提出了"创一流"的质量目标。江苏送变电为了确保工程质量目标和相关指标的实现,依据贯标的质量方针和程序文件,制定了多项规章制度和管理规定。根据"创一流"的质量目标,他们还提出不光要"创一流",还要"达精品"的思路。结合工程施工特点,项目部举办了线路施工质量控制、线路测量知识培训、灌注桩施工质量检查、大截面导线施工方法、液压施工操作培训等各种学习班,用来提高广大施工人员的实际操作水平和综合能力,为提高质量目标、实现"创一流""达精品"奠定了基础。

在基础施工阶段,为了有效控制基础施工质量的波动,项目总工李锡民、质检员杨磊在与监理人员共同探讨后,对基础施工涉及的 12 个主要项目进行监测,共整理出数据 6156 个,进行计算得出具体波动值。还通过对基础浇制的每项数据进行理性分析,精心制作了《±500 千伏龙政线皖 4 四标段基础浇制工艺控制图》,将现场施工质量、工艺动态用波动点的形式,形象直观地表现了出来。为了提高基础的观感质量,防止基础表面出现漏浆、麻面,减少气泡,特地采用有一定吸湿性的"十一夹板"和"竹夹板"作为基础施工模板，使得基础表面光洁、平整，而且取得了意想不到的美观效果。

在铁塔组立阶段，为了不断提高施工质量，龙政线皖 4 标段项目部又制定了《±500 千伏龙政线皖 4 标段自立式铁塔组立质量过程控制记录表》，规定现场质检人员在施工过程中，要认真、详实地记录每基铁塔组立施工现场的质量管理状况。这样既做到了责任到人和有据可查，又能有效地对各施工点的施工质量进行跟踪管理和控制，在顺利完成施工任务的同时，确保施工质量达到精品的要求。

±500 千伏龙泉—政平输电线路工程施工最大的难点恐怕要数导线架设了。该线路为了输送更大的电能容量，首次采用 720 大截面导线，而大截面导线的展放工艺没有任何经验可以借鉴，这对施工来说是一个新的挑战。

江苏送变电组织了内部专家开展了针对性的研究，利用以往常规导线的施工经验和教训，针对 720 大截面导线的特点，编制了专门针对大截面导线的《架线施工质量控制要点》，对各工序环节建立过程控制卡，通过周密、细致的事前筹划，为架线施工做好了准备。

为了在架线施工中保护好导线，除了在地面以及与硬物接触部位做好常规的铺垫措施外，在导线展放过程中，需要严格控制好导线的牵张力，使导线始终腾空穿越每一档，同时确保导线能够顺利通过滑车，避免牵引过程对导线产生磨损。在公司副总工程师王中的指导下，施工科副科长钮永华牵头对 720 大截面导线展放工艺进行了多次有针对性的模拟试验，检验导线在展放施工中内层的磨损情况，取得了较好的效果，形成的技术论文在电力施工相关刊物上公开发表。

2001 年 10 月 15 日，由国家电网公司组织的 ±500 千伏龙泉—政平输电线路大截面导线架线试点现场会，在江苏送变电负责的皖 4 标段工地召开。参会的行业内的专家在现场对导线进行分层剥股检查，证明江苏送变电运用的架线工艺对大截面导线产生的磨损是可控的，这为后续大截面导线施工工艺导则的出台奠定了基础。此次"一牵二"大截面导线展放试点获得圆满成功，为中国电力事业谱写了新的一页。

江苏送变电承建的皖 4 标段是全线第一个开始架线施工的，他们在施工过程中，还解决了滑车悬挂、紧线、平衡挂线等诸多难题，为工程节省了许多时间，并提前完成了施工任务。这为之后其他各标段架线施工做出了示范，在国家"西电东送"重点工程中起到了带头作用。江苏送变电勇于创新的"铁军"精神，在皖4标段的项目管理人员身上再一次得到了充分体现。通过江苏送变电和兄弟单位的共同努力，奋力拼搏，±500千伏龙泉—政平直流输电工程于2002年12月20日一次性圆满投运成功。

±500千伏龙泉—政平直流输电工程投运后，每年可向华东地区输送100多亿千瓦时清洁水电，是三峡电力外送的第一条直流输电通道，在缓解华东地区用电紧张局面、保障三峡电力可靠外送、助力长三角地区"碳达峰""碳中和"等目标的实现方面发挥着重要作用。

◎ 特高压输电线路的"开山之作"

江苏送变电人默默地用实际行动诠释着勇担社会责任的大气魄，及"诚信、责任、创新、奉献"的核心价值观。70年来，一代代江苏送变电人的身影挺立在天地间，在深山老林里与银线为伴，在乡村田间与烈日对峙，在巍峨铁塔上与风雪搏斗。如火的骄阳，晒黑了他们憨厚的脸庞；刺骨的寒风，冻裂了他们布满老茧的双手；岁月的洗礼，铸就了他们一副副钢铁般的脊梁。

电网基础设施建设在某种程度上也是服务行业，必须紧紧跟上时代发展的步伐。因此，为满足电力负荷的快速增长需要，实现远距离、大容量输电，美国、日本、意大利等国家，从二十世纪六七十年代就已经开始对特高压输电技术的探索，但都没能形成有效成熟的适用技术和设备。由于电力匮乏，特高压又迫在眉睫，必须尽快发展起来，本着"科学论证，示范先行，自主创新，扎实推进"的原则，从2005年开始，国家电网迈开了建设特高压之路的步伐。

电力是高效清洁的二次能源，将电输送到我国经济发达的中东部地区是能源输送的最佳选择。尤其是在经济快速发展的今天，社会对电力的需求越来越大，但我国原有的线路已经远远不能满足经济发展的需要，因此提高电力输送能力成为摆在电力人面前的重要课题，而建设特高压就成了破解这道难题的密码。

之后，国家电网全力以赴，抓紧建设特高压工程，认真听取各方意见和建议，联合多个行业、多所高等院校、多家工程设计和设备制造单位，组织各相关行业专业学者和工程技术人员，在全面深入开展特高压重大问题研究论证、关键技术攻关、设备研发、标准制订等基础上，提出了"以特高压电网为骨干网架、各级电网协调发展"的战略构想，并规划了我国第一条特高压试验示范线路方案。

2006 年 8 月，1000 千伏晋东南—南阳—荆门特高压交流试验示范工程获得国家核准。这是我国首条特高压交流线路，工程建成可实现华北电网和华中电网的"水火调剂"、优势互补，能有效地推动晋东南大型煤电基地集约化开发，缓解我国煤电紧张局面，并具有错峰、调峰和跨流域补偿等社会效益和经济效益，也为今后建设 1000 千伏特高压交流工程打开了通道。

2009 年 1 月 6 日 22 时，该工程顺利通过 168 小时试运行考核，正式投入运行状态。该工程是我国特高压的"开山之作"，也是我国首个自主研发、设计、建设的世界上运行电压等级最高、技术水平最先进的输变电工程。

工程起自山西晋东南 1000 千伏变电站，经过河南省南阳 1000 千伏开关站，止于湖北荆门 1000 千伏变电站，线路全长约 638 千米，共有 18 个标段。当时全国共有 33 家送变电企业参与竞标，而江苏送变电依靠前期充分的筹备、过硬的实力和良好的声誉，以技术标、经济标综合排名第一的较大优势，一举获得第 7 标包的建设任务。

1000 千伏晋东南—南阳—荆门特高压交流试验示范工程，从建设的第一天起就成了全国乃至世界关注的焦点。"世界一流的工程，就要有一流的质量，每一个环节做到一流，每一个工序追求一流。"时任江苏送变电副总经理的邵丽东从工程伊始就许下了郑重的承诺。

江苏送变电人在没有任何先例可循、任何经验可借鉴的情况下，大胆开展技术创新，应用 PVC 模板提高基础外观质量，在全线率先推广使用混凝土养护剂、开展大截面抱杆的研制和"一牵八"架线工艺试验……江苏送变电人以开拓创新的精神，决心将第7标段输电线路工程打造成全线典范工程。

现场项目经理谢虎说："早在立塔施工开始前，项目部就组织立塔施工人员进行岗前培训、岗前安全教育。通过理论讲解、现场答疑、闭卷考试等多种方式，向施工队员阐述了现场施工作业中可能出现的各类危险点、习惯性违章行为及其预防措施，施工队员的安全责任意识不断得到加强。"项目部还经常组织管理人员和现场施工队的作业人员就如何在立塔施工中实施安全生产进行激烈讨论，大家各抒己见，结合现场情况向项目部提出许多建设性意见，使现场安全管理工作真正实现安全生产"可控、能控、在控"，确保工程立塔施工顺利进行。

1000千伏电压等级的特高压铁塔呈现出"高、重、大"的特点。针对这一特点，江苏送变电将目光投向了立塔抱杆。其实，早在特高压建设前，公司的相关技术专家就已经开始根据可研设计方案，展开立塔抱杆的研制工作，设计出了800大截面钢抱杆。拿到铁塔施工图纸后，对各种塔型进行分析，工程技术人员发现直线酒杯塔中，塔头尺寸最小的塔型如ZBSI的铁塔平口至横担底部距离都有27米，已超出了800大截面钢抱杆的设计使用范围。为此，工程技术人员又迅速研制出了900大截面钢抱杆以及与之配套的人字抱杆吊装系统。可以说，在整个立塔施工中，及时研制配套的施工用抱杆起到了至关重要的作用。

谢虎回忆道："由于70基塔中有近30%的塔位都在山上，山区地形险恶，交通条件差，小运不能将塔材运输到位，如果采用人畜运输，砍树开路就会破坏当地的生态环境。项目部根据以往山区施工的经验，自行设计加工了架空索道进行塔材运输，既减少了塔材在运输过程中的磨损，又减少了树木的砍伐，真正做到了省力又环保。在索道现场，近1吨重的塔材不到1分钟就被安全运到山顶，真是天堑变通途。广大参战职工克服雨雪、浓雾、大风和山区施工地形复杂等困难，最终优质、安全、高效完成了立塔的任务。"

2008年4月10日，工程导线架设正式拉开帷幕。随着"一牵八"走板顺利通过N502号铁塔塔头部位的中相九轮放线滑车，激动人心的"一牵八"架线首牵试点获得圆满成功。这是江苏送变电一次很重要的创举，对特高压施工技术发展具有特别重大的意义，它将在世界电力史上留下闪光的一页。江苏送变电人向远处望去，一座座高耸的银白色的铁塔，像一柄柄利剑划破长空，在阳光照射下，仿佛伸开臂膀的巨人，拥抱光明的未来。

1000 千伏晋东南—南阳—荆门特高压交流试验示范工程，是我国发展特高压输电技术的起步工程，也是我国尝试建设的第一条特高压交流工程。由于当时世界上没有商业运行的 1000 千伏特高压交流输电线路，因此该特高压交流试验示范工程成功投运，将是世界上首条双百万（100 万伏设计，100 万伏运行）特高压商业输电工程，代表着世界电网技术研究和工程应用的一流水平。

夏季是水力发电的高峰期，湖北的水电源源不断向北输送，使湖北及西部省份的清洁水电，在夏季用电高峰支持华北电网，降低了华北的煤炭消耗，也减少了华北地区城市的大气污染，同时还拓展了湖北和西部省份的水电能源市场。特高压交流试验示范工程的投运，实现了我国华中、华北电网的相互调剂，是国家电网的一项重要任务，也是江苏送变电为实现国家能源平衡开展的一项非常有意义的工程。

通过 1000 千伏晋东南—南阳—荆门特高压交流试验示范工程的建设，我国全面掌握了特高压核心技术和全套设备制造能力，在施工方面也形成了一系列国家标准，验证了发展特高压的可行性、安全性、经济性和环保性，实现了"中国创造"和"中国引领"的世界电力发展事业的潮流。

在建设这个国内首条 1000 千伏晋东南—南阳—荆门特高压交流试验示范工程的过程中，江苏送变电的施工人员付出了异常的艰辛，他们常常住在临时搭建的帐篷里，吃着馒头和榨菜，却依然以昂扬的斗志，将一座座闪光的铁塔直插云端，谱就了一曲曲动人的赞歌。江苏送变电被国家电网公司授予"特高压交流试验示范工程突出贡献集体"称号，为国家电力事业出了力，也为江苏电力建设领域争得了荣誉。

◎ 世界直流建设的新高度

±1100 千伏昌吉—古泉特高压直流输电线路，起于新疆昌吉换流站，止于安徽宣城古泉换流站。途经甘肃、宁夏、陕西、河南，全长 3293 千米，额定输电容量 1200 万千瓦，是世界上电压等级最高、输送容量最大、输电距离最远、技术水平最先进的输电线路工程，也是国家电网在特高压输电领域的重要里程碑。超大容量、超远距离、更低损耗的特高压直流输电，有序推进国内电网互联，开启了特高压输电技术发展的新纪元，对全球能源互联网的发展具有示范作用。

±1100 千伏昌吉—古泉特高压线路工程于 2016 年 5 月全面开工建设，2018 年 10 月 2 日工程实现全线通电。工程建成投运后，新疆丰富的电能可直接输送至华东电网，将大幅度提高新疆能源基地电力外送能力，缓解华东地区用电紧张的局面。

江苏送变电承担该工程豫 2 标段的建设任务，标段长 129.89 千米，新建铁塔 247 基。刘松海是这个工程的项目经理，他说："项目部成员基本上都是年轻人，缺点是经验相对不足，优点是大家精力充沛，干劲十足。"袁星、周公璞、袁靖、钱中华这些年轻人在刘松海的带领下，凝心聚力，攻坚克难，发扬"大国工匠"精神，为实现昌吉—古泉电网贯通立下了汗马功劳。在施工期间，项目部被河南省电力公司评为"在豫特高压工程劳动竞赛先进集体"，刘松海本人也被评为"先进个人"。

昌古线豫 2 标段地处河南境内，远离江苏送变电的本部南京。项目部人员少，大家一般两三个月轮流回家休息一次。那时还没有开通高铁，都是坐绿皮火车来回，路上就要耗费一天，真正在家的时间也就一两天。施工期间，他们面临着各种疑难杂症，"远水解不了近渴"，现场遇到的问题只能靠项目部自己想办法。他们不怕施工辛苦和艰难，每天忙碌在工地上，为的是顺利完成施工任务，使工程早日投入运行。

2016 年 6 月开始基础施工，除了一些地区缺少施工用水外，其他一切都还算顺利。组塔开始才正式进入挑战，由于 ±1100 千伏电压等级的直流输电铁塔塔型高、塔身重，尤其是横担又特别长，一般的抱杆难以适用，施工又没有经验借鉴，对于组塔的方式，技术员们只有通过仔细计算，认真比较，根据不同型号的铁塔，采用四摇臂、平臂、吊车等针对性组塔方案，甚至做到了单基策划。

在组塔施工过程中，江苏送变电人充分展示了踏实严谨、认真负责、敢于创新、勇攀高峰的精神面貌，给业主和监理留下了深刻的印象。尤其是他们对施工安全管理提出了更高的标准和要求，极大地促进了一线作业人员的安全管控意识，最终安全可靠地完成了组塔施工任务。

最具挑战性的工作还是在架线施工阶段，首要的难题是超长超重绝缘子串悬挂施工。由于电压等级越高，导线的绝缘距离要求越大，所以用于联结导线与铁塔之间的绝缘子串比低电压等级的要长得多。"这是世界最高电压等级的直流工程，每串瓷瓶有 103 片，长度达 30 米，转角塔每一侧瓷瓶有 6 串，重量达到 27 吨，瓷瓶拼接吊装 30 个人就要花一整天时间。"施工人员感叹道。

针对世界首个 ±1100 千伏特高压直流线路超长超重绝缘子串悬挂施工难题，江苏送变电施工管理部马龙与项目部技术员一起研究，拿出了一份详细的技术报告，提出了整体一次性同步悬挂绝缘子串施工方法，并创新研制了抓钩式和夹板式 2 种轻小型专用承托吊具。传统的施工方式有分步吊装后高空拼接和整体二次提升就位两种，新的施工方式解决了绝缘子串整体一次性悬挂技术难题，简化了作业工序，极大提高了施工效率。

这次研制的创新成果，首次在特高压工程中应用，后推广至其他电压等级输电线路绝缘子串悬挂施工中，是一种标准化、实用型的作业方法和施工工艺。同时，相对于传统施工方法，采用轻小型承托吊具悬挂绝缘子串，可将作业时间减少一半，工效提升显著。江苏送变电在昌古线工程中创新使用的超长超重绝缘子串悬挂施工技术研究项目，获得发明专利 1 项，实用新型专利 2 项。

在架线施工阶段，江苏送变电依托该工程开展 ±1100 千伏特高压直流线路 1250 大截面导线架线关键技术研究，形成八分裂 1250 大截面导线 4×"一牵二"架线施工方案，解决了大截面导线展放技术难题。在接下来真正实施的架线施工方案中，跨越 1000 千伏南荆线成了架线施工最大的难点，跨越施工时需要 1000 千伏南荆线停止供电，所以停电施工时间很紧张，只有几天的时间。

±1100 千伏昌吉—古泉特高压线路豫 2 标段跨越高铁、高速公路、通航河流、220 千伏以上输电线路等，其中跨越 1000 千伏南荆线最为典型，难度也最大，是目前世界交直流最高电压等级的交叉跨越。安全优质地如期完成跨越施工，对特高压电网施工有着不同寻常的意义，有着丰富经验的施工人员也经受着巨大考验。

"这是世界最高电压等级的跨越，上方是直流±1100千伏，下方是交流1000千伏，架线过程中不允许接触线路下方的1000千伏南荆线的任何设施，整个过程都是凌空跨越完成的。为确保万无一失，还要在1000千伏南荆线上方封好安全网。"项目总工周公璞介绍说。

昌古线豫2标段7826号—7829号是一个耐张段，7826号、7829号是耐张塔，中间两基7827号和7828号直线塔高度119米，跨越1000千伏南荆线。张力场设在7830号塔下方，牵引场设在7826号塔下方。

3月10日，随着7830号塔最后一颗螺丝拧紧，整个牵张段组塔施工全部结束。施工人员不敢耽搁，立即着手牵张场、张力场的平整布置，多台张力机、牵引机、钢丝绳、吊车迅速运到现场。由于施工过程中要对1250大截面导线进行锚线操作，埋设的地锚就深达4米，这也是非常大的工作量。"这些工作我们都做在了前面，不能浪费停电的宝贵时间。"施工队长李正江说。

李正江在江苏送变电是一个响当当的名字，身经百战的他多次被江苏电力评为优秀班组长，也被评为南京市劳动模范，所在班组被评为江苏省"工人先锋号"。他1990年进入江苏送变电，从一个"临时工"干起，逐步成长为施工队长。多年来他总是身先士卒，转战于河南、河北、湖北、浙江等地，也是行业内小有名气的"大跨"施工行家，先后参与过±800千伏赤壁长江大跨越、1000千伏淮河大跨越等电网建设难点工程，是主攻急难险重任务的一名悍将。即使是这样一位大跨施工行家，面对世界最高电压等级的交直流跨越，他也是首次。

2017年4月20日下午2点，一架多旋翼无人机带着直径2毫米的轻质迪尼玛绳自7826号塔下缓缓升空，然后径直向7827号铁塔飞去，在7827号塔上空悬停下来，铁塔横担上的作业人员迅速将迪尼玛绳穿过悬挂的滑车，随后无人机越过1000千伏南荆线朝7828号铁塔飞去，直到初引绳穿过7830号铁塔滑车，贯通了整个放线档，为后续的导线展放做好了准备。

4 月 22 日上午 8 点，距离 7830 号直线塔约 100 米的一块 3600 平方米的场地上，线路右极下方 4 台大型张力机一字排开，每台张力机后面并列着两盘巨大的导线盘，足有三四米高，两台中型、一台小型牵引机分布在场地两侧，最后面的空地上两台吊车正在将导线盘自运输车辆吊至地面，40 多名施工人员正在忙碌着……队长李正江在现场指挥着，整个场面有条不紊，张力场上施工人员正在做导线展放前的最后准备。

上午 9 点，江苏送变电施工的 ±1100 千伏昌吉—古泉特高压线路豫 2 标段跨越 1000 千伏南荆线放线施工正式开始，同时也标志着该特高压输电线路河南段正式进入架线施工阶段。

"开牵！"随着队长李正江一声令下，四台大型张力机同时发出轰鸣，每台张力机两个巨大轮盘缓缓转动，右极 8 根 1250 大截面导线在钢丝绳牵引下，缓缓向 7830 号铁塔移动，向 7829 号转角塔延伸……张力机轮盘上的导线比小手臂还粗，在太阳下银光闪闪。李正江说，右极导线贯通之后，将 4 根牵引绳沿着各基塔左极的悬挂滑车牵回到张力场，再重复前面的工作步骤，完成左极导线的牵引。这样的做法提升了牵引绳的利用率，减少了工器具，优化了施工工序，省去了运输费用，人工成本也大大降低。

施工结束后，刘松海觉得"一下子轻松了"，经过这个超规模项目的历练，他感觉又积累了丰富的管理经验，尤其是对特殊跨越的施工组织方面，有了更为深切的体悟，为以后大型工程的建设进一步增添了信心。江苏送变电人继往开来，全面落实各项施工措施，确保工程建设目标圆满实现，创建了国际一流的精品工程。2016—2017 年，昌古线豫 2 标段项目部获国家电网公司"工人先锋号"。2022 年该工程获评国家优质工程金奖。

2019 年 1 月，世界首条 ±1100 千伏昌吉—古泉特高压直流输电线路成功实现全压送电，这使我国成为世界首个具备 3000 至 5000 千米范围内输送千万千瓦级电能能力的国家，标志着我国特高压施工技术已达到世界最高水平。

第二节　星罗棋布的能源驿站

变电站和换流站的作用是对电压和电流进行变换、集中与分配，达到电力系统对于安全稳定及电能质量的要求。江苏送变电建设的大型变电站、换流站工程，如雨后春笋般相继矗立于大江南北，电力能源通过一个个壮观的能源驿站，分布在全国各地，为中国经济建设事业打下了物质基础。江苏送变电人在努力为党争光，为社会添彩，造福于人类。

◎ 亚洲顶级换流站

坐落于江苏常州东南的政平换流站，是三峡—常州±500 千伏直流输电工程的终端站，是为三峡水电远距离输送而兴建的工程。该站占地 1.1 万余平方米，总投资 14 多亿元，输送容量 3000 兆瓦。共有换流变压器 14 台、油浸式平波电抗器 3 台，建设规模当时居亚洲换流站之首，同时也是世界上为数不多的 300 万千瓦级换流站之一。

±500 千伏政平换流站承担着三峡电力外送的任务，是国家电网"西电东送""全国联网"，实现全国电力资源优化配置战略目标的一个重要环节，被国家电网公司列入重点工程项目。政平换流站于 2000 年 7 月开工建设，2002 年 12 月 22 日单极送电，2003 年 6 月 16 日双极送电。该换流站的投运为常州乃至江苏地区经济高速发展做出了贡献。

当时参与政平换流站施工的技术员戴大海说，由于没有直流施工经验，1998

年江苏送变电安排了 14 名技术骨干先后去葛洲坝换流站、南桥换流站参加技术培训和跟岗锻炼。他们经过查阅图纸和学习理论知识，积极参与年度检修、故障处理等现场实践，为后来政平换流站的建设做好了知识储备。

江苏送变电为 ±500 千伏政平换流站建设组建了强大的项目部，分公司经理马连仡担任项目经理，后来成为公司副总工程师的项玉华担任项目总工，陈华芳是现场负责人。

工程刚开始就遇到了难题，负责人陈华芳说："首先是物流运输和仓储遇上了麻烦，因为很多设备是从国外进口的，又迟迟运不到，让项目部人员很是头疼。设备到了之后，一看全是外语，没有汉字识别，全都堆放在仓库比较乱，然后进行编号、对号又耽误了很长时间。"

政平换流站的设备来自瑞典、法国、德国等 10 多个国家的 30 多家公司，设备资料均是外文。为了不耽误白天的日常工作，项目部戴大海、缪江华等所有年轻技术员每天晚上加班到深夜，人手一本外文字典，逐字逐句翻译，历时 3 个多月，共翻译设备资料上千份，为后续安装工作打下了坚实基础。正因为有一批专心学习、认真负责的年轻技术员以及一批有经验的操作人员，在外国专家指导下，不分昼夜的工作，才逐渐加快了施工步伐，使安装工作按照计划稳步开展。

陈华芳说，政平换流站工程很有启示，在碰到问题时必须刻苦耐劳，必须努力拼搏，遇到难题必须自己想办法解决，才会取得想要的收获。能有幸参与政平换流站项目建设，项目部的每一位成员都感到很自豪，工作起来非常卖力，能为国家重点工程做贡献，是他们最大的心愿。通过政平换流站工程的历练，他们积累了一定的工作经验，为今后类似工程的施工奠定了基础。

戴契军当时是一名负责调试工作的技术员，国外制造的设备没有汉语翻译，这对调试人员是一个很大的挑战，尤其是专业术语，很难把握。江苏送变电立即组建了一支攻关队伍，夜以继日争分夺秒地研究方案，派技术骨干到制造设备的相关厂家请教指导，在时间紧、任务重的情况下，他们在首先保证质量的前提下，最终在规定的时间内完成了调试任务。

换流站的施工过程涉及很多不同的领域，如果施工人员交流沟通不畅，可能会在专业交叉的地方出现很多问题。比如相关的保护接口和通信接口的连接不够明确、没有相应的接线图、故障录波器的电话线未连接等，都会对工程造成麻烦。倪峰当时负责通信方面的工作，在工程投运前夕，由于没有专业人员从事该项工作，他们就临时抽调几个人干了起来。对于弱电这一块他们之前没有从事过，但他们不怕困难，不怕风险，江苏送变电坚韧不拔的精神激励着他们。他们边看图纸边摸索，不懂的地方就请教专业技术人员，最终在规定工期内圆满地完成了任务。

政平换流站在施工过程中，遇到的问题还有很多，但在众多技术人员和施工人员的共同努力下，每一项工作都顺利完成。

换流变基础的尺寸、平整度、预埋件位置，如果不符合换流变的技术要求，常常会导致安装工作无法进行；在安装过程中对仪器仪表的安装要求也很高，但是往往由于施工人员的失误或者业务技能不过硬，仪表安装不够准确、牢固，从而留下重大隐患；换流变、换流阀等电气安装作业对环境的要求很高，要尽量避免在潮湿或者粉尘较多的地方施工，如果现场防尘防潮措施不到位，安装的质量就无法保证；换流站有很多电缆，如果电缆的整体排列不够规则，二次接线时往往会出现排线交叉混乱，电缆注释不够明确、文字标注错误、标注不合格等问题；屏柜之间的连接线如果排布不够整齐，一些电缆的芯线不正确，电缆的接线没有按照规范的要求进行，端子排没有按照要求进行接线等，都会给日后屏柜的维护造成很大的困难；断路器控制箱中的继电器要及时进行调整，否则难以保证机电一体化与三相跳闸一致，还有漏电、油泵打压时间过长等问题。

对于这些可能存在的问题，政平换流站项目部首先对每个施工人员进行专业的技能培训，其次对于施工过程中的每个细节都有专门的分工，每一项工作都落实到人。通过对施工过程严格要求、加强管理、加强验收，从根本上保证施工质量和精度，从而杜绝上述问题的发生。

在江苏送变电人的不懈努力下，±500千伏政平换流站于2003年按期投运。2005年该工程获评国家优质工程银质奖。政平换流站作为三峡电力输出的受端站，投运已有20余年，累计向江苏地区输送清洁水电超2300亿千瓦时，减少江苏原煤消耗 6948 万吨，减少二氧化碳排放 17302 万吨，为地方经济发展注入了强劲电能，为国家实现"双碳"目标提供了坚强支撑。

◎ 首开江苏特高压站先河

±800 千伏同里换流站（投运后更名为苏州换流站）坐落在江苏省苏州市吴江区横扇镇，位于太湖的东南角，靠近京杭大运河，因紧邻古镇同里而得名。该站是 ±800 千伏锦屏—苏南特高压直流输电工程的受端站，也是江苏境内第一座特高压换流站。

同里换流站的建设运行，极大缓解了江苏长期紧张的电力供应局面。2013 年前江苏最大用电缺口曾高达 806 万千瓦，而苏州是全国第一个用电负荷超过 2000 万千瓦的地级市，几乎每年夏季用电高峰期都要采取有序错峰用电措施。随着 2012 年锦苏特高压输电工程的投运，苏州缺电局面得到了有效缓解。同时，江苏也迫切需要进行能源供给侧结构调整，同里换流站的投运在改善江苏能源结构方面发挥了重要作用，也促进了江苏经济和生态环境的平衡发展。

同里换流站直流系统设计容量 7200 兆瓦，换流变容量（24+4）×340.8 兆伏安，±800 千伏直流双极线路一回，500 千伏交流侧至换流变 4 回进线、6 回出线。江苏送变电负责同里换流站电气 A 包施工项目，包括全站阀厅内设备安装、控制保护等系统设备安装、控制及其它二次电缆安装、二次端子箱安装等以及调试工作。除此之外，江苏送变电还负责安装项目接口归口管理和总体协调。

面对省内第一座特高压站，江苏送变电总经理杨建龙感到责任重大，从本部职能部门、分公司抽调人员组成公司直属项目部，选派曾负责过 ±500 千伏荆州换流站等重点工程、有多年丰富施工经验的严宏担任项目经理，抽调了谢兴祥、刘大伟、毕涛、鞠保兴等一批技术骨干充实项目部，还聘请了公司原安全总监黄山祥驻点进行安全管理，挑选工作责任心强、施工技术水平高的作业人员组成施工班组，并明确了工程争夺国家电网公司流动红旗和争创国家级优质工程的总体目标。经过全体项目管理人员的不懈努力，最终不负众望，不辱使命。

同里换流站电气安装 A 包项目于 2011 年 11 月 18 日开工，500 千伏交流场于 2012 年 6 月 3 日启动成功；双极低端系统于 2012 年 6 月 4 日竣工，7 月 19 日正式投入商业运行；双极高端系统于 2012 年 11 月 14 日竣工，12 月 6 日正式投入商业运行。2012 年 12 月 12 日，国家电网公司举行了盛大的锦苏直流工程投运仪式，至此工程圆满结束。

电气 A 包安装作业中，难度最大的当数阀厅内设备的安装。因为阀厅内设备对安装环境要求很高，尤其是换流阀阀组件安装要求温度在 15—20 摄氏度，湿度小于 50%，微正压力为 5—50 帕，同时保持无尘化施工。但是现场工期紧张，电气安装与土建施工存在交叉作业情况，这对现场安装环境的控制提出了严峻考验。在设备安装期间，项目部对阀厅进行特殊管理，犹如在维护一个"ICU 病房"一样，小心翼翼地保持着阀厅的内部环境。严格控制人员及设备进出，尽量减少阀厅露空时间；所有安装人员都必须更换连体工作服和工作鞋，减少外部粉尘进入室内；阀厅空调 24 小时不间断工作，保证阀厅内环境指数满足条件；现场配备温湿度检测仪、气压表、粉尘检测仪等检测设备，环境指标满足条件才能进行安装。

换流阀阀塔调平也是一项很有难度的工作。换流阀阀塔采取悬垂绝缘子悬吊方式固定，为了使每根绝缘子均匀受力，同时满足换流阀安装规范要求，阀塔各平面必须保持水平。由于阀塔悬吊于半空中，对其进行调整存在很大困难，同时危险性极大。最终安装人员采用激光测距仪测量为主、水平尺测量为辅的方式解决该问题。安装人员以地面为参照物，用激光测距仪测量悬挂钢梁的离地距离，控制其水平度。阀塔用悬垂绝缘子悬吊完成后，以悬挂钢梁为参照物，用激光测距仪对阀塔进行多点测量。最后对顶部花篮螺栓进行微调，根据设计和技术规范要求保证阀塔水平。

工程建设期间，国家电网公司副总经理郑宝森、直流建设部主任、基建部主任、直流建设分公司总经理、江苏省电力公司总经理等领导先后来到同里换流站现场视察指导工作，在工程建设质量、进度、安全等方面提出了要求，对江苏送变电等参建单位寄予厚望。

2011 年 12 月上旬，本应是土建施工单位交付交流场电缆沟的时间，但却迟迟未能交付，直到 12 月底才完全交付安装，整整滞后了半个月。按照既定的计划，2012 年 1 月 15 日开始 35 千伏站用电系统要进行预验收，除去调试时间，留给电气安装的时间仅仅只有十余天了，这几乎成了一个不可能完成的目标。

1 月 23 日就是春节，1 月 16 日是小年夜。由于临近年关，工人们情绪都不是很稳定。在这个严峻的形势下，项目部紧急召开动员会议，加倍投入人力物力，电缆支架安装在原来两个组的基础上又增加一组人员，连续奋战十余个日夜，本着"工期紧，安全不松懈，工艺不降低"的原则，最终保质保量完成电缆敷设及设备安装，按时接受业主和监理的验收。35 千伏站用电系统按时投运，为后续阀厅设备安装创造了条件。

接下来就是春节，虽然天寒地冻，但对于盼着回家过年的人来说，这是一年里最温暖的时节。考虑到同里换流站的工期十分紧张，如果春节放假，工期就会延后，二次接线这块工作就不能在规定时间内完成。于是项目部决定放弃春节假期休息，而且还要加班加点赶进度，这对管理人员来说很不容易，对施工人员来说更是不能理解。项目经理严宏说："工人们工作一年到头，就盼着春节回家跟亲人团聚，却回不了家，他们肯定不开心。为了在春节期间让大家跟家人团聚，我们项目部把施工人员家属请到工地来团聚，吃住路费全由我们负责。"这么人性化的操作，受到了工人们的理解和支持，这样既不耽误工作，又没有放弃与家人团聚，真是两全其美，为年后后续施工扫除了"堵点"。

同里换流站的调试工作对江苏送变电来说也是一项新的挑战，除了保护装置的单体调试以外，还负责全站的分系统调试工作。刘大伟当时是现场的调试负责人，他回顾这个工程时说："全面参与特高压直流工程的分系统调试，我们还是第一次。这种核心区域的调试，以前都是国网直流公司负责，我们作为施工单位根本没有机会参与，所以能够有幸参与分系统调试，我们感到无比荣幸，同时也感到巨大的压力。"

这是江苏送变电调试人员从无到有的一项工作，没有实践经验，没有齐全的装备，但大家都在摩拳擦掌，跃跃欲试。调试人员立即开展前期准备工作，确定试验项目，制定分系统调试大纲，编制分系统实施方案，然后根据现场的安装进度及启动的时间节点，制定详细的分系统实施计划，合理安排试验时间及人员。同时加强与兄弟单位之间的协调与沟通，充分发挥分系统调试单位的"纽带"作用。

同里换流站的分系统调试大致分为三个阶段。第一阶段是站用变系统的调试。站用变系统作为站内的工作电源，既是站内进行安装及试验的前提保障，同时也是同里换流站可靠运行的生命线。在站用变调试中，项目部不仅承担着分系统调试工作，同时还负责站用变保护定值的整定及启动方案的编写。经过反复讨论与修改，项目部最终编写出详细的启动方案。2012年2月6日，按此方案进行站用变启动，一次启动成功。

第二阶段是500千伏交流系统及500千伏交流滤波场调试。对于交流系统的分系统试验，项目部因为有省内500千伏变电站的丰富调试经验，便提前联系华东电网调度确定调试定值，确定装置版本，协调调度端的通信等。同时对现场所有的回路进行梳理，查找有无设计缺陷等情况。由于准备充分，所以调试起来就显得得心应手，效率非常高。

第三阶段是直流系统的调试。直流系统调试是全场分系统调试的核心，也是调试技术难度最高的部分，因为对这部分的调试，基本上是从零开始，没有任何经验可以借鉴，所能依靠的只有设计图纸以及书本上的理论知识。所以在直流系统的调试中，每项试验开始前，项目部先向相关厂家请教，了解设备原理，然后制定试验方案，准备相关试验设备。

最终同里换流站的分系统调试工作顺利完成，得到现场建设单位与监理单位的一致认可。通过在同里站分系统调试工作的实施，江苏送变电调试人员将原本只停留在书本上的理论知识消化吸收，结合现场实际，总结出适合调试工作的方法，为直流站的建设积累了丰富的经验。

同里换流站电气项目部在施工过程中，积极推行"全面质量管理、全过程质量管理、全员质量管理"的理念，坚持"百年大计，质量第一"的方针，充分发挥技术人员和广大职工的聪明才智，组建了"直流控制保护调试技术攻关"

等多个 QC 小组，对施工工艺质量、工序衔接等方面进行完善。其中"提高换流站工程电缆敷设工艺" QC 成果获国家电网直流建设分公司群众性科技进步创新奖，"换流阀安装标准工法"获直流建设分公司标准工法。同里换流站被国网直流建设分公司确定为"标准工艺"示范工地，电缆敷设、二次接线、换流阀安装、防火封堵等施工工艺现场照片被国家电网 2012 版的标准工艺图册选用。项目部在业主组织的由监理和各家施工单位参加的质量管理知识竞赛中勇夺团体和个人两个第一名。

同里换流站于 2012 年 12 月 6 日投入运行，工程档案于 12 月 30 日移交运行单位，共计 590 卷 22560 件；2013 年 1 月 15 日移交直流公司档案室，共计 295 卷 11280 件。在如此短的时间里完成所有档案资料的移交，项目部在施工过程中的精细管理可见一斑。

江苏送变电在同里换流站电气施工期间，积极参加国家电网公司流动红旗竞赛活动，以参加竞赛活动为契机，全面提升工程施工管理水平，为安全、优质、高效完成工程建设任务打下坚实基础。2012 年 7 月，同里换流站工程荣获国家电网公司 2012 年度第二季度项目管理流动红旗。同里换流站作为锦苏 ±800 千伏直流输电工程的终端站，工程获得 2013—2014 年度国家优质工程金质奖。

±800 千伏同里换流站作为"西电东送"工程的重要枢纽，为能源在全国范围内的优化配置发挥了巨大作用。她已经运行 10 余年，见证着苏南地区的日新月异，见证着江苏经济的蓬勃发展，如今依然不断释放着特高压建设的巨大能量。

◎ 在浙南深山"安营扎寨"

走进浙南变电站，映入眼帘的是纵横交错的钢构架。工地上头戴安全帽、身穿工作服的电力施工人员，有的在忙着组装构支架，有的在高空负责设备的安装就位，一个个矫健的身影在努力地拼搏着。

浙北—福州 1000 千伏输变电工程浙南变电站距离浙江省丽水市区约 8 千米，

南面紧邻联城老竹县道，东南侧距离 S50 省道复线约 250 米。拐过白岩大桥，不远处满眼的翠绿便扑面而来，变电站就矗立在群山环绕的莲都区联城镇坑口村。

江苏送变电承担了 1000 千伏浙南变电站电气安装 B 包施工任务，主要工作范围为特高压主变 2 组、500 千伏配电装置、110 千伏配电装置、低压无功补偿设备及 110 千伏站用变压器等区域的电气安装及单体调试。

工程于 2014 年 4 月 15 日正式开工，5 月 26 日全站构架吊装结束，9 月 11 日 500 千伏 GIS 耐压一次性通过，10 月 22 日 1000 千伏主变压器耐压局放试验一次性通过，10 月 30 日 500 千伏及公用部分竣工验收，11 月 6 日 1000 千伏及 110 千伏部分竣工验收，12 月 19 日交付生产运行单位并正式投入运行。1000 千伏浙南变电站工程的施工节奏如行云流水般，在几个月之内就全部验收成功，速度之快令人吃惊，刷新了当时特高压变电站建设工期记录。

浙南变电站占地面积大，参建单位多，造成交叉作业多、协调难度大、平面管理复杂等问题，特别是电土交叉作业接口覆盖面广，施工协调、安全管理的工作量大大增加。针对这些情况，施工项目部采用网格化方式进行管理，及时化解了这些问题和矛盾。

谢兴祥是这个工程的项目经理，他说在这个项目上江苏送变电实现了变电工程施工中的"三个首次"：首次承揽特高压交流变电站的施工任务，标志着公司变电工程施工进入新时代，具有重大引领和示范意义；首次安装单台容量为 1000 兆伏安的特高压交流主变压器；首次安装跨度达 110.5 米、高差 8 米的斜拉式大截面 2×1600 平方毫米软导线，具有张力大、牵引方式复杂、安全风险高的特点。

浙南变电站的主变压器、GIS 等一次设备安装工期非常紧，而且许多设备属于最新研制产品，没有成熟的安装经验，现场安装时往往遇到意想不到的困难。项目部通过仔细谋划，精心组织，确保安装工作顺利推进。

为了保证 GIS 的安装质量，项目部采取了一系列措施，确保无尘化施工。在 500 千伏 GIS 区域设置防尘网，周边区域采用不间断洒水、马路清扫、临时道路封闭、地面铺设防尘网等措施，减少外部扬尘对安装区域的影响。特别是将变压器干燥工艺方法，创新使用在 GIS 设备安装上。GIS 法兰口对接时采用专用空气净化系统注入干燥空气，保证安装时局部气室处于微正压状态，提高对接口的安装质量。通过这些严格的工艺措施，确保了 GIS 设备耐压、局放试验一次通过，投运一次成功。

浙南变电站的主变压器单台容量为 1000 兆伏安，规模、容量远远超过常规变电站主变压器。变压器油重约 1450 吨，相当于 22 台常规 500 千伏变压器总油量，并且对油处理后的技术参数要求很高。为了解决这个技术难题，项目部创新采用"改进型双滤油机全密封滤油系统"进行油务处理，新的滤油系统在油处理过程中，使得进出油罐的空气只在内部循环，外部的空气、湿气不会进入罐体，以达到全密封油处理的目的。处理后的变压器油各项指标可以满足 1000 千伏电气设备交接试验标准；滤油工作时间较常规滤油方案也大为减少，缩短近75%；变压器热油循环过程中绝缘油的热损耗有显著减低；连接操作简捷可靠，相应的连接头渗油点减少，有利于绿色环保；操作人员只需控制相应阀门，即可对不同油罐中的油进行处理，大大降低了操作人员的劳动强度。

江苏送变电的调试人员在浙南变电站设置现场油化试验室，极大提高了工作效率。由于 1000 千伏变压器安装技术要求高，对油化试验提出了更高要求，尤其对变压器油中颗粒度含量有极高的要求。为了保证 1000 千伏大型变压器的安装质量，周健等技术人员通过精心谋划，在现场建立了具有较高水平的油化试验室，并专门添置一套具备先进水平的德国 PAMAS（帕玛斯）生产的颗粒度技术仪。按照当时配置能完成水溶性酸、酸值、闭口闪点、水分、击穿电压、介损、界面张力、油中含气量、油中颗粒度等 12 项试验，并且均获得成功，确保了变电站"心脏"的健康运转。

在其他设备安装方面，针对变电安装过程中的关键工序，项目部对施工人员提出安装管母挠度、软母线弛度等关键技术参数严格按照国标误差的 0.7 倍进行控制，实现了"过程创优，一次成优"。

江苏送变电人充分认识到 1000 千伏浙南变电站工程建设的重要性和重大意义，基于精细化管理的科学思路，精心策划，组织实施，克服路途遥远、长期高温酷暑等困难，努力将该变电站建设成精品工程。

浙南变电站的施工时间主要集中在夏季，台风、暴雨和烈日是他们经常要面对的天气。但对于施工人员来说，一切都早已司空见惯。

6月的某一天早上，时任江苏送变电总经理的邵丽东得知，昨天夜里浙南变工地遭遇暴雨，由于地处山区洼地，现场的水一时来不及排放，把管理人员居住的活动板房都淹了，项目部人员早上起来发现，很多人放在床下的鞋子都已经被大水冲跑了。当天上午，邵丽东带着办公室主任赶去浙南变电站慰问。来到现场时，水已经退了，施工人员在正常工作，看到公司领导来了，还有点不好意思，"没什么大事，我们已经习惯了，请领导放心"。多么朴实无华的话语，却充满了遭遇困难的乐观和战胜困难的自信。

炎炎夏日的高温，也是施工人员必须直面的艰辛。为了避开正午高温，他们天未亮就起床，头顶还是星空，就立即进入工作状态。谢兴祥说，当时安装构架最高温度超过了40度。在烈日的照耀下，手抓住地面上的构架，如同触摸炉灶上的铁锅。不透气的工作服加上厚重的安全带和工具袋，足足有十几斤，就是站着不动，也是汗如雨下。每天施工结束，脱下衣服都能见到渗透在衣服上白花花的汗渍。摘下安全帽，头发如同水洗一般。即使在如此恶劣的天气条件下，江苏送变电的施工人员依然一丝不苟地开展工作，高标准、高质量完成建设任务。

他们的努力得到了回报，汗水也没有白流。江苏送变电建设的1000千伏浙南变电站工程一次性启动成功。该工程在施工期间荣获国家电网公司"2014年度安全质量流动红旗"，投运后获得"2016—2017年度国家优质工程金质奖"，为江苏送变电又拿回了一块金光闪闪的奖牌。

◎ 交直流共建的典范之作

江苏省淮安市盱眙县地处淮河下游、洪泽湖南岸、江淮平原中东部。这座位于苏北大地上的县城下面有个王店乡范墩村，以前名不见经传，却突然之间成了公众关注的焦点，因为淮南—南京—上海1000千伏交流特高压输电线路、山西晋北—江苏南京±800千伏特高压直流输电线路两条特高压线路在这里交汇。淮南—南京—上海交流输变电工程在此兴建 1000 千伏特高压南京交流站（投运后更名为盱眙站），山西晋北—江苏南京直流输电工程在此兴建 ±800 千伏特高压南京换流站（投运后更名为淮安站），两座特高压站比邻而建，从空中俯瞰浑然一体。

淮南—南京—上海交流输变电工程起于安徽淮南变电站，经盱眙、泰州和东吴变电站，止于上海练塘变电站，线路全长 759.4 千米。1000 千伏南京站是该输变电工程的重要组成部分，首期规模为 3000 兆伏安主变 1 组、1000 千伏线路 4 回、500 千伏线路 2 回、淮南 1 回及泰州 1 回线各装设 720 MVar 高抗 1 组。该工程建成投运后缓解了江苏省、上海市用电紧张的局面，也为皖电东送打下了坚实的基础。

山西晋北—江苏南京直流输电工程起于山西晋北 ±800 千伏换流站，途经山西、河北、河南、山东、安徽、江苏 6 省，止于江苏南京 ±800 千伏换流站，线路全长 1118.5 千米。±800 千伏南京换流站是该工程新建的 2 座换流站之一，工程换流容量 8000 兆瓦。该工程是纳入国家大气污染防治行动计划的重点输电工程，对保障地方用电需求、发展地方经济建设具有重大意义。

1000 千伏南京站于 2014 年 9 月开工建设，2016 年 3 月竣工投运。该交流站土建、电气两个专业的全部项目均由江苏送变电一家负责施工。±800 千伏南京换流站于 2015 年 10 月开工建设，2016 年 12 月交流区域成功投运，2017 年 6 月竣工投运，江苏送变电负责该换流站的土建、电气两个专业的牵头标段 A 包项目的施工任务。

李刚是 1000 千伏南京站的项目总负责人，统一协调包括土建和电气在内的各专业工作，同时还兼任电气项目经理。他当时是变电分公司负责生产的副经理，江苏送变电为了统筹好项目的整体建设，在土建施工阶段就策划好电气安装细节，确保这座省内第一个特高压交流站安全、优质、高效完成施工，安排他亲自坐镇现场。从此李刚就扎根在南京站，在项目部长期住了下来，心始终放在施工现场。

安全和质量，是工程建设的两大永恒主题。无论施工任务有多紧张，现场从不放过任何一个安全风险点和质量控制要点。他们为现场施工编织了一张严密的安全防护网，认真召开每日站班会，严格执行"三查""三交"工作，一次设备吊装等高风险作业区采取封闭式管理，电缆沟设置专用通道……如果说对安全的管理更多体现的是责任心，那对质量的管理体现的则是技术手段。韩鸣、吴勇等项目骨干常常突破常规变电站的施工思维，组织项目部技术人员进行技术攻关，在解决施工难点的同时铸就了精品工程。

管母焊接以前是人工操作，质量及工艺总是不尽人意，这事一直困扰着变电站施工人员。为了解决这一难题，施工技术人员应用了管母机器人焊接技术，工作效率是人工焊接的 5 倍，而且焊接口宽度一致、外观整齐，大大提升了管母焊接质量。为保证注入主变、高抗等设备的每一滴绝缘油都是高品质合格油，江苏送变电把油化试验室设在施工现场，每一批油都经过色谱、介质损耗、击穿电压等 13 项数据检测，确保投运后变电站"心脏"主变的健康运行。

大家对李刚最深的印象就是默默无闻的工作作风。他养成了一个工作习惯，就是每天在施工人员工作之前，先巡视施工现场，发现的问题便记录在案。翻开他的笔记本，看到的不仅仅是工程的每一个细节，更多的是作为一名电力建设者，那令人感动的点点滴滴。施工现场哪儿有困难，哪儿就有他忙碌的身影。每天晚上别人都休息了，他房间里的灯还亮着，为工作不分昼夜。在这个项目上，他没有完整休过一个假，每逢节假日，他总是安排长时间没有回家的年轻员工休假，把节日的值守留给自己。

工程投运后，李刚发出这样的感受："其实也没什么，在我看来 1000 千伏交流站的施工，就是一个放大的 500 千伏变电站的安装，我们干得还是很顺利的。"虽然是他第一次负责特高压站建设，但显得颇为轻松。此前，江苏送变电有省内外多座特高压站的业绩，积累了丰富的施工技术和管理经验，所以在人员、技术、装备到位的情况下，水到渠成，一切难题都会迎刃而解，干起来游刃有余。这就是传承的力量。

刘东华是 ±800 千伏南京换流站的电气项目经理，他当时是变电分公司的书记。南京换流站总用地面积 153922 平方米，总建筑面积 24019 平方米，无论是体量还是技术难度都要远远大于交流站，江苏送变电便安排了这位既懂管理又精技术的中层干部在现场指挥。最终南京换流站如期顺利投运，并在建设过程中呈现了诸多亮点。

阀厅的无尘化施工是诸多亮点里最闪耀的一个。2016 年 12 月 19 日上午 9 时，在南京换流站极 II 高端阀厅，施工人员正在安装直流阀下屏蔽罩。"往上升，再升点，好！"随着作业组长袁玉彬的指挥，作业人员将屏蔽罩用电动链条葫芦吊起，升到预定位置，4 名工作人员爬到升降车上，待升降车升至约 20 米的高空，作业人员用螺栓将屏蔽罩固定在垂下来的支架上。至此，一个完整的直流阀阀塔支架安装完毕。

进入阀厅施工场地需要打开两道厚厚的门，所有人员都要换好干净的工作鞋。这是一个面积近 3000 平方米、高约 30 米的大空间，地面是光洁照人的环氧树脂漆，整个阀厅一尘不染。直流阀是精密设备，安装时要求做到相对的无尘化。进门处两道门之间是风淋间，能将人身上的粉尘吸收过滤，第二道门边上还有一个集成模块，可以随时监控厅内的温度、湿度、粉尘颗粒度等指标，一旦超标警铃就会响起，这时就要停止安装，采取措施改善室内安装环境。

刘东华介绍说："这套阀厅环境监测系统是我们公司专门为阀厅安装研制的，风淋间将人衣服上的灰尘吹干净，门内设置有监测模块，还设置了内外对讲系统。这是我们的一项科技创新，还有专利成果。"

给电缆"穿上轮滑鞋"等多个工艺，是非常巧妙而实用的亮点。"这个站共有电缆 860 千米，最长的一根有 500 多米，每根电缆都要沿着电缆沟展放延伸，敷设的工作量相当大。"电气项目总工毕涛介绍，为了减小转角处电缆的摩擦力，他们自行研制了可以转换角度的滑轮，使电缆"穿上轮滑鞋"，不仅省时省力，还保证了电缆在展放过程中免受摩擦力的破坏。顺着毕涛手指的方向，一层层电缆支架整齐地排列在电缆沟两侧墙壁上，光滑整洁。

2016 年 12 月 15 日，调试人员正在进行交流区投运前的最后一次升流试验，为实现年后按期整体投运，开展阶段性的调试工作。调试负责人马泉介绍，不到两个月的时间，他们完成了该区域上万个回路的调试工作，光是自动化回路就验证完成 5000 多个数据。从土建施工、电气安装到调试操作，江苏送变电每一个步骤都安排得井井有条，从容不迫。

2016 年 5 月，正是南京换流站工程建设最关键的时期。到了老婆孕期足月的时候，刘东华仍然在项目上忙碌，直到老婆临产住院才往家赶。在半路上得知老婆生了一对双胞胎儿子，他既高兴又内疚，赶到医院后，他抱了抱睁开眼睛看着爸爸的两个儿子……只陪了老婆儿子几个小时，又急匆匆赶回了施工现场。刘东华就是典型的江苏送变电人形象，没有豪言壮语，总是为电力事业默默地奉献着。当家庭和工作需要取舍时，他们往往会选择走向现场，在这坚毅的性格背后是一种精神，一种送变电人的"铁军"精神。

南京交流站和换流站施工期间，何鹏都在现场负责土建施工。两年多的时间，他忙碌在苏北偏远的乡村，看着两座宏伟的大型电站在原野上拔地而起，心中充满着自豪，也夹杂着艰辛。电站的建成有土建施工人员的辛劳，更多的是他们的智慧。他回忆说，南京换流站就在南京交流站旁边，当换流站开工时，交流站还没有竣工。

换流站变压器清水混凝土薄壁防火墙的浇筑是技术、智慧和工艺的集中完美呈现。这是一道长 64 米、高低端的高度分别为 26 米和 16 米、厚度只有 0.3 米的钢筋混凝土墙。防火墙没有纵向伸缩缝，表面不能进行二次修饰，就像在桌面上竖立起一张纸，这让项目部技术员费了一番脑筋。在土建项目总工马晶的带领下，技术人员通过综合比较后决定采用钢模板翻模施工工艺，自行设计了一套钢模板，经过排版设计、制作、拼接、加固等步骤，对细部不断完善，确保钢模板组装时对接严密、安装稳固，达到预期效果。

在南京换流站极 I 高端阀厅防火墙施工中，施工人员用细铁丝绑扎钢筋，形成密密麻麻的钢筋网，再将长度 2.5 米的钢模板一块一块拼接起来，固定在钢筋网两侧。随着 C40 高标号混凝土倒入模板内，震动棒发出"嗡嗡"的声响，混凝土逐渐夯实，一道薄薄的防火墙在模板内形成。等待约四五天的凝固期，拆除这一段钢模，两侧的脚手架升高，将钢模移到上面一段继续浇筑。何鹏说："这道防火墙浇筑需要移动 9 次钢模。以前的防火墙都是用木模浇制，不仅速度慢，而且表面光洁度也不好。钢模板拼接平整度好，施工速度快，保证了质量的同时也提升了工艺水平。"

电缆沟预埋螺母技术的创新，也是土建施工中的一个亮点。电缆沟支架的固定方式一直在持续改进中，从预埋件焊接安装、预埋螺栓安装到现在的预埋螺母安装，每次改进都是从美观和安装方便的角度考虑，简化了后续的电气安装施工。但是对于土建施工来说，不仅精度要求越来越高，施工工艺也越来越复杂。吴剑波等技术员把支模用的对拉螺栓与安装电缆支架的预埋螺母结合起来，既方便了后期电缆支架的安装，同时也省去了对拉螺栓孔的修补，一举两得。

吕树春当时是一名新进单位的大学生，负责换流站的消防和工业水施工管理，从那以后他就抱着图纸扎根在消防和工业水施工班组里面，向设计人员、施工师傅和专业单位技术员学习，每次技术讨论都虚心学习、认真总结。在换流变消防验收期间，他发现消防泵的启动设计参数存在问题，需要不断试验进行调整，约两周时间，每天试验到半夜才回来。

施工现场的每一名施工人员都坚守在自己的岗位上，每天干着"微不足道"的事，但他们每一个都是不可或缺的。江苏送变电建设者秉承"大国工匠"的精神，坚持科学管理，推行标准化施工，确保高标准、高水平完成建设目标。

江苏送变电在重点项目管理上已经形成了一套成熟的做法。首先是为项目配备精兵强将，这是打造精品工程的关键，每个项目都配备有多年项目管理经验的项目经理、技术过硬的项目总工、专业素质高的安全质检人员、现场经验丰富的施工队长和高水平的施工作业队伍；其次是完整的管理体系和完善的管理制度，做任何事情都有章可循，有据可查，这是制度保证；最后是在材料设备源头把关，施工机械优先提供，技术服务及时到位，监督指导从不间断，遇到问题及时协调。

南京交直流两站作为 1000 千伏淮上线和 ±800 千伏晋苏线工程的关键节点，对于提高华东电网接纳区外电力能力、提升电网安全稳定水平、拉动经济增长具有重要意义。江苏送变电通过连续三年施工建设，见证了两站共建并先后按期投运的奇迹，在国家电网特高压建设进程中，继续发挥着"示范引领"作用。

◎ 白鹤滩水电输出的终端站

±800 千伏虞城换流站位于江苏常熟市辛庄镇，站址西南侧紧邻罗家浜村，东侧紧邻 500 千伏常熟南变电站，是白鹤滩—江苏±800 千伏特高压直流输电线路的终端站。工程新建换流容量 8000 兆瓦，采用 1 个 LCC（常规直流）与 3 个 VSC（柔性直流）合建方案，是世界首座特高压混合级联柔性直流换流站。

虞城换流站集成了特高压直流输电大容量、远距离、低损耗、高可靠性的优势和柔性直流输电控制灵活、适应性强、电压动态支撑能力强的优势，显著提升华东电网接受区外来电的安全性与灵活性，它是否能顺利投运将直接影响着白鹤滩水电的输出。江苏送变电负责此项工程土建 A 包和电气 A 包的施工任务，分别由李刚和金振强担任项目经理。

工程一开始，现场就面临着施工时间紧、建设任务重、管理要求高等压力。江苏送变电对项目进行优化配置，统一协调，统一管控，统一资源调配，派遣参与过多个特高压工程的管理、技术人员参与施工。利用组建的专业技术团队作为支撑，全过程指导、监督现场各项技术工作，保障施工安全，指导科技创新，提升施工质量。

万事开头难，换流站的第一步是开展土建施工，要用防洪墙把一片原野围起来，在里面建造房屋、修筑道路、浇筑设备基础等，以满足后期电气的安装条件。张必亮是土建项目副经理兼总工，负责前期土建的现场施工。

2020 年 12 月 30 日换流站桩基开始施工，计划于 2021 年 3 月初开始转入土建主体施工。最关键的节点是高端阀厅和主控楼的桩基，因为灌注桩需要养护时间，计划这部分工作在春节前完成，然后利用春节放假的时间进行养护，节后就可以正常开挖进入土建主体施工了。2 月 12 日就是春节，2000 多根灌注桩要用一个月的时间施工完成，这对施工组织是个极大的考验。随着春节一天天临近，留给桩基施工的时间已经不多了。江苏送变电调配了 12 台桩机、72 名桩基作业人员，进行 24 小时连续作业，现场桩机如林，彻夜灯火通明，一派繁忙景象。

　　然而始料不及的情况还是发生了，2021 年 1 月上旬，江苏遇到了历史罕见的寒潮，气温迅速下降，夜间最低气温甚至降到了零下 15—16 度。这对于桩基施工混凝土浇筑简直是致命打击，因为正常情况下混凝土在 5 度以下强度增长就很困难了。

　　首先遇到的问题是商品混凝土厂家由于供水系统的管道全部给冻住了，停止了混凝土的供应。项目部技术员随即赶到厂家，与厂里的技术人员一起探讨，共同研究。本已临近年关，商品混凝土厂已经做好了放假的准备，但看到江苏送变电的几个年轻人如此敬业，他们也被感动了。大家想了很多办法，最后用火烤的方式给管道加热，融化里面结满的冰柱，清理料斗里的砂石，终于恢复了生产系统。另外从技术层面双方也都想了办法，厂家调整了混凝土的配合比和外加剂，现场加强了入模温度和保温措施的控制。

　　功夫不负有心人，2021 年 2 月 5 日，高端阀厅和主控楼部分的灌注桩赶在春节前全部浇筑完成，大家终于可以安心回家过年了。

　　回想起连续 32 个昼夜 24 小时跟班作业的过程，江苏送变电项目管理人员张海东、曾长丰、周太臣似乎早已忘记了腊月的寒冷，记起的只有温暖的场景。"每天夜里 12 点，是日夜两班技术员交接的时间，大家聚在充当临时办公室的集装箱里，煮一碗热气腾腾的方便面，没有桌子，就把'夜宵'捧在手里，围坐在一起。现在想想也是很有意思的事情。"

　　2021 年 3 月初，春节过后的虞城换流站土方开挖，按期进入建筑物基础施工，2021 年 7 月 18 日主控楼封顶。原本应该按部就班的施工作业，不想期间还出现了一个小插曲。6 月初，现场土方开挖时意外发现一片古墓群，范围还比较大，涉及 500 千伏出线构架、备品备件库等区域。经初步判断该墓群是唐朝民间的墓葬，文物局安排文勘单位开展勘探、挖掘，直到 9 月底才结束。这一下子打乱了原先流水作业的计划，项目部于是调整了组织安排，先把该区域外的基础施工完成，等文勘结束后再集中抢这个区域的基础施工。张必亮说："投入肯定是加大了，但我们总算把时间抢回来了。"

　　2021 年 7 月，土建向电气移交直流场，9 月份开始陆续分步移交 500 配电装置、站用变等场所，12月全部移交电气安装。进入电气安装阶段，江苏送变电两个变电分公司先后闪亮登场，开始上演他们的拿手好戏。最终，虞城换流站于2022年6月18日—25日进行高端直流部分168小时试运行；12月12日—19日进行低端直流部分168小时试运行。

2021年国庆长假，对于虞城换流站电气安装的建设者来说，是他们抢抓工期的"黄金时期"。工程现场1700多名施工人员加班加点，奋力施工。大家选择坚守岗位，在工地上为祖国庆生，这也是他们表达爱国最好的方式。他们计划在2022年春节前将电气主要设备安装到位，确保工程来年能够按期投运。10月8日首台换流变进场，全站电气设备安装全面铺开。

江苏送变电在项目管理上首度采用"矩阵式管理"模式，这也是施工项目部根据多年大型项目管理经验，摸索出来的一套较为科学、细致的新型管理模式，具有经济而高效的特点。金振强介绍说，这种管理模式有竖向和横向两个系统：竖向系统按专业划分，由技术组、安全组、质量组、资料组组成；横向系统则按区域划分，由A区域（高端区域）、B区域（500千伏交流区域）、C区域（备件库及围墙区域）组成。竖向管理与横向管理共同服务于项目经理，各区域、各专业都有自主管理权。尽管各区域、各专业内部相互独立，但区域通过专业、专业通过区域又相互紧密联系在一起。

阀厅内设备安装是电气施工的重中之重。施工人员进场后对阀厅安装环境控制提前进行规划，建立阀厅环境监测系统和相应的管理制度。阀厅内设备安装期间，阀厅内温度、湿度及颗粒度都必须达到设备安装要求。为了保持阀厅内的环境参数满足要求，每个阀厅加装了6个环境监测传感器，并统一上传到监控后台，实时监控每个阀厅内粉尘颗粒度、温湿度、气压等参数，以保证换流阀安装质量。安装过程中一旦发现环境要求不达标，现场就会立即停止施工，进行整治。

在施工期间，人员进出阀厅时需要穿好鞋套，经过风淋间除尘，阀厅大门在换流阀安装过程中，时刻处于封闭状态。针对全站6个柔性直流VSC换流阀的安装难题，项目部开展了柔性直流安装关键技术研究，加强阀厅安装技术学习。结合换流阀厂家的技术文件要求，有针对性地编制施工方案，并在安装过程中不断总结、提高。

江苏送变电在电气施工高峰时期，投入各类型升降车 30 余辆，保证了安装进度。同时，各类型充电式电动工器具、移动蓄电池的投入使用，减小了作业准备时间，方便作业面的快速转移，提升了整体工作效率。机械和设备的投入是一个方面，但更主要的是人员的辛勤付出。对此，虞城换流站电气项目总工巫吉祥深有体会，他是一位年轻的 90 后，技术员里的佼佼者。他在被委以重任后全力以赴开展工作，白天指导现场施工，晚上加班看图纸、写方案。尽管他的孩子小，且体弱多病，但他并没有太多的时间留在家里照顾孩子。2022 年，自从大年初三来到施工现场以后，由于疫情和施工繁忙，他 100 多天也未能回家一次。每每提及这些，他的脸上总是浮现出复杂的表情，有对家庭的亏欠和对工作的敬业。

此外，江苏送变电在虞城换流站首次应用三维数字化技术，利用主要建构筑物、多种设备的 BIM 模型，进行施工推演、方案编制及技术交底等，充分体现了深度结合智能、高科技元素的管理理念。他们依托高端阀厅，积极开展三维技术在钢结构工程中的应用。在钢结构加工阶段，利用三维模型在钢构件上提前布置安全绳连接板、安全网挂钩等安全辅助设施；在钢结构施工前，对施工流程、节点连接、安全措施等进行三维模拟交底；在阀厅阀塔安装过程中，将阀塔安装的三维动画应用在方案交底及施工指导中，针对悬吊式和支撑式阀塔的不同安装步骤和安装方法，对不同厂家、不同形式的阀塔分别采用三维演示的方式，形象具体地展示施工流程，实现安装步骤的准确化和精细化。

电气安装结束后，工程进入调试阶段。自 2022 年 1 月起，江苏送变电抽调 5 名经验丰富的技术骨干人员及 19 名技术员工组成调试团队，历经一年时间先后顺利完成 LCC 交流场、交流滤波器场、VSC 交流场区域以及直流场区域等一系列调试工作。

与其他换流站相比，虞城换流站规模较大，总占地面积约 34 公顷，相当于40 多个足球场的大小。"因为需要步行往返于继电器室、辅控楼、主控楼及一次设备场地等区域进行调试工作，团队成员每天微信步数都至少两万步。"调试分公司总工汪向军说。

在调试过程中，他们积极创新、攻坚克难，开拓性地将油气试验室设置在工地，节约了送检时间。在检测换流变阀组性能试验中，为解决传统采样设备存在的安全性低、操作难度高、数据失真性等问题，调试人员在正式试验前开始进行准备工作，通过勘查现场，积极联系生产厂家，最后结合现场实际需求，为本次虞城站的换流阀阀组试验工作专门研制出一套全新的采样设备。

虞城换流站主要分高端、低端两个阶段进行投运。江苏送变电积极投入调试力量，在工程前期就自行研制出一套电子调压一体化设备，同样的工作量，完成时间只需原本的一半，并减少了30%的人员投入。在7月夏季用电高峰到来之前，完成了第一阶段高端部分的投运工作，将400万千瓦容量的清洁水电送至江苏。

调试团队为了圆满完成第二阶段调试工作，争分夺秒，在休息日和国庆节仍坚守在岗位。第二阶段端对端直流系统调试项目多达872项。虞城换流站调试项目总工许超说："为了配合好其中最关键的378项系统调试工作，我们在现场安排了3组调试人员，24小时轮流值岗，确保虞城换流站顺利投运。"

±800千伏特高压虞城换流站输电容量达到800万千瓦，为电网的安全稳定运行提供了坚强的保障，也将进一步提升电网安全保障能力和资源优化配置能力，为我国"碳达峰""碳中和"目标的实现，提供强有力的支撑，将在华东经济建设发展中起到十分重要的作用。

第三节　跨越江河湖海

　　江河湖海，是人类赖以生存的最宝贵的资源，是水的主要来源，同时也是地球上最不可或缺的地理形态。但是，对于现代人类文明而言，如果没有电力的供应，同样也是无法运转的。作为供电系统施工的最主要一环，线路架设除了需要翻山越岭，还必须跨越所遇到的江河湖海，而能否成功跨越往往就成为一条输电线路成败的关键。由此便产生了最为特殊的标志性工程——大跨越。在江苏送变电 70 年的历史中，他们依靠丰富的经验和技术，已建成长江大跨越工程 15 项、黄河与淮河大跨越工程各一项、海上大跨越工程 3 项，不少都是举世瞩目的重要工程。下面，就是其中最具有代表性的几项大跨越工程。

◎　战天斗地跨黄河

　　1998 年 7 月 12 日，距离黄河大跨越开工已过去近三个月，工程正值基础部分浇筑阶段，在收工时现场人员发现施工场地外围出现速度很慢的水流，因地处黄河河漫滩，也属正常情况。不料当天夜里黄河突发洪灾，整个漫滩区域很快变成一片汪洋。施工现场，多个施工单位的项目部，连同机械器具和材料一起被大水淹没了。等到洪水退去一些，项目筹建办主任王景彪带人前去检查，发现很多东西已经丢失，再也找不回来了。遥望着向远处不断逝去的茫茫黄河水，所有人沉默不语，忍不住掩面而泣。

　　黄河滩区很大且不规则，水从上游来时，先沿低洼小沟四散，然后再由低向高处突然漫上来。这种不可抗力造成的自然灾害，实在是防不胜防。

500 千伏东明黄河大跨越工程，简称"黄河大跨"，是国家"九五"建设重点项目、"坑口发电，远距离交流输电"的能源高速公路 500 千伏阳淮线（山西阳城电厂—江苏淮安变电站）的重要组成部分。1998 年初，江苏送变电成立黄河大跨越工程筹建处，该大跨工程为江苏送变电承建的首次跨越黄河的工程。

黄河大跨因其特殊的地理位置、工程设计特点和政策处理等情况，给施工人员出了一道道难题，而洪水泛滥只是其中一个恐怖的缩影。

工程的最南端铁塔位于山东省东明县附近的黄河上游南大堤一侧，在跨越长约 2.79 千米的黄河主槽后进入内滩地区，之后于河南省长垣县黄河北大堤一侧设置本工程的终端铁塔。黄河南大堤到北大堤之间距离有 10 千米远，中间漫滩地段就有 7.8 千米，根据线路需要，双回路部分建塔 21 基，单回路 19 基，线路总长 10.67 千米。

根据设计方案，线路在河南省境内需要完全跨越于寨和灰池两个自然村，由此牵涉到几百户人家的搬迁问题，按当地人的话说，"明朝时就住这儿了"，征地事宜受到很多阻力，给当地政府造成的协调难度也很大。经过项目筹建办研究，副主任储志明与项目主任工程师戴如章带领测工和技术员一起赴实地按照设计线路图进行了复测。功夫不负有心人，果然找到了一个新的路径，位置虽然比原方案偏离少许，并需要增加一基转角塔，但却完美避开了这两个自然村，线路仅仅擦过村庄的边缘地带。项目筹建办于是迅速绘出新线路的草图，并向送变电公司本部作出汇报。

早在工程设计阶段，为了保证黄河汛期水流不受阻碍，又考虑到设立转角塔基础比较大，有可能造成河道淤积影响河水流速，黄河水利委员会在一开始就提出了工程在黄河的主槽部分必须是直线的要求。

江苏送变电的技术专家对新线路的草图进行了仔细研究，认为调整方案是可行的，紧接着便立刻派人赶往上海，向华东电管局进行汇报。电管局即刻召集华东电力设计院的相关设计人员开会讨论，将新的草图与原先图纸进行比对分析，最终确定方案可行。之后设计院便派主设计师黄彪赶赴施工现场实地勘察，确认无误后向黄河水利委员会做出解释：新的转角位置距离黄河主槽很远，对黄河主流不会产生任何影响。经过一番紧张而严谨的审核，各方最终达成了共识，按照修改后的方案进行施工。

此次改变线路的决议不仅完美避开了村庄，还给国家节省了一大笔拆迁安置当地居民的费用，同时也为当地政府解决了非常大的政策处理上的困难，还至少缩短了原本很可能多耽误一两年的工期。这里用"一举多得，利国利民"来形容，可以说没有丝毫夸张。

工程于1998年4月21日开工，基础部分的技术难点主要是由特殊的地理位置与地层状况造成的。黄河河漫滩的地层很不稳定，各地层均有不同程度的液化土层存在，有些地方还很严重。另外，黄河涨水时漫滩10千米范围内会被全部淹没。基于此种情况，黄河大堤内铁塔全部采用高桩承台。

这种高桩承台的桩基除了地下部分外，还有高出地面的部分，高桩上面再建承台。一座铁塔需要4个承台，4个承台间再以混凝土连梁相连。这种大型混凝土承台的浇筑，他们是头一次遇到。为了避免水化热造成混凝土内外温差变大，继而产生开裂，施工要求非常高，加上地脚螺栓的安装等关键工序，技术人员研究采取了多种方式以解决这一系列问题。而此次工程积累的丰富经验，则成功应用到了两年后江阴长江大跨的基础施工当中。

该工程立塔施工的挑战主要来自两座大跨越塔的组立。两座跨越塔均处在漫滩区域内，按照50年一遇的洪水高度及通航要求的标准设计，两座跨越塔采用了6米高承台。跨越塔全高111米，总重达231吨，塔身主材为四合一角钢形式。据该工程技术员介绍，如此大吨位的酒杯型跨越塔施工，在那时尚无先例。为了把塔安全保质组立好，技术人员可谓绞尽脑汁。他们和施工人员反复研究，最终确定采用吊车、悬浮抱杆、小人字抱杆进行组塔吊装的方案，悬浮抱杆采用600×600×25米浮抱杆。

方案是确定了，但如何施工，则须慎之又慎。为保证跨越塔的吊装安全，技术人员群策群力，昼夜研究施工方案，把一切可能出现的问题都预想到了。他们根据现场情况仔细推敲，选取安全可靠的最佳方案。在长曲臂吊装中，他们充分利用施工场地大的有利条件，计算调整各个受力部位，使吊装方案既可靠又安全。

为了统筹管理好整个施工工程，项目部始终强调要落实包括施工图会审、技术交底和现场管理等几项基础性工作。工程伊始，尽快熟悉施工图纸，清晰地掌握设计意图、要求及控制要点；现场的施工人员明确具体的作业安排，其中包括一些严格的施工规范要求；现场管理则是要求管理人员必须与施工人员吃住行在一起，负起监督、管理与检查的责任。

对于这些管理举措，当时个别施工队多少有点抵触情绪，但项目部依然坚持落实。可以说，在黄河大跨中江苏送变电建立起来的这些管理措施，逐渐形成一套完整、有效、科学的管理体系，对于后来越来越多大型工程的成功承建，起到了十分关键的引领作用。

值得一提的是，为了避免工程施工对自然环境产生不良影响，项目部明确要求在桩基施工中产生的大量泥浆不能排放到河水中，必须提前挖好排污坑，污水经排污坑暂存，待凝固后再让专人专车运出去处理。20 世纪 90 年代的环保意识还不强，江苏送变电却已在施工过程中提出了这一具有前瞻性的要求。

冬天，施工人员每天从驻地前往现场都是乘坐大卡车，车顶仅仅加了个帆布盖子，起不到明显的保温效果，往往下车时腿冻得麻木，路都走不利索；施工人员的用餐都是驻地食堂做好后送过去，遇上严寒天气，饭菜在送往现场的途中很难保温，工人们就吃不上热饭。另外，由于人生地不熟，施工人员对当地的民风习俗很难把握，遇到的困境与阻碍不胜枚举。难怪工程竣工时不少人感叹："黄河大跨施工，真是太难了！"

经过工程建设、监理、设计、施工等单位的共同努力，黄河大跨终于在 2000 年 1 月 5 日竣工验收。这一工程的圆满完成，给国家电网相关负责部门留下了极好的印象。

黄河大跨越工程，为实现全国优化跨大区的能源配置打开了新的通途。同时，江苏送变电人冒酷暑、抗严寒、斗风雪，如巍巍铁塔昂首挺立的铁军意志，以及战天斗地、可歌可泣的感人故事，也为这项宏伟的工程留下了强有力的注脚。

◎ 拔地而起的世界之最

500 千伏江阴长江大跨越位于长江江阴段，是江苏电力主网架的过江要道。为便于与 20 年后紧邻而建的凤城至梅里 500 千伏长江大跨越区分开，业内遂将前者简称为"江阴大跨"，称后者为"江阴二跨"。

1998 年，江阴长江大跨越工程由国家批复立项，之后组成了由华东电力、建设单位江苏电力、设计单位华东电力设计院、监理单位中国电力建设工程咨询公司、承建单位江苏送变电五家单位为主的建设团队。

作为承建单位，江苏送变电为了将江阴大跨越建成国际认可的精品工程，从一开始就把它作为公司的头号工程。2000 年 3 月成立 500 千伏江阴长江大跨越工程筹建处，公司副总经理董四清兼任筹建处主任。2002 年 8 月组建项目经理部，由分管生产的副总经理邵丽东挂帅担任项目经理；由多次担任大跨越高塔组立总指挥、人称"大塔王"的高级技能专家王金柱担任项目常务副经理；由副总工王中兼任项目总工，副总工周修建作顾问；以熊织明、钮永华、戴如章等管理精英及一大批技术骨干组成项目管理层，并抽调了两个最具战斗力的施工队组建了南北两个分项目部的"青年突击队"。可以说，此次大跨越工程汇集了江苏送变电从上到下的最强力量。

然而，即使配备了精兵强将，面对江阴长江大跨越这项世界最高、没有经验可循的超大型工程，无论是从公司层面，还是个人层面，所有人均感受到了前所未有的压力和挑战。

"大塔王"王金柱此前已是第一工程处主任，这年已经 50 多岁了。虽然被大家尊称为"大塔王"，但是如此庞大的工程，王金柱也从未遇到过，更没有做过。为此，当把重任交给他时，他也有过担忧和犹豫。

回顾自己的过去，他已不需要更多的成就来证明自己。但是，当听到后辈们口中那句"只要有他在，心里就踏实"，看到那一张张熟悉的面孔上那信任与期冀的神情时，"大塔王"的名字再次在他脑海中响起。最终，一股勇于担当负重前行的豪情壮志，取代了内心交战，继而转化为攻克世界最高塔的向往。

2000 年 12 月 8 日，江阴大跨越工程正式动工，并在长江之畔举行了开工典礼。

此次大跨越工程于长江南北两岸分别组立 1 基双回路直线跨越塔和 2 基单回路耐张塔。工程耐张段长 3703 米，其中跨越长江水面 2003 米，两座跨越塔每座高 346.5 米，重 4410 吨，为当时世界同类工程之最。建成后的跨越塔，将比世界著名的法国埃菲尔铁塔还要高出 25.8 米。

工程按施工顺序和流程共分为三大部分：基础、立塔、架线。这三部分的施工任务，每个都将面临重重困难。

第一部分是基础。可想而知，拥有如此高度和重量的庞大铁塔，若没有稳固的地基支撑，是绝不可能岿然不动屹立在长江之滨的。每条塔腿的地面以下，都埋设有一块长 19.5 米、宽 17 米、厚 4.5 米的现浇混凝土承台和 56 根近 40 米长、直径 60 厘米的 PHC 管桩组成的基础。而 4 条腿的 4 块承台之间又由高 2 米、宽 1.6 米的混凝土连梁相连接，所以与大跨越塔的塔身相匹配的地基也是非常庞大的。

塔基位于淤泥质土冲积型地层，对于这样的巨塔来说地质条件很不理想，除了需要将基础部分建得很大之外，过去传统的钻孔灌注桩已然达不到承载力的要求，所以确定了以新型的 PHC 管桩替代传统灌注桩的方案。

PHC 管桩全称为"高强度预应力钢筋混凝土管桩"，在输电线路施工中还是首次使用。当时生产 PHC 管桩的厂家并不多。项目部经过认真考察，最终确定了上海的一家预制厂负责供货。施工时，通过严格控制打桩工艺、电焊接桩、送桩等各项程序，施工人员将每座跨越塔 200 多根的 PHC 管桩精准地打入 40 米深的地下。经过检验，所有的 PHC 桩基都符合最高标准的一类桩要求。

桩基完成后就是在其上进行混凝土承台的浇筑。因为每个塔腿的承台混凝土浇筑量都有 1200 立方米，如此庞大的体积在浇筑后，混凝土内部会产生高温（根据计算最高可达 78.8 度），但外部由于冬天气温低，若处理不好散热和保温就会形成巨大的内外温差，继而出现贯穿性裂缝，成为严重的质量问题，所以为了解决这一难题，以基础施工技术负责人戴如章为代表的技术人员未雨绸缪，通过进行热工计算，采取了行之有效的措施对混凝土进行保温养护，以及全程不间断对混凝土温度变化进行监控，成功攻克了难关。

第二部分是立塔。而立塔施工难度之大堪称历史空前。自 2000 年起，以熊织明为首的技术人员就开始了组立铁塔的施工技术准备，在工程勘察设计阶段，查阅文件，借鉴经验，先后编写了 4 套立塔可行性方案，并在 2001 年组织了立塔方案的专家咨询评审会。经过反复评审，最终确定 0—55 米段采用 250 吨履带吊车吊装，55 米以上采用落地抱杆的方式组立。该方案也得到了国外专家的充分肯定。

346.5 米的高塔，此时仍还停留在图纸上。站在地基表面，举头仰望，想到将来再从同样位置往上看去，会有一座高塔拔地而起，直指苍穹，相信每位建设者的心中都会涌起激动与感慨交织的、难以抑制的情绪。

"千里之行，始于足下"。大跨越塔的立塔施工于 2002 年 11 月 8 日正式开始。

0—55 米段的组立。由于塔材结构复杂，连接件多，仅此段塔腿的连接板就达 896 块，螺栓 9856 只。又因为根开大，最下端为 68 米，上端也有 50.583 米，整段重量达到 1014 吨，占到整座铁塔总重的四分之一，再加上还要严格控制 4 根塔腿始终保持 79 度的倾斜度，施工过程异常艰辛。

地锚，是吊装施工必备的组件，打入地下深处，作为受拉点配合起吊装置与绳索的控制。此次立塔的第一吊就有 54 米之高。由于塔材本身很重，形成的倾覆力很大，加上地质条件比较差，这对于地锚稳固性的考验非常之大。经过技术人员的计算，需要使用钢锭压重的方式增加地锚的受拉力，每个塔腿的地锚都需要 150 吨钢锭才能达到抗拔力的要求，总共至少得用 600 吨的钢锭，而施工点周围地区没有一个能够提供钢锭租赁的厂家。

王金柱于是带着这个难题回到了南京本部。当他与南京相关企业咨询租赁钢锭事宜时，遇到了各种繁杂的手续问题，迟迟不能落实，立塔工作无法进行下去。就在他焦急等待一筹莫展时，他无意中观察到正在施工的地铁高架通过沙袋压重对高架桥桥墩进行承载力检测。

"柳暗花明又一村"，就这么简单地一看，顿时让他来了灵感。何不就用沙袋来压重地锚呢？他当即与副总工程师周修建商议，确定可行后立刻赶回江阴付诸实施。工程地处江边，黄沙的采购运输十分便利，后期还能用于辅助设施的建造，成本也较使用钢锭大为降低，可谓一举多得。

抱杆，是输电塔组立最为重要的工具，通常设在铁塔中心位置，用于塔材和施工器械的起吊作业，形制上主要由金属立柱与吊臂组成。对于江阴大跨的跨越塔而言，以往的所有抱杆都无法适用，皆因其史无前例的高大身型。

为了满足江阴大跨的施工需要，早在工程开始之前，江苏送变电技术人员就经过大量计算，自行设计研发了 366.5 米高、可 360 度自由调幅旋转的双摇臂钢结构落地抱杆系统。该系统的双摇臂可同时吊装 23 吨（吊装半径 20 米时），水平 360 度旋转，可承受不平衡弯矩 3000 千牛·米，被证明是当时世界上吊装范围最广、吊重最大的吊装提升抱杆。

熊织明，就是此次落地抱杆的设计者。他毕业于重庆大学，本次作为立塔的技术专工负责组塔方案，包括开展抱杆的研制。他常常吃完晚饭先睡一觉，醒来大约凌晨一两点，再投入案头工作直到天亮。用他的话说，这个时间最安静，心最定，最适合进行脑力工作，比如精细的计算和思考等。

江阴大跨的许多施工临时变更方案，都是他在这个时间和习惯当中研究和制定出来的。例如在立塔关键阶段的某一天，南岸的卷扬机突然出现了问题，故障一时无法解决，当天晚上熊织明就赶出了详细的应对措施。第二天一早拿到施工现场，进行交底布置，采用牵张机代替卷扬机的方案，保证了工作正常进行。

立塔阶段最重要、最艰难、最曲折的环节，恐怕就是 120 米高度大节点的吊装了。

整座跨越塔设有 3 个坡度段，其中距离地面 120 米处为主要变坡位置，必须通过大节点这个极其关键的组件来进行承上启下的连接，以实现塔身倾斜角度的转变。120 米大节点，高约 4.5 米，宽 1.7 米，板厚 12 厘米，单件重达 16.47 吨，钢板结构呈正交十字形，整座塔共有 4 个这样的大节点分布在 4 条塔腿上。

2003 年 3 月，120 米大节点吊装在即，成品件却迟迟未能到场。原来此次塔材所用钢材是高强度 Gv65 型钢材，为国内首次使用的全进口钢材，由上海江南造船厂负责加工制造。虽然江南造船厂拥有国内最强的钢材加工制造技术，然而在 120 米大节点的焊接上依然出师不利。焊缝的超声波检测结果几次都不达标，前前后后返工达 5 次之多，第六次焊接时，江南造船厂派出了 6 位潜艇车间的专业人员，终于不辱使命，焊接成功并完全达标。

2003 年 4 月 20 日中午，120 米大节点的吊装施工正式开始。

大跨越工程南跨越塔现场指挥室里，十几双焦急的眼睛正紧紧盯着监控显示屏。屏幕的中央，两只硕大的 120 米大节点对称悬吊在落地抱杆摇臂下方，在正午阳光的照射下反射出耀眼的银光，一寸一寸，缓缓地提升，无声地向塔身靠拢。

"指挥室！指挥室！"

"3 号腿再向右偏转 2 厘米！3 号腿再向右偏转 2 厘米！"

寂静的指挥室里，骤然响起 120 米高处作业人员通过对讲机传来的呼叫声。

"收到！收到！3 号腿右偏 2 厘米！"

"砰""砰"，操作人员果断揿下起重控制按钮。卷扬机马达一声轰鸣，钢丝绳稳稳地前进了一小段，随即停下。

120 米大节点是到目前为止大跨吊装施工中最重的吊件。由于其就位处在抱杆受力相对薄弱的 45 度方向上，因此，该节点的吊装不仅是对抱杆及吊装系统安全稳定性的考验，更是对施工措施的科学性和施工现场整体协调性的一次极为严峻的挑战。

面对这一艰巨任务，项目部高度重视，从工程开工时就将其列为第一技术难点，多次组织专家和技术人员设计、计算、讨论吊装方案，组织了力量最强的工程技术人员深入现场精心测算，编制了细致详尽、可操作性好的吊装作业指导书。

整个吊装就位过程需要将 4 个十字柱同时进入由 32 块联板组成的接头中，8 名作业人员只能挤在 1.2 米见方的狭小空间，而一个节点穿入的螺栓量就达到

352 只，稍有偏差就无法就位。

对讲机中不时传来 120 米高处作业人员的声音，身处指挥室里的众人的心绪随之不断起伏。

"报告指挥室！报告指挥室！1、3 号腿 120 米大节点全部登膛就位！全部登膛就位！"

"噢！"积聚了太久压力和艰辛的欢呼声一下子爆发出来。掌声、笑声、祝贺声，指挥室沸腾了，顿时淹没在欢乐的海洋中。

第三部分是架线。江阴大跨越的高度举世瞩目，但为什么要建这么高的塔呢？因为导线悬挂于南北两座高塔上，过江时会形成一道自然的垂弧，而垂弧底与江面必须留出 59 米高的净空，才能保证万吨巨轮穿梭通航。所以跨越的距离越大，所需的铁塔就越高，346.5 米的设计高度就是根据 2303 米的跨江档距精确计算得来的。

此次架线施工需要进行 24 根金属导线、2 根地线的过江展放和附件安装，为了确保成功，江苏送变电对架线方案进行了慎重选择。从 2001 年到 2004 年，历时 3 年先后编写了包括用船、飞艇和直升机架线等 4 套方案，经过多达 8 次的内审和 4 次外审。经过反复讨论，最后大胆采用了先进的直升机架线技术。

于是，架线技术负责人钮永华和另外几位相关技术人员前往浙江舟山与中信海洋直升机公司进行商谈并确定了合作事宜。之后在普通输电线路施工中，进行了若干次可行性试验，最终确定了严密的施工方案。

2004 年 5 月 14 日，架线工作从长江北岸正式开始，需要使用直升机进行牵引的第一根导引绳，是直径 5 毫米的轻型高强度迪尼玛绳。江面风很大，导引绳的控制有一定难度，经过几次艰难的尝试，直升机终于成功地将导引绳牵引至已组立完成的南岸跨越塔上，完成了初级导引绳的展放。之后便通过设在两岸的牵引机与张力机，将逐级加粗的导引绳、钢丝绳，直至最终的金属导线牵引过去，总牵引次数多达 54 次，累计里程达 291 千米。此次成功开创了送变电行业长江不封航架线的先河，并填补了直升机放线这一技术在国内电力施工领域的空白。

基础、立塔、架线。这三个阶段的施工任务，每个都是困难重重，但江苏送变电人齐心协力，努力拼搏，彻底攻破所有困难，大获全胜。

经过 5 年的时间，梦想终于成真了，大家开始相互询问接下来最想做什么。有人说想美美地睡上一觉；有人则惦记着家中的妻儿、卧床的老人……他们说着说着，便一个个哽咽起来。人非草木，想到亲情，每个人的内心最柔软的那部分都被一次一次触动着。因为工程紧张，他们往往几个月才能回一次家，但为了肩上的使命和职责，他们义无反顾地选择坚持。在大家真情流露之时，有心人按下快门，历史记住了，时间定格在这一刻，江阴长江大跨越工程画上了一个圆满的句号。

浩浩荡荡的长江边，两座高大雄伟的跨江塔巍然屹立，直达云端。银白色导线横飞天堑，气势磅礴，雄伟壮观。500 千伏江阴长江大跨越工程的成功建成，标志着我国在输电线路高塔施工技术领域处于国际领先水平，在电网建设史上具有里程碑意义。

此后，江苏送变电再接再厉，又先后拿下南京三江口长江大跨越、湖北赤壁长江大跨越、淮南淮河大跨越等一系列大跨越工程，一举成为电力施工行业名副其实的"大跨越"专业户。

◎ 古战场边的新跨越

曾经担任赤壁大跨项目经理的张建忠，至今还清晰地记得 2008 年 11 月份刚到现场那会儿，南跨越塔的基础桩号还埋在一片芦苇荡中的滩涂里。桩位距江堤有两千米的路程，而进场的道路是一条当地村民平时走出的，不足 1 米宽的林中小道。当时正值雨雪天，路上全是烂泥，车辆和设备根本无法进场。项目部一边和当地政府、航道部门、树林主管单位协商政策问题，一边从附近的山上挖来大量的山泥铺路，一条两千米的小路硬是在滩涂上铺了半个月才初具雏形。

赤壁长江大跨越，简称"赤壁大跨"，是向上（向家坝—上海）和锦苏（锦屏—苏南）两条 ±800 千伏特高压直流输电线路平行跨越长江天堑的大跨越工程，大跨越的南岸位于湖北省咸宁赤壁镇石头口村，紧邻赤壁古战场。赤壁大跨共有 4

基近两百米高的跨越塔，两条线路比邻平行而建，工程地质复杂，施工条件恶劣，技术难度较大，具有丰富大跨越施工经验的江苏送变电接下了这一重任。

向上、锦苏特高压工程是我国自主研发、自主设计和自主建设的超大容量特高压直流输电项目，也是当时世界上电压等级最高、输电容量最大、送电距离最远、技术水平最先进的直流输电工程。而赤壁大跨越又是整体工程按期建成的重要节点，国网公司特高压建设部高度重视，提前策划和安排，明确提出了各项计划和要求。

赤壁大跨的4基跨越塔建在长江大堤外侧临近江水的滩涂上，被池塘、树林和芦苇包围，涨水期会被江水淹没，所以基础部分的施工只能选择在枯水期进行。由于是在长江大堤外侧进行施工，加之这里属于冲积平原，地层土质复杂，进行桩基础施工时要考虑对各个土层的影响，需要避免产生塌孔、窜浆等问题对大堤的稳定性造成影响。

赤壁大跨于2008年11月正式开工后，雨雪下个不停。由于工地位于江边，风特别大，寒风呼啸，气温很低，现场人员即使穿着厚厚的军大衣，依旧被冻得瑟瑟发抖，施工环境非常艰苦。现场办公室尽管安装了空调，但因为所在村庄电力线路没有增容，空调开不了只能成为摆设。但施工人员没有埋怨，只是摇摇头一笑而过。

作为赤壁大跨的项目总工程师，肖长生对进行初期线路复测时的一幕仍记忆犹新。当时，由于GPS卫星定位技术还未完全成熟，精度不够高，所以结合全站仪的光学透视方法进行测量会更加可靠。然而需要测量的区域基本上全被大片大片的芦苇荡所覆盖，全站仪需要直线通视的条件无法满足，又由于生态环境保护的要求，不能对芦苇荡进行大范围的破坏，所以最终只能一小块一小块在芦苇丛中扒开一条条狭窄通道，进行角度、高程等方面的测量。

肖长生与测量主要负责人邱德茂穿着胶靴、蹚着水在漫滩一望无际的芦苇荡中来回穿行，一遍遍不厌其烦地进行着测量工作。他们的胶靴内灌满了泥水，脸上和手上以及任何身体暴露在外的部分，都被锋利的芦苇叶划出了道道血痕。这样的测量工作十分辛苦，但是出于责任心和敬业精神，以及异常严谨的专业态度，他们甘愿忍受如此艰苦的环境，把测量工作做到精准无误。这样的例子还有很多，江苏送变电人的铁军形象在这儿再次展现。

虽然施工条件艰苦，过程困难重重，但项目部成员的斗志却丝毫没有受到影响。从基础到立塔架线，整个大跨越工程中，他们依靠自主创新取得了很多科技成果，这些成为此次大跨越施工的亮点。

以南跨越塔的基础为例，混凝土浇筑总量达 3152 立方米，而这种大体积混凝土施工最难的是养护问题。为了避免混凝土的水化热引起内外温差过大，从而造成开裂，需要对浇筑完成的混凝土进行温度控制。在 2004 年竣工的江阴长江大跨中，大体积混凝土温度是手工进行测量的。而赤壁大跨项目部创新引入了电子远程自动测温系统，在混凝土内部埋入测温元件，将测到的温度通过信号线传输到集中控制模块，再经过 GPRS 拨号系统，以无线方式传输到远在几十千米外的项目部监控电脑上，实现了自动温度巡测、自动储存记录、远程自动接收、异常自动报警的一整套自动化测温系统，不仅数据准确，还省去了施工人员到现场手动测温的辛劳，避免了人工操作的差错。

过去，灌注桩施工采取的是传统潜水钻钻孔工艺，施工时需要一个很大的泥浆池，既污染环境，基础成孔质量又得不到根本保证。为改进工艺。项目部采用了较为先进的灌注桩旋挖成孔工艺。该工艺可以重复利用泥浆，而且钻机自动化程度高，移位方便，钻孔定位、深度和垂直度由电子系统控制，并在荧屏实时显示，具有人机对话的界面。项目部为每台旋挖钻机配备了普通黏土钻头、砂土专用钻头、岩层冲击钻头等多种钻头，以应对包括软、硬等在内的各种复杂地层，不仅桩基成孔质量好，而且成孔速度也提高 5 到 10 倍，具备高效、节能、环保、低噪音、低污染、地层适应性广等优点。

在基础施工阶段，灌注桩旋挖成孔工艺和钢筋直螺纹连接工艺，在 2008 年度国网直流公司的评审中荣获"工程施工质量样板工艺"的称号。

架线施工中，最具有创新精神的就是由江苏送变电自主研发的不封航遥控无人直升飞机放线工艺。

2009 年 9 月 5 日上午 8 点 40 分，一架红白相间、色彩艳丽的无人直升机停放在大跨越南岸长江防洪堤上的起飞场上。8 点 45 分，飞机发动机开始轰鸣，螺旋桨快速转动，带起的风令地面尘土飞扬。8 点 48 分，飞机拖着一根直径为 1 毫米的白色迪尼玛绳缓缓飞离地面，它第一步将要把迪尼玛绳调整放入跨越塔上定置的放线绳滑车中。

"向左一点！"

"拉力正常。"

"导引绳已经入滑车。"

"好！"

在飞行过程中，高空操作人员、地面指挥人员和飞机操控人员随时报告，配合默契。现场气氛紧张而有序，报告声此起彼伏。9 点 18 分，飞机飞过宽约 1700 米的滔滔江面，到达北岸跨越塔上空，塔上的作业人员快速抓住飞机带来的迪尼玛绳，将其牢牢控制在塔上放线装置内，无人机完成最关键一步。9 点 22 分，飞机飞抵北锚塔过 20 米的地方抛落迪尼玛绳。9 点 30 分，飞机返回长江南岸的起飞点，现场响起热烈的掌声。向上线赤壁大跨越无人直升机展放导引绳施工圆满完成，整个过程仅持续 42 分钟。

无人直升机放线是将放线所用的迪尼玛导引绳与无人直升机连接在一起，通过遥控无人直升机进行牵引，将导引绳展放至放线段铁塔上的一种施工方法。这一方法在输电线路大跨越施工中尚属首例，开创了采用无人直升机展放导引绳的先河。

本次施工采用的无人直升机型号为天鹰－3 号，机长 3.6 米，机宽 0.6 米，外形酷似载人直升机的"迷你版"，最大起飞重量为 100 公斤，最大飞行速度 120 千米每小时，可实现空中悬停，自动程序飞行。机身带有牵引力测控和视频监控无线传输系统，抗风能力强，可持续飞行 1 个小时。

相较于过去线路中采用的飞艇、动力伞和载人直升机，无人直升机放线优点显著。飞艇放线施工不稳定，容易受风向影响；动力伞放线需要空中操作人员，存在一定安全隐患；载人直升机放线需申报航线和停机场，尤其在赤壁这样的内陆地区施工组织难度更大。此次无人直升机放线，不仅操作简便，飞行安全稳定，施工速度快，而且费用比载人直升机大大降低，最大限度满足工程"两型三新"的建设要求。

无人直升机放线方案从提出至出炉，前后历时 1 年时间。过程中，总工程师、科研小组组长钮永华带领的研究人员不断与飞机租赁单位进行充分沟通，对飞机的飞行性能和程序控制参数等进行不断修正，确保飞机的各项指标满足此次工程放线的施工要求，并分别在飞机场和电力线路施工现场进行了多达 5 次的反复试验。

此次无人直升机放线成功的消息，被新华网、《国家电网报》等多家媒体竞相报道。

2009 年 9 月 22 日，向上线赤壁大跨架线施工结束。2011 年 9 月 28 日，锦苏线赤壁大跨无人直升机放线施工获得成功，整个过程仅用时 32 分钟，同年 10 月 13 日，锦苏线赤壁大跨架线施工完毕。

向上、锦苏特高压工程是服务西部大开发、推进"一特四大"的战略工程，也是"西电东送"的重要绿色能源通道。这两条线路的成功建设，不仅是我国直流输电技术的重大突破，而且进一步巩固了我国在世界特高压输电领域的创新和引领地位，也更加坚定了江苏送变电为确保电网安全稳定运行和电力可靠供应，以及为服务经济社会发展继续做出贡献的信心与决心。

◎ 新闻直播下飞越淮河

淮河大跨越工程是 1000 千伏"皖电东送"淮南至上海特高压交流输电示范工程(简称淮上线)的"咽喉工程"。它位于线路的起点安徽省淮南市，是整个"皖电东送"工程中施工难度最大的关键点之一，由江苏送变电承建。

淮河大跨采用耐—直—直—耐的跨越方式，跨越耐张段长度为 2445 米。跨越塔为钢管结构直线塔，共 2 基，高 198 米，单基重量 1378.2 吨；锚塔为钢管结构"干"字形耐张塔，共 4 基，高 75 米，单基重量 234.8 吨。

由于整个工程都建在淮河两岸的滩涂之上，跨越段横跨了汤鱼湖、洛河洼两个淮河行洪区，所以一旦涨水，滩涂地区都会被淹没。针对这一情况，淮河大跨的所有铁塔均采用桩基承台加高立柱的基础形式。

区别于常规的承台以及曾经使用过的高桩承台，此次的铁塔基础部分加高加大了4条塔腿下的混凝土立柱，光承台立柱就占地16平方米、高7米，相当于2层半楼的高度，这样一来可以有效地缓解淮河汛期造成的淹水问题，跨越塔的全高也达到了205米。

基础施工阶段，为了使基础混凝土感观质量达到清水混凝土的标准，项目总工刘治中和技术员们认真研究，最后决定从模板上下功夫。由于基础的尺寸比较大，尤其是立柱的高度达到了7米，混凝土的模板必须要有足够的刚度。根据这些特殊情况，技术员们设计出了拼装型钢模板，代替传统的木模板拼接。模板外围用钢结构固定，保证了模板的刚度，模板内表面进行抛光处理，保证了立柱表面的光滑。通过这样的工艺革新，立柱混凝土感观质量一次成优。此工艺还获得了全国总工会QC（质量控制）项目的一等奖，也是当时公司取得的最高QC成果。

自2012年6月20日起，工程进入铁塔组立阶段。由于跨越塔具有根开大、体积大、单管重、杆件多等特点，对安装施工标准、施工技术和工艺要求也高，项目经理技术人员制定了严谨的施工方案，经过监理单位和国网交流公司的逐级审查以及专家的论证，优选确定了更合理、更具操作性的吊车与双摇臂落地抱杆组立跨越塔的方案。借助安装在抱杆上的视频监控、风速测量等设备装置，实现了对杆塔组立过程的视频画面、风速风向等情况的实时监控。在安全管控方面，要求高空作业人员佩戴好安全带、安全绳和速差保护器，在铁塔上配置了垂直攀登自锁、水平拉索等多道安全防护装置，确保工程铁塔组立施工安全防护到位。

2012年12月12日15时，北跨越N3塔成功完成组塔阶段最后的顶架吊装，标志着本工程铁塔组立主体工作顺利结束。12月19日，迪尼玛导引绳展放成功，施工进入最后一个阶段——架线。淮河大跨越工程正式进入倒计时。

每天清晨5点半，天还没有亮，在安徽省淮南市郊区驻地的施工队长李正江就已经起床了，施工队的作业人员6点钟吃早饭，10分钟迅速吃完后，李正江就带领大家奔向工地。他们又将开始新一天的忙碌。

当导线展放结束，有着"空中飞人"之称的高空作业者，便是每天行走在工程项目最高处一个群体。他们以小组为单位，每次上塔前都要细致地扣好安全带，因为一个小小的疏忽，可能都是致命的安全隐患。随身工具全用绳子紧紧拴在身上，因为高空作业腾不出双手，裤子正面便记满了到时需要用到的各种尺寸数据，方便低头一目了然。

正值隆冬时节，淮南的清晨格外寒冷，地面上的水洼都结了冰，而高空中的气温比地面还要低很多，最低气温达到零下 10 到 15 度。高空作业人员即使戴着手套也无法抵挡寒风，手脚常常被冻到麻木，脸上也跟刀割似的。

跨越塔高达 198 米，相当于 66 层楼高，而从地面到高空唯一的通道是用一根根铁条焊起来的。附着塔身之上的悬空爬梯，几乎呈 90 度直角，却多达 1500多级。对于每天都要上下两次的高空作业人员来说，着实是种无法回避的考验，况且上到铁塔高处，还能感受到塔身会随着风力自然摆动，一些首次在高塔上工作的人会产生腿软天旋地转想要呕吐的感觉。不过，作为江苏送变电铁军的成员，无论在刚开始时出现怎样的不适，之后总能调整过来，克服恐惧心理，最终适应各种高空作业的环境。

从 198 米高的塔顶沿着 16.5 米高的瓷瓶串下到导线上，是他们最艰难的一段路。在零下十几度的气温中，瓷瓶串异常冰冷光滑，而他们必须双手紧紧抱住瓷瓶串，随着风的摆动，一步一步蹬着凹陷处往下爬，相当于从 5 层楼的高度下到导线上。在冬天里高空作业，有以下几个方面的艰苦：第一是人员穿着必须厚实，但衣服穿多了必然又会造成行动上的不便。第二是在高空作业时，碰到的任何工具与材料都是冰冷的，手上的灵敏度也会大打折扣。第三是风吹，风一来导线会晃动，而晃动幅度大了高空作业的难度自然也会成倍增加。但是，在整个架线过程中，成千上万个零件都需要经过一双双作业人员的手，按照标准来安装，工作量巨大。

为了确保在冰冻天气来临之前整体完工，项目部带领全体施工人员加快了架线作业的速度，每天起早贪黑，目标工期日结日清，高空作业人员的午饭基本都是在塔上或者导线上吃的。很多人已经三个多月没有休息日，也没有回过家，往往只能在收工后和家人进行简短的通话，报个平安，再看一看家人发来的视频或照片，这是他们一天中最温馨的时刻。

2013年1月6日架线作业结束，至此，国家特高压电网骨干网架重要节点——"皖电东送"淮河大跨越输电工程圆满结束，成为淮上线各标段中完成的第一个标段，工程的建设质量和速度为全线建设作出了示范。国家电网与中央电视台合作，成功直播了架线阶段跨越淮河的壮观场面。

淮河大跨施工结束之后还经历过一次抢修。由于过江采砂船的桅杆高度违规，行船时刮拉到导线，致使其外层铝线损坏。由于施工时的项目经理吴德勇对情况比较熟悉，这次抢修还是安排他来组织，一批原先的施工人员迅速重新来到淮河大跨所在地，开展紧张的抢修任务。

那是天气最为炎热的夏天，立塔架线时所有人员经历了严寒，而抢修时大家又经历了酷暑。由于放线地点位于铁塔下，无遮无挡，没有树以及其他任何可以遮蔽阳光的天然之物，赤日炎炎的大暑天，所有人都站在农田中，暴露于火辣的毒日头下，只能依靠临时搭设的几处简易布棚来稍稍抵挡一些直射的阳光。但为了抢时间，及早恢复输电线路的运转，避免因电力供应不足造成不良的社会影响及经济损失，所有施工人员充分调动起不怕吃苦的铁军精神，迎难而上，在兼顾防暑的基础上尽量加快施工的速度。然而，机器也会"中暑"，当气温高到大型散热器里的热气出不来时，牵张机就会停机罢工。为此，技术人员只能想办法为机器降温。他们将冰块装在塑料袋里再裹上毛巾，放于散热器的四周以及牵张机的发动机盖上，给机器进行"冰敷"。可是过高的气温导致冰块的存留时间并不长，所以必须每隔20分钟换一次冰块。除了用冰降温的方法，抢修队还调整了工作时间，制定出起早贪黑的施工计划，尽量早出工，之后避开正午的最高气温，晚上再加班加点推迟收工时间。经过一周的紧张抢修，施工人员终于完成了所有的导线更换任务，其过程一言难尽，实属不易。

大工程铸造精品，也造就人才。项目经理吴德勇说："经过淮河大跨越严苛历练的这批技术人员，后来都成长得很快。"项目总工刘治中、技术员陈根华、安全员孙伟、质检员周公璞现在都已经是公司的中层管理人员，每每谈起这段在

淮河边施工的经历，都有非常难忘的感触，其中包括难以言说的辛劳，但更多的
还是自豪感。

◎ 海上"三连跨"

舟山市地处我国东南沿海、长江口南侧、杭州湾外缘的东海洋面上，是我国
南北沿海航线与长江水道的交汇枢纽，也是长江流域和长江三角洲对外开放的海
上门户和通道。

国网浙江电力投资建设的舟山 500 千伏联网输变电工程（简称舟山联网工
程），是推动国家海洋强国战略落地、保障全球超大绿色石化基地用电需求的重
要能源支点。整个工程共有 4 个大跨越，江苏送变电负责其中沥港、桃夭门、响
礁门的"三跨"施工任务，简称镇舟线副跨。

江苏送变电素来在大跨越工程的施工上经验丰富，曾成功建设大胜关大跨
越、黄河大跨越、江阴大跨越、淮河大跨越、赤壁大跨越等多项横跨大江大河的
工程。而此次镇舟线副跨是江苏送变电史上的首个跨海项目，对奠定今后在大跨
越建设领域应对各种复杂情况全面而坚实的技术基础，具有十分积极的意义。

工程于 2017 年 6 月开工。由于舟山群岛特殊的地理位置及地形特点，跨越
塔结构、跨越情况与跨越江河港湾完全不同。桃夭门位于册子岛—富翅岛之间，
沥港位于大鹏岛—金塘岛之间，响礁门位于富翅岛—舟山本岛之间。三处大跨线
路总长 5.563 千米，共 8 基钢管结构铁塔，最高跨越塔高 224.4 米，重 2070.8
吨。无论是跨越塔还是锚塔，每一座都立在山顶上，而且山还是馒头型的岩石
山，树木杂草丛生，荒无人烟，没有路可以上去。若想施工进行塔基建设，首先
就得将山头削成足够大的岩石平面，之后才能开挖基坑。

项目组调来各种重型机械与设备，从山顶开始一层一层地掏挖。最上面的岩
石风化程度较高，质地松软，但越往下岩石越硬，机械开挖的速度越来越慢。为
了不耽误施工进度，通常有 8 台炮机同时在山头上进行开挖作业。降方量最大的
是响礁门 2 号塔所在山头，达到 9 万立方米，需要从山顶往下挖 30 米的厚度。

由于靠近居民区，不允许使用炸药爆破，施工只能采用人工加机械的方法，一点一点向下掏挖。据统计，镇舟线副跨 8 基铁塔，共开山凿岩降方达 30 万立方米。最终施工队成功在各个山顶开辟出包括材料堆放区、组装区在内的施工场地。

除了降方问题，交通运输也面临巨大挑战。普通内陆地区在山上进行线路施工时，可以使用索道运输材料设备，而像镇舟线副跨这样在海岛上的施工则需自己修路。以桃夭门大跨 1 号塔位于册子岛的山头为例，要想到达这个山头，必须经过五六个荒无人烟的 S 形山梁，别说运输道路了，连个羊肠小道都没有。山梁上树木荆棘丛生，当初施工人员进行线路复测时，单人轻装行走尚且只能勉强通过，而到了基础施工阶段，要想把钢筋水泥运上去，可就毫无办法了。

为了顺利推进工程，项目部从山脚下开始沿着 S 形山梁修路，将圆顶的山梁铲平，两边用钢管打入岩石做成栏杆，硬是修建了 1000 多米长、6 米宽的盘山路，这才解决了基本的运输问题。在建设沥港大跨越时情况又有所不同，由于岛对岛的运输，只能使用大载重量登陆艇，而有的岛上无人居住，自然没有码头，大型船只无法靠近岸边。为了便于停靠装卸，项目部又专门修建了两个码头。可以说，施工人员充分发扬了愚公移山和江苏送变电特有的铁军精神，开山入海，用高效而有力的实际行动，保障了整个工程的顺利推进。

在响礁门大跨越的基础施工中，因为跨越塔的根开大，塔腿基础采用岩石灌注桩，需要在坚硬的岩石基面开凿出每条腿 16 根、直径 80 厘米、长度 17 到 21 米不等的基坑，而在不能使用爆破的前提下，只得通过机械方式来完成了。项目部先是调来大型冲击钻，打了 3 天，然而一根桩只打下去 3 米，效率进度明显不合要求。

于是项目部又考虑使用旋挖钻机，但根据报告分析，因为岩石太硬，根本挖不动。最后想方设法找到了一种名为干式气动全套管凿岩机的设备，而且该技术在输电线路施工中尚属首次使用。由于该设备体积较大，项目部为此还专门修了路，并配合吊车才将其运到山顶。当干式气动凿岩机开动时，其优点便立刻显现出来，一天最快能钻 4 根桩，工效一下提升 30 多倍，难题迅速得到了解决。

混凝土浇筑阶段。项目部针对桃夭门大跨越盘山道路陡峭险峻、原材料运输困难的问题，研究出通过地泵将在山下搅拌好的混凝土往山顶输送的方案。项目负责人起先跑遍了舟山本地的混凝土工厂，试图找到能够适用的大功率地泵，结果一无所获。之后再扩大范围寻找，终于在杭州如愿以偿。

同时项目部在山上花了十几天时间，规划好一条输送混凝土管道上山的路径。虽然呈现出"山路十八弯"的形态，但却有效地避免了坡度对泵送压力造成的问题。这一解决方案不仅节约了成本，还大大降低了车辆运输途中的风险系数。否则，每天那么多的大型车辆山上山下，180 度蛇形弯道加上悬崖的路况，司机掌握不好很可能会增加事故的发生率。

在立塔阶段，在保证工程推进的同时，项目部始终把安全工作放在首位。2018 年 8 月 15 日，桃夭 1 号、桃夭 2 号两基主跨越塔正在组立，1 号塔使用的是 160 单动臂抱杆，2 号塔使用的是 T2TG480 双平臂抱杆，当时已经分别组立到 50 米和 194 米的高空。时针指向下午 2 点，天气预报提示，第二天温比亚台风将登陆舟山群岛。看着两基组立中的铁塔，项目经理陈庆飞有点担心，他对负责立塔工作的副经理吕爱平说："赶紧把抱杆加固，地面操作棚锚固，地面人员全部撤离。"

吕爱平有着 30 多年的现场立塔经验，他提出了安全措施："你看这样行不行，将 50 米空中的最高一段塔材吊装完成并紧固，抱杆不升上去，将拉线系统加固。194 米高空的抱杆降落到 182 米处并进行加固，这样就能保证抱杆的安全。"

"好！这样应该没问题。"吕爱平的建议，得到了陈庆飞充分肯定。吕爱平立即指挥队长王邦着手进行操作。两个小时后，抱杆加固工作完成，操作棚加了 4 根深入岩石的拉线钢绳，人员全部撤离。

8 月 16 日，温比亚带着暴雨袭来，风力达到 11 级，而项目部离海边只有几千米。在办公室里听着大海的咆哮声，陈庆飞的心一直悬着：这么大的风，现场会怎么样？182 米高空的抱杆会不会有什么问题？直到台风过后，现场留守人员打来电话，说一切正常，陈庆飞这才松了一口气。

9 月 8 日上午 8 点，响礁门海岛下方的海面上，一艘登陆艇牵引着从 176.55 米高的响礁门 3 号塔上挂下来的直径 22 毫米的迪尼玛引绳，向着对岸响礁门 2 号塔驶去。导引绳带着张力随着登陆艇凌空向前移动，这是镇舟线副跨工程在展放响礁门大跨越的第一根导引绳。由于海洋特殊的潮汐，现场还需要根据具体情况来调整放线施工方案，这对时间掌控的精确度要求比较高。

镇舟线副跨工程从开工，就面临着交通运输困难、气象条件恶劣等不利因素的挑战，而在江苏送变电全方位努力下，施工人员不辞辛苦、任劳任怨，确保了工程的安全、质量和进度，施工过程始终处于可控、在控、能控状态。

2018年10月工程圆满完成，2019年1月15日顺利送电，江苏送变电首个跨海项目正式投运。

◎ 再创新高的江阴二跨

如果说2004年的500千伏江阴长江大跨越是"敢为天下先"的"史诗工程"，那么20年后再一次建成世界第一输电高塔的500千伏江阴第二长江大跨越，则可以当之无愧地被称为汇集目前最先进技术与工艺的"奇迹工程"。两次宏伟的大跨越虽相隔20年，但面对同样的滚滚长江水和两千多米的巨大跨度，江苏送变电所有参与者的潜力、创造力、意志力以及豪情，均以相似的方式再度被充分激发出来。

江阴第二长江大跨越是国家电力"十三五"规划重点项目，也是江苏省内"北电南送"的重点工程——江苏凤城—梅里500千伏输变电工程的过江通道和关键节点，简称"江阴二跨"。凤城—梅里500千伏线路起自泰州凤城500千伏变电站，止于无锡梅里500千伏变电站，全长178.1千米，是我国电力建设史上规模最大、技术难度最高的跨江联网输变电工程，同时也是江苏境内第六次跨越长江的高电压等级电力通道。工程建成后将对提升长江两岸的电网互通互济能力、助力消纳特高压来电、风电光伏等新能源的发展具有重要作用。

2020年9月25日，江阴二跨在无锡江阴正式开工，工程将在北岸泰州靖江市新桥镇、南岸江阴市利港镇新建2基高达385米的跨越塔及4基锚塔，跨越塔高度居世界输电铁塔之最。工程跨越段长度4055米，采用"耐—直—直—耐"的跨越方案，其中跨越长江段档距2550米，设计最大输送容量660万千瓦。江阴二跨将与 20 年前的江阴大跨比邻而立、并驾齐驱，但在塔高、根开、档距、与对江面距离、导线截面等方面较之于后者均有了全面提升，电力输送容量增加了 9%，并且实现了从全进口到全国产的突破。

工程伊始，各个环节就透出了浓浓的高科技、新工艺的味道。在塔基承台大体积混凝土施工中，江阴二跨项目技术组副组长马龙带领团队，采用国内最为先进的基于晶振原理的温度传感器，并开发了大体积混凝土智能数字化云监控系统。这一系统能够全过程实时跟踪所有受力结构重要部位的温度变化，帮助施工人员判定温控数据是否符合施工规程要求，避免了在混凝土养护阶段包括温度应力在内的技术误差。与过去的温度监控方式相比，这一新技术在效率与准确性上又大大提高了。

两基跨越塔的承台长 18.7 米，宽 15.4 米，基坑深度 4.1 米，每个塔腿布置 30 根钻孔灌注桩，南塔桩深 60 米，北塔桩深 65 米。单个承台混凝土方量 1001 立方米，两基基础混凝土总量 25234 立方米，钢筋总量 3410 吨，相当于建设常规线路基础 300 个。

以前的跨越塔基本都是角钢或钢管结构，而此次江阴二跨由于跨越塔高度超高、跨距大，加上需要考虑风、雪、地震等自然灾害的冲击，所以首次采用钢管混凝土的形式。简单来说，就是塔身 117 米以下采用在钢管内部加装环状钢骨并浇筑混凝土的方式，117 米至 197 米为钢管浇筑混凝土结构，197 米以上则是纯钢管结构。在钢管内填充的混凝土受到钢管的约束，处于三向受压状态，能够有效提高铁塔钢管主材构件的承载能力。同时，与常规钢管结构相比，该形式可节约钢材重量约 160 吨，仅杆塔材料成本即可降低约 180 万元，经济效益和社会效益显著。

为保证塔腿钢管混凝土灌注的质量，项目部也运用了多种先进的科技手段。

首先是在施工现场利用无人机红外相机，对混凝土浇筑过程进行安全和质量监控。现场人员在监控屏上可以看到实拍画面和对应的红外画面，其中未浇筑的部分是暗红色，而正在浇筑的部分是亮黄色。如此一来，红外技术赋予了现场人员一双"透视"的眼睛，可以实时观察到钢管内部混凝土的浇筑情况。

其次是应用超声波检测技术。现场施工人员通过非金属超声监测分析仪，对已经完成浇筑的钢管内部混凝土进行密实度监测，判断是否存在小气孔等缺陷。对于同一个检测点，当波形是匀速变化的，几组声速值也基本相同，就可以判定钢管内部混凝土是密实的。而每条塔腿有 250 个检测点，南北岸两个跨越塔的检测点总共超过 2000 个。现场人员对这些点进行周期性监测，最终得到 14000 多组采样结果并进行数据分析，确保了世界最高输电塔的安全和稳固。这两项技术都是国家电网基建领域的首次创新应用。

组塔阶段，新装备、新技术、新工艺的应用也涉及方方面面。

抱杆系统的再次升级。从江阴大跨的钢结构落地抱杆到赤壁大跨越的液压顶升落地抱杆，直至此次的 T2T1500 双平臂落地抱杆，每一次升级都是江苏送变电根据解决施工难题、提升作业工效的实际需要自行研发的，屡次成为行业乃至世界范围内的第一。

T2T1500 超大型双平臂落地抱杆，是目前高度最高、起重能力最强的输电线路施工抱杆，高 432.4 米，重 1000 多吨，矗立在铁塔中间，采用下顶升的方式。同步液压机械顶升技术取代了 20 年前江阴大跨施工中采用的钢丝绳提升系统。

此次跨越塔内采用曳引式电梯，提升高度 378 米，创造了本工程的又一个世界第一，而安装电梯井筒也必然成为另一项艰巨的任务。

井筒与塔身格面通过水平钢管连接，沿高度方向设有 13 个停靠层，每个停靠层均设有走道通往 4 根主材。单节井筒长度有 5 米至 10 米，重量在 11.75 吨至 21.78 吨之间，共 17 种规格，每座跨越塔由 56 节不同规格的井筒组成。

面对如此超高超重的构件，合理的吊装方案是保证井筒顺利安装就位的关键。为此，江苏送变电技术攻关小组组织技术骨干进行吊装方案研究论证，最终确定了下部 53 节井筒采用正装法、上部 3 节井筒采用预悬浮法的吊装方案，亦即下部 53 节按照从下往上的顺序进行吊装，最上面 3 节依次吊装至下部已安装的井筒上，并将这 3 节连接为一个整体，然后将这 3 节井筒整体提升并悬浮于铁塔顶部，从而完成 3 节井筒的预悬浮吊装。井筒吊装完毕即可进行电梯的安装，也为最后的架线施工做好准备。

　　2022 年 5 月 18 日，江阴第二长江大跨越的架线施工正式启动。为确保相邻的江阴长江一跨运行安全，工程架线施工采用全封航拖轮牵放导引绳方案，通过拖轮由南岸向北岸牵引导引绳，并完成导引绳的对接，然后通过两端的牵引场和张力场对导引绳进行拉伸升空，最后通过导引绳进行导线的展放。

　　架线作业总共需要架设 2 根通信光缆和 24 根输电导线，单根导线的长度为 4300 多米，重量超过 15 吨。由于跨越距离远，封航窗口时间有限，加上导线张力很大，项目部研发使用了长距离导引绳自动液压展放回收装置，实现了 24 毫米大规格迪尼玛导引绳一次性过江并连续展放的要求。实践证明，该方案工效提高了 3 倍以上，作业时间由原来的 250 分钟缩短到 72 分钟，大幅降低了封航警戒的安全管控风险。

　　在经过多次的牵引施工，最终由高空作业人员行走在距离江面 330 米、高差达 240 米的导线上安装完成间隔棒等附属设施之后，2022 年 6 月 13 日，江阴第二长江大跨越的全部架线任务圆满完工。

　　新时代的科技发展促进了送变电施工工艺及设备技术的发展，从而让 500 千伏江阴第二长江大跨越工程仅用时 627 个昼夜，就完成了全部主体施工任务，并且创造了输电铁塔高度、铁塔根开尺寸、施工抱杆高度、地脚螺栓重量、电梯提升高度 5 项世界第一，为世界输电工程领域积累了宝贵的经验。

　　如今，江阴大跨、二跨的 4 座巍峨的跨越塔，并排屹立于长江之畔，塔尖直穿云霄。铁塔之间的导线，犹如横亘在空中的天路，蔚为壮观。这不仅仅是电力领域的宏伟工程，同时也是造福于社会的了不起的国家工程。

　　每一个大跨越都是一座地标。铁塔的高度既代表了技术的高度，也代表了一个国家的整体经济发展水平。随着新一轮能源变革的到来，智能电网、大数据等技术不断发展，输电大跨越将不断得到优化和升级，为电力行业带来更广阔的发展空间和更可持续的发展模式。

第四章

保电卫国挥热汗

第一节 国家能源布局主力军

2020 年 9 月 22 日，习近平总书记在第七十五届联合国大会一般性辩论上宣布中国二氧化碳排放力争于 2030 年前达到峰值，努力争取 2060 年前实现碳中和。以新能源为主体构建的新型电力系统高速发展，电力节能降碳大势所趋，"新能效"成为这场电力变革中的重要角色。2021 年 10 月，国务院印发《2030 年前碳达峰行动方案》，明确实现碳达峰、碳中和目标，提出了构建绿色低碳循环发展经济体系、提升能源利用效率、提高非化石能源消费比重、降低二氧化碳排放水平、提升生态系统碳汇能力等五方面主要目标。新一轮科技革命和产业革命已深入发展，能源电力系统的安全高效、绿色低碳转型及数字化智能化技术创新，已经成为全球发展的趋势。根据"碳达峰、碳中和"工作方案部署，江苏送变电运用有限资源实现最佳效果，为实现"双碳"目标做出了巨大贡献。

◎ 为了三峡绿电的送出

长江三峡，两岸悬崖陡峭，是长江水的必经之路。三峡水电站作为世界上最大的水电站，它的建成是中国改革开放以来最具影响力的大事件之一。它每小时可发电 2250 万千瓦，每天可发电 5.4 亿千瓦。这为人们的生活和环境保护都做出了巨大贡献。它不仅使我们的生活质量越来越高，而且还使地球保持绿色，使经济增长越来越快！

当然，电力的输出怎么离得开江苏送变电人的付出，他们架线搭桥，跋山涉水，将绿色的能源送达祖国各地。他们背井离乡，山川河流留下了他们坚毅的脚印。他们身处都市繁华之外，默默无闻地为社会奉献力量。

2004 年，江苏送变电承担了三峡至广东±500 千伏直流输电线路工程广 2 标段的施工任务。该线路起于广东省韶关市乳源瑶族自治县大桥镇的石角塘(2226#塔)，止于乌石发电厂附近(2407#塔)，全长 60.751 千米，共有铁塔 140 基，其中直线塔 114 基、转角塔 25 基、直线转角塔 1 基。

此工程是三峡向广东送电的重要通道，是贯彻国家电力建设"西电东送"战略决策的重要工程之一。如此重要的工程，难度也是极其巨大的。此段线路位于广东省北部山区，植被茂盛，林木密布，部分地段为高山大岭，无现成道路，交通运输极其困难。

面对如此高难度、高要求的工程，安全管理成为重中之重。虽然施工段地形地质复杂，山谷中的部分线档内需同时跨越多条 110 千伏及以上电力线，但施工期间未发生任何安全事故，达到了预期的安全目标。当问及他们是如何确保安全管理时，他们给出的回答，让人有些意外。既不是大肆宣传喊口号，也不是从上而下施压力，而是每一个人不遗余力地坚守。

为了坚定不移地践行国家绿色能源战略，江苏送变电人努力探索新型电力系统产业与技术发展方向，这既是对我国经济社会发展和能源电力深层关系的判断，也是企业增强竞争力与发展力的必由之路。这条路上，江苏送变电人用一以贯之、稳扎稳打的工作作风，推动三峡能源工程稳步前行。

那是 7 月中旬的一个早上，工会主席张晓明、工会干事张加德、政工部记者张厚林一行风尘仆仆地赶到直流三广线广 2 标段，代表公司党委、行政和工会慰问奋战在千里之外的项目部全体职工，并检查了项目部的工作。

张主席一行在项目经理李锡民、副经理张建中等的陪同下，不顾山路曲折陡峭，汗湿襟衫，走了近半个小时的山间小路，来到 2241 号基础施工现场，亲切慰问施工人员。他仔细地询问了炸山开方、材料运输、扎筋浇制的施工过程，再三叮嘱要做好安全施工措施，保护好施工人员的人身安全。由于刚下过雨，山路泥泞陡滑，张主席滑倒了，手臂划破了，他顾不上疼痛，顾不上衬衣沾上了泥巴，又赶到 2324 号施工现场。该基础正在拆模回土，张主席看到方正滑溜的基础立柱，很是高兴，提醒大家要严格把关，确保工程的施工质量。

南方的天气，连呼吸中都带着水汽。那是 12 月的一天，天阴沉沉，冷飕飕。清晨一场浓雾笼罩着曲江县乌石镇张屋村旁的大山，空中弥漫着层层潮湿的雾气。直流 500 千伏三广线广 2 标段第 6 施工组的同志们 6 点就来到了山下，因为赶到山上的 2407 号塔位还要爬两公里的山路。大伙儿早就盘算好了，2407 号是 JT1 转角塔，呼高才 24 米，只要组装赶得快，今天拿下它是没问题的。

2407 号在半山腰，抱杆在前一天已竖立好，受地形限制，抱杆拉线有两根用的是内拉线，两根用了外拉线。组装、起吊、搭接、升抱杆，组塔施工进展十分顺利。到了下午，天稍稍亮了一些，同志们干得更起劲了。有经验的老同志望望阴沉的天空，悄悄说："天可能要下雨。"下午 3 点，起吊铁塔的最后一个横担，只要再有 20 分钟，吊装组塔任务就可以结束了。随着机动绞磨的"突突"声，横担慢慢地离开地面，向它最终的工作岗位升去。

天公不作美，3 点 14 分，空中突然下起雨来，先是稀疏的几个大雨点，接下来就密密麻麻地下了起来，雨点砸在铁塔和周围的山地、树木上，耳边只听到"沙沙"的雨声。这时，横担才刚要就位。"怎么搞的，这该死的天，该死的绞磨。"大家心里是真急了，忍不住埋怨起天气和那慢腾腾的绞磨来。

这次粤北山地施工，项目部特地购买了便于移动运输的 CJM-3 型柴油绞磨，这绞磨转移起来是方便，可速度比原来的拖拉机绞磨却慢多了。这时吹起了北风，雨拼命击打着钢材、安全帽和一切可以击打的地方，丝毫没有停止的意思。怎么办？绝不能让吊件悬在空中。这是常识！

现场负责人赵群力示意大家要严守岗位、听从指挥，坚持完成吊装工作。同志们坚守着各自的岗位，脸上露出坚毅的表情，任凭风雨打在身上，钻进衣服里；塔上高空人员再次检查好安全带和所处的位置，把身子紧紧地裹在塔材上，他们虽是登高老手，冒雨施工也都经历过，但大家心中明白，任何的疏忽都可能造成无法想象的灾祸。这时，赵群力亮起他粗大的嗓门，异常严肃地指挥着起吊工作；绞磨也声嘶力竭般使出平生最大的力气。

"起，停；再起，停，降；拖根松，松！"雨中传来清晰的旗语……

与风雨经过了近半小时的搏斗，3点40分，横担吊装终于结束，银白色的横担在半空中傲然接受着雨丝的洗礼。大伙儿提着的心也终于放了下来，脸上露出了轻松的笑容，那神态好像在蔑视着这场突然降临的大雨：哼！跟我斗，没门！

尽管远离家乡，深入山区，但江苏送变电人艰苦奋斗的精神和奋发向上的朝气时刻激励着全体人员。他们用这种精神和朝气来迎接各种困难和挑战，打出一个个漂亮的胜仗。电力铁军以夸父逐日般的执着，栉风沐雨，不断总结，不断在新的高度上实现新的跨越。

三峡至广东±500千伏直流输电线路工程，作为三峡水电站的重要输出部分，对祖国的发展起着重要作用。生态优先，擦亮绿色发展名片。江苏送变电始终牢记"绿水青山就是金山银山"，着力打造环境友好型新能源"美丽工程"，一座座铁塔已成为绿色清洁的代名词。征途在星辰大海，潮涌于壮阔山河。三峡能源乘着"双碳"东风，以美生态、保民生与谋创新的坚实行动，绘出一幅生机画卷。它使我们的生活质量越来越高，也为地球的环境保护做出了贡献，奋力实现着伟大中国的强国梦、富国梦！

◎ 让天空更蓝

中国目前正处于经济持续增长期，能源需求也不断增长，这将给核电带来巨大的发展空间。从矿产资源角度来讲，核电是代替石油等化石能源的绝佳能源。在抵抗自然灾害方面，核电远远领先于风电、光伏等新能源。从经济角度考虑，核电发电稳定，可降低电网运行成本，相比火电、风电和光伏，具有更优良的经济性。

在实现"碳达峰"和"碳中和"方面，核电也是碳减排成本最低的能源。我国核电目前每年减少二氧化碳排放3.78亿吨，约相当于2亿棵树木1年的吸收量，但核能占比却远低于其他发达国家。随着经济的发展和政策的推进，核电的稳定性会促使它长期高效发展。

江苏送变电积极服务田湾核电送出电网加强工程建设，保障田湾核电安全稳定送往华东地区。田湾至徐圩 500 千伏线路是田湾核电站重要送出通道，为了扩大该线路的输送容量，缓解电力供应紧张局面，需要对该线路进行增容改造，主要包括更换田圩 5215、田圩 5216 两条单回路线部分铁塔、更换倍容量导线等工作。更换后的 400 倍容量导线的输电能力相当于 630 导线，将大大提高原线路的输送容量。

负责该工程的项目经理邱建接到施工任务时已是 2022 年 5 月底，由于任务重、时间紧，项目部赶在 2022 年 6 月中旬就要进场。当时项目部的临时驻地都还没有布置完成，就开始配合连云港属地供电公司开展工程相关的民事协调，并制订了年内完成全部基础和组立非停电区域铁塔的施工计划。与常规工程的施工节奏相比，抢出了整整两个月的工期。既为 2023 年初大规模停电换线改造施工打下了坚实的基础，也为本工程能够高效完成既定的任务铺平了道路。

这个工程的作业难度高，风险点又多，项目部管理人员及现场施工人员相互配合，确保每项作业都在安全管控内按计划实行。现在工程已渐渐进入尾声，但施工现场的每一个画面都还历历在目。

2023 年 3 月 9 日 14 时许，在连云港田湾核电送出加强工程伊芦—徐圩段 T20 号铁塔的施工现场，7 名高空作业人员在距离地面 60 米的高空吊装绝缘子串。班组长靳志锐仰头观察着塔上人员的一举一动，利用对讲机指挥高空作业，同时指挥塔下 6 名作业人员做好配合。

T20 号塔共需悬挂绝缘子 360 片，每片重达 22.7 千克，30 片组成一串，采用双串挂接的方式。施工人员采用单台牵引设备垂直起吊，为防止吊装过程中绝缘子碰撞塔身，设置了临时拉线。现场安装人员、绞磨操作手、地面指挥人员全部配备了对讲机，在吊装过程中全员精力高度集中，地面和高空人员配合密切，在确保安全的前提下完成了绝缘子串的吊装作业。

3 月 23 日那天，在位于江苏连云港连云区东辛农场伊芦—徐圩段 T9 号铁塔的施工现场，江苏送变电施工人员正在开展绝缘子串吊装作业。

"左侧钢丝绳稍微放松一点！好，不要动，稳住。"对讲机里不断传出指挥人员铿锵有力的声音，现场一派忙碌景象。

"高空作业安全防控措施要落实好，施工才踏实。系好安全带，打好速差器……"在施工现场，扩音设备对着作业人员反复播放着安全提示语音。

五月初，为了在临时停电的"窗口期"抢抓施工进度，施工人员放弃节日休息时间，坚守一线，夜以继日抢抓工期，完成田圩 5216 线最后一段的架线任务。

5 月 16 日晚，田湾核电站内 5022 开关完成合闸，田圩 5216 线送电成功。在作业人员连续几个月不间断施工的努力下，连云港田湾至徐圩 500 千伏线路增容改造工程田圩 5216 线路改造工作圆满完成。

田圩 5216 线的成功投运，标志着田湾至徐圩 500 千伏线路增容改造工程已完成近一半，也为之后能在五月底如期投运田圩 5215 线路积累了丰富的经验，为最后工程的竣工投运奠定了坚实的基础。

直到这时，项目部的全体人员才稍稍舒了口气。他们始终知道，这次工程的意义有多重大，因为它与未来电力发展的趋势有着密不可分的关联。近年来，我国清洁能源的发展非常迅速，其中核电产业是清洁能源逐步替代传统能源的重点工程。核能发电受自然环境的影响较小，成本端受燃料价格波动影响也较小。核能发电几乎不排放二氧化碳、氮氧化物，在减排温室气体、减少空气污染方面有重要意义。

回顾这个过程，项目经理邱建说："这个工程最大的难度是工程进度必须按部就班完成，因为涉及停电作业，而停电时间是早就定下来的。停电期间的工作安排很集中，每一天都衔接得很紧，每一步都不能出问题，施工作业非常紧凑。稍有不慎，整个施工计划就会被打乱。"这正是对江苏送变电人的考验，一个优秀的企业需要具备强大的组织能力，能集中力量对设备、人员进行调配，派出的施工队伍也需同时具备组塔和架线的能力，在两条线路间统筹调度，充分发挥施工效能。

2023 年 5 月 31 日 13 时 46 分，田圩 5215 线成功复役，标志着田湾至徐圩

500 千伏线路增容改造工程初步完成，后面将进行零星的收尾工作。增容改造工作的顺利完成，可有效提高田湾核电送出线路的外送能力，保障机组可靠发电。

项目现场负责人沈小春这样说："本次架线施工，连片的农田给材料运输造成了不少困扰。在道路规划上，我们尽量少改造临近土路，减少对环境的影响。"工程建设过程中，施工项目部坚持"能避开就避开"原则，最大限度保护工程沿线的农田和经济作物。

工程结束，江苏送变电人开怀地笑了，笑容像蓝天一样明快，像空气一样清新。为了实现"双碳"目标，那些汗水、那些艰苦，在强大的目标下，渐渐模糊起来。他们知道，他们个人的名字不会出现在记录电力发展的史书上，也许几年之后，已经不会有人记得他们在施工现场，艰苦卓绝地架起一座座"绿色"的高塔，但是他们的付出，会让天更蓝，会让空气更干净，能加快现代化的进程。

江苏送变电人知道核电的重大意义，知道他们付出的重大意义。田湾核电送出加强工程是国家重点能源项目的配套工程，也是江苏电网 2023 年度的重点工程，能够进一步优化连云港地区的电网结构，提升田湾核电站电力送出能力。田湾核电送出通道是全国仅有的两条涉核密集通道之一，每年可向华东电网输送 500 亿千瓦时的清洁能源，承载着清洁能源输出消纳的重大使命。

核电目前正处于"史上最大的战略机遇期"，我国将更加坚定地贯彻新发展理念，推进产业转型升级，走绿色、低碳、循环的发展路径，引导民众低碳消费和生活方式转变，实现高质量发展，引领全球在"后疫情时代"实现绿色、低碳复苏。这一举措对推进全球应对气候变化合作行动、构建人类命运共同体，具有非常现实和重要的意义。

◎ 并列而行的输电高速

中国煤炭资源主要分布在西部和北部地区，水能资源主要集中在西南地区，东部地区的一次能源资源匮乏，用电负荷却相对集中。能源资源与电力负荷分布的不均衡性决定了西电东送的必要性。

西电东送就是把煤炭、水能资源丰富的西部省区的能源转化成电力资源，输送到电力紧缺的东部沿海地区。西电东送是西部大开发的标志性工程之一，在西部开发三大标志性工程中，西电东送投资最大，工程量最大。西电东送还将带动中国设备制造业、电力工业等发展。

向上线于 2008 年 10 月开工，2009 年 12 月竣工投运；锦苏线开工比向上线晚一个月，于 2011 年 11 月完工，为最终 2012 年 6 月投运创造了条件。

向上线渝 2B 标段长 38.402 千米，锦苏线渝 2B 标段长 38.373 千米，位于重庆市武隆县。江苏送变电抽调 22 名精兵强将，其中包括 7 名党员，组建了一个实力强大的项目部，同时负责这两个标段的施工。章兵是这个项目部的项目经理，他带领这批年轻有为的精英，第一次在远离公司本部的省外挑起了大梁。

送变电人知道此次工程的难度巨大，但他们还是义无反顾地投入紧张的施工中，加入了西电东送的队伍。他们知道，此次工程有利于输送西部清洁的水能资源，缓解东部地区能源紧张的局面及环境保护压力。再苦再累，也在所不惜。章兵说："四川水资源特别丰富，这个工程就是为了向家坝水电站输出电能，算国家层面的能源调配，我们感到责任重大。"

线路大部分位于深山丛林当中，交通运输十分困难，气候条件也非常恶劣，施工难题层出不穷。标段沿线群山连绵，山陡壁峭，沟壑纵横，道路高低起伏，急转弯特别多，坑坑洼洼的路面遇到下雨天更是泥泞不堪。有时候山上还会发生泥石流，塌陷的石块直往下砸，稍不留神，就有车毁人亡的危险。

山上树高草密，又没有运输的道路，施工人员初次进去时都是带着砍刀，边砍树丛边往里走。由于树枝上的长刺会穿过衣服直接扎到身上，他们常常被树枝划得浑身是伤。有的地方茅草下就是悬崖，一不小心就有踏空坠落的危险。有的塔位离路边很远，需要翻过几个山头，走两三个小时才能到达。

这样的路况使得材料、机械运输变得特别困难。基础施工阶段为了运输砂石，项目部聘请了当地的马帮来回倒运。立塔开始后，项目部在山上搭设了多条索道，解决了部分运输的问题，有些不能架设索道的地方，工人们就只能手抬肩扛。

重庆的雨特别多，下起来常常几个月都不停止。那年的 4—6 月、9—11 月，几乎 90% 的天气都是雨天。这些连绵不断的雨天严重影响了工程的施工进度。在工期不能拖延的情况下，施工人员只有冒雨作业。夏天潮湿的雨林里密不透风，气温高达 40—50 摄氏度，汗水流得施工人员都睁不开眼睛。而到了冬天，雨林里又特别冷，他们常常被冻得牙齿打战。

施工的难题在基础施工阶段尤其突出。掏挖基础坑深在 8—9 米，土质为岩石土。在这样的土质中往下挖，施工难度很大。挖一个基础坑，快的话要 4—5 天，慢的话要 8—10 天，如果发现溶洞，基础需要移位，前面的坑就白挖了。还有一些锚杆基础施工需要在岩石上打孔，一个塔腿要打 16 个直径为 10 厘米的孔，孔深 8.5 米，一个孔钻到位需要 6 个小时，一搁基础光打孔就需要 16 天，施工起来非常困难。

由于山路进出不方便，工人们就住在山里，生活条件非常艰苦。当时，施工队员们住在一个名叫枯满的小山村里，这里生活最大的困难就是用水问题。当地百姓多年来都是靠房顶上的池子接雨水吃，小小的池子一家三口吃还可以，施工队里几十号人一池水两天就用完了。为了满足施工队的用水，食堂的师傅不得不到几十千米外的山里去拉泉水，每次 20 个桶，拉一次也只够用两天。由于用水紧张，他们都是十天半个月才能到县城的浴室洗一次澡。

江苏送变电渝 2B 标段的施工人员经受住了高海拔、重冰区、浓雨雾的严峻考验，铸就了傲然屹立的电网丰碑。项目经理章兵性格沉稳坚毅，刻苦钻研技术，精心谋划施工全局，带领锦苏工程安全优质建成的同时实现了人生的重大跨越；项目副经理戴少江忙碌于现场，将有限的放线资源统筹安排，并发挥到极致；项目总工和刚为优化施工技术方案，解决 900 大截面导线展放难题，组织技术人员进行攻关……他们组成了一个优秀的团队，长年在外忍受身心的孤寂和疏于家人的愧疚，默默奉献，坚持坚守，他们追求卓越的信念构成了建设智能电网的脊梁。

江苏送变电负责施工的向上线另一个标段又是另一番景象。该标段位于浙江嘉兴，全长 53.4 千米，有铁塔 115 基。江浙地区水网发达，线路大多位于鱼塘河网当中，只有田埂小道相通，施工特别困难，尤其是基础施工。

最困难的要数 5075 号基础。塔位处于河道当中，距离岸边有 200 多米，基础施工所需的材料、机械全部是用船运进去的，还要在水中搭建施工作业平台。如果在陆地上施工，最多也就一个月，而在这里整整用了三个月的时间。

即使是在如此艰苦、障碍重重的条件下，建设者们不但圆满完成了任务，还通过大力开展施工技术和配套机具研究，全面掌握了特高压工程施工技术。工程采取了一系列的新工艺、新方法，如线路复测采用 GPS 定位系统，钢筋连接采用直螺纹新技术，脚螺栓采用专用固定架及立柱模板支撑系统，立塔采用双摇臂液压顶升抱杆施工工艺，主材吊点接触处采用专用挂点，远程遥控直升机展放初引绳工艺等。

向家坝—上海、锦屏—苏南 ±800 千伏特高压直流输电线路工程的成功建设，是我国直流输电技术和装备的又一次重大突破，进一步巩固了我国在世界特高压输电领域的创新和引领地位，成为西电东送两条重要绿色能源通道。随着我国经济的快速发展，能源需求量不断增加，它不仅有助于优化我国的能源结构，促进经济发展，还有利于环境保护。江苏送变电人知道他们的艰苦付出一定是值得的。相信在未来的发展中，这两条绿色能源输送通道将继续发挥重要作用，为我国的可持续发展做出更大的贡献。

胜利的鲜花在汗水中绽放，荣誉的桂冠用荆棘编织。江苏送变电人见证了电网升级的跨越，创造了电网建设的辉煌！

◎ 条条银线通南北

北电南送以特高压电网为骨干网架，将北方能源基地富余电力输送至南方用电大省，缓解了南北方因相距遥远而输电困难的难题。条条银线将串联成支撑地方经济发展的能源大动脉，将清洁能源送达千家万户。

内蒙古锡林郭勒盟—江苏泰州 ±800 千伏特高压直流输电线路工程是北电南

送的重要组成部分，它首次将特高压直流输送容量提高到 10000 兆瓦，进一步促进清洁能源大范围消纳，推动能源清洁低碳转型，助力实现"双碳"目标，对确保供电安全、服务经济社会发展大局具有十分重要的意义。

江苏送变电承担了 ±800 千伏锡泰线苏 2 标段的施工任务。工程起于宿迁市沭阳县韩山镇以东（N6901 塔），途经沭阳县、灌南县、涟水县、阜宁县、建湖县、盐都区、兴化市，止于泰州换流站，全长 171.238 千米，共有 352 基铁塔，自 2016 年 1 月份开工，至 2017 年 5 月 7 日全线贯通，2017 年 5 月 20 日完成所有施工任务。

在这一年多的时间里，锡泰线面临着重重困难。

锡泰线苏 2 标段沿线河网密布，运输条件较差，小桥较多，大型设备进场困难。项目部提前对道路进行了踏勘，发现很多道路需要铺设钢板，一些危桥需要进行加固后才能达到施工运输的条件。

锡泰线苏 2 标段全线有 57 基塔位于鱼蟹塘中，政策处理及施工难度极大。施工之前，项目部管理人员需要提前与当地政府及老百姓进行沟通，一塔一措施细化施工方案，确保工程能顺利开展。

锡泰线首次采用八分裂 1250 大截面钢芯铝绞线，这不仅对施工设备提出了更高的性能要求，也是对施工技术的严峻考验。

锡泰线苏 2 标段，线路长，工期紧，先后共投入组塔抱杆 35 副，吊车 10 余部，大型牵张设备 30 余台；投入的施工人员比较多，高峰时期作业人员将近 1000 人，现场管理面临巨大压力。

面对这样的困难，项目部成立了临时党支部，陈庆飞、陈帮兵、吕爱平、王邦等党支部成员充分发挥党员的先锋模范作用，带领全体施工人员坚守在施工现场。施工人员始终干劲十足，毫无怨言。因为他们知道工程的重要性，一根根导线将通过他们的手悬挂在铁塔之间，承担着北电南送的历史使命。

2017 年 2 月 22 日中午，±800 千伏锡泰线跨越新长铁路的施工现场，锡泰线苏 2 标段的施工人员正在进行跨越新长铁路的封网施工。铁路管理部门给此次跨越施工的时间比较短，江苏送变电的施工人员需要在短短 6 天时间内，完成跨越段的所有架线施工，同时施工过程中还要保证列车的正常通行。而开始架线施工前的封网施工，则被限定在 20 分钟内完成。

铁轨旁，项目负责人陈帮兵用对讲机喊道："各位现场人员都注意，铁路已封锁，现在开始上路封网。"

施工副队长邱德源对施工人员作最后交代："一会儿各就各位，高空人员赶快上跨越架，开始放承力绳，准备拉网。上轨道人员赶快上道，连通绳索。安全监护人员一定要监护到位。"

高空人员、地面人员全部行动起来，一根根绳索迅速从铁轨上腾空。"呼啦"一声，承力绳慢慢绷紧，承托网也迅速从铁轨上方通过。

现场施工进行得有条不紊，承托网也迅速安装到位。项目负责人陈帮兵喊道："网足够高了，现场赶快收拾好多余的东西，把网固定好，列车马上来了，马上全部从铁道上撤离。"

短短 12 分钟，整个封网工作全部完成，随后列车便正常通行。

对于现场施工来说，这只是一个很小的片段。这些精心的组织、合理的安排以及全体人员紧密的配合，离不开每一位送变电人的努力和汗水。

北电南送不仅在整个国家电网范围内是个需要解决的问题，在江苏省内也要面临这样的难题。一直以来，江苏电网负荷和电源总体呈逆向分布，风电、光伏主要集中于长江以北地区，负荷中心位于长江南岸。因此，苏北富余电力需要送到苏南消纳。在过江通道资源有限的情况下，五峰山通道改造工程势在必行。该项目将利用原来的五峰山跨越塔，通过更换导线和新建两个换流站，将输电模式从交流改成直流，以此来增加输电容量。江苏扬州—镇江±200 千伏直流输电工程应运而生。

2022 年 12 月 15 日上午，扬镇±200 千伏直流输电工程在镇江正式开工。这是国内首个由交流输电改造为直流输电的工程，建成后也将成为全球输电容量最大的交改直工程。参与扬镇直流输电工程的送变电人说："这个工程把交流通道改为直流通道后，相当于能源通道从原来的一级公路改造成了高速公路，可以更快、更多地把江北的富余电力输送到江南。"

对于江苏送变电人来说，扬镇直流输电工程的线路新建施工已经是家常便饭，而五峰山长江大跨越部分的改造，他们也只需要简单的三个步骤就可以完成：拆除旧的绝缘子和防震装置等辅助设施，通过旧导线牵引新导线的方式更换导线，最后安装新的绝缘子和防震装置等辅助设施。

整个工程预计将在 2024 年的 4 月底全面竣工。扬镇直流输电工程作为国内首个交流改直流输电工程，在不新建跨江输电铁塔的情况下完成电网容量升级，实现了电网资源利用最大化，为构建新型能源体系提供了示范样板。

一座座高塔巍峨耸立，"天地"同时作业。"战天"要克服烈日、阴雨和大雾等天气，"斗地"要克服山路、沼泽和河网等不利条件……站在地上抬头仰望，工人们正悬浮在头顶进行高空作业，那就是终日劳作的江苏送变电人。他们顺着银色的平行线，将动人的五线谱画在天宇，无论白天黑夜，无论严寒酷暑。他们的肩上始终背负着沉甸甸的责任，他们不会忘记自己的使命。

江苏送变电人的付出，使得电力供应保障能力稳步夯实，全国的电网格局和电力资源优化配置能力稳步提升。江苏送变电肩负着国家能源布局主力军的重大责任，牢牢抓住机遇，凝聚各方合力，彰显"铁军"担当。

伴随河流奔腾的，是无数立于山巅、谷地、荒野的铁塔和在其间"穿针引线"的云端电网。江苏送变电人跨越千山万水，将清洁电能源源不断地送向四面八方。北电南送的建设者们扎根高山密林，在风雪里默默耕耘，挥汗如雨。他们怎么不知道苦，怎么不知道累，但他们更想看到祖国各地灯光璀璨，机器轰鸣，千家万户灯火辉煌……

第二节　临危受命的紧急抢险

　　非常的灾情，特殊的时刻。冰雪可以压垮铁塔，但压不垮"铁军"的意志；风暴可以卷走沙土，但卷不走"铁军"的信念。灾区一线的"铁军"勇敢地穿过冰山、跨越雨林，走向铁塔。一支支抗灾抢险突击队源源不断，紧急驰援灾区。江苏送变电人只有一个信念，绝不能让电力的供应和保障出现问题！天灾是一场考验，"铁军"用自己的勇敢、毅力和能力迎接着考验。非常时刻，全力保障电力供应就是对人民负责，就是"铁军"最大的责任。面对严峻的形势，江苏送变电的抢修人员紧急行动起来，共同打响电力供应的"保卫战"。前所未有的严酷气候，前所未有的万钧重任，注定了"铁军"行动的轰轰烈烈。

◎ 汗水谱写担当

　　2002 年，220 千伏谏泰线长江大跨越线路由于外力破坏发生断线事故。江苏送变电在接到抢修任务后快速响应，仅用 6 天时间就恢复了线路送电。当时，事故造成 220 千伏谏泰线有一回线路断线，导线掉落江中，另一回线路导线多处断股，跨越段北岸耐张塔倒塔，南岸耐张塔塔头受损。

　　导线断开后落入江中，江底淤泥厚，加大了牵引旧导线的难度；断线造成跨越塔局部构件受损，更换跨越塔受损构件需要制定有针对性的安全技术措施；断股导线位于夹江江面上空，处理困难。

　　所有人都不会忘记那个惊心动魄的时刻，甚至在二十多年后的今天，当年参与谏泰线抢修任务的江苏送变电人，都还清晰地记得现场的一幕幕画面。220千伏谏泰线一回线路断线后掉落江中，岸边的目击者个个焦急万分。有人这样描述："太突然了，粗壮的导线，从高高的空中坠入江里，似乎只用了一眨眼的时间。"随后赶来的江苏送变电抢修人员开始也是手足无措，但当务之急是要把断裂的导线从江水中拉到岸边。他们很多都是刚工作的小伙子，从来没有遇到过这样的情况，不知道该如何应对。其实年轻小伙子的慌张并不是因为他们经验不足，而是这样的突发事件极为罕见，小伙子的师傅们也第一次遇到这样的场景。大家很快冷静下来，现在不是震惊、慌张的时候，得用最有效的方法、最快的速度进行科学、合理的抢修。时间是不等人的，不能尽快完成抢修，带来的后果所有人心里都很清楚：不仅影响电力供应，还会影响航道的通行。

但这一次比任何一次都更加紧急。因为落入江里的导线，正随着水流的冲击，一点一点偏离线路，100米、200米、300米……时间滴答滴答地流逝，导线越来越远，每个人的心情都越来越沉重。抢修人员急忙调试好张拉设备，组织对断裂的导线进行打捞。可是依靠岸边的拉扯，效果并不明显，根本没有这样的力量抵抗江水巨大的冲击力，将导线拉回原位。随着时间的推移，难度急剧加大。

江苏送变电的现场指挥人员拿着对讲机，一遍一遍地喊着："加大力度！一鼓作气！再拉，再拉……"但是，现有的设备和人力，根本无法对抗江水的湍急。嗓子喊得冒烟，声音从铿锵有力到沙哑微弱，导线还是垂在江水中。由于水流的冲刷，江里的泥沙一层一层地覆盖住钢绳，牵引机的力量已经达到了极限。

看来依靠岸边的牵拉已经没有用了，再耽误下去只会造成更严重的损失。江苏送变电的领导当机立断，想到用江里的船把导线拉起来，相当于把导线从江底的泥沙中拔出来，使导线上升到水中，再利用水的浮力，配合岸边的拉扯，在最短的时间里将导线拉起。

这只是理论性的办法，也是目前能想到的唯一办法。已经没有时间做更多的讨论了。江苏送变电人的果断和高效，使他们的行动力非同一般。很快，一艘二三十吨的水泥船在江中待命。

江水湍急，船上除了船员，七八个抢修人员神情凝重地观察着水泥船的行驶状况。在风浪中，在湍急的水流中，且在没有前车之鉴的情况下，进行这样惊险的工作，船上、岸上和在南京总部等着消息的每个送变电人，全都屏住了呼吸。

泥沙已经覆盖住了大半的导线，要快要快。

水泥船启动了，能不能将导线拉出泥沙在此一举。船缓慢地行进着，船上人员的心已经提到了嗓子眼，岸边刚刚还在叫嚷着、吼叫着的对讲机，此刻也安静了下来。除了那艘正在缓缓移动的水泥船，世界像是静止了一般。船距离导线垂落的地方越来越近，呼吸像是在这一刻停止了一般。

船头掠过导线垂落的位置，谁也不知道它有没有将江底泥沙中的导线勾住，每个人的心跳声愈发急促。有没有成功？有没有成功？答案呼之欲出。

"起来了，起来了！"

不知谁喊了一声，导线轻微地晃动起来。

"牵引机拉足！"

没有一丝耽误，牵引机配合着江水的浮力，开足马力，直到导线从江底拉出。

这时，船上的、岸边的全体抢修人员才欢呼起来。这来之不易的第一步胜利，为抢修任务的最终圆满完成开好了头。记忆刻在了抢修人员的脑海里，他们忘不掉现场的紧张，忘不掉领导决策的果敢，忘不掉成功后的喜悦，忘不掉自己身上永远的责任和职守。

面对复杂困难的局面，江苏送变电人精心组织、科学安排，克服了施工中遇到的一个又一个困难，集中力量为抢修争取了主动权，确保抢修工作安全有序进行。

事故发生后，江苏省政府非常重视，李全林副省长要求在一周内完成抢修任务。江苏电力公司林敏副总工程师便在现场主持起了抢修工作协调会，部署了抢修工作，明确抢修工作的时间要求。实际上留给江苏送变电的抢修时间只有 6 天了。江苏送变电快速响应，各路抢修人员和机具从各个工地云集事故现场，前后累计共投入 2 个立塔队、4 个架线队。当天傍晚队伍到达现场，形成了几百人的大会战，投入了几十台大型施工设备和近 30 台施工车辆。

抢修地点位于夹江两岸，水网密布，地形复杂，交通不便。又值高温期间，地面的水汽被太阳一晒，让人仿佛置身蒸笼。北岸现场两人，一人在高空作业，一人在地面配合，上午 10 点到下午 3 点，安装完一相阻尼线。导线下面是水田，夏天的太阳一晒，热气腾腾的。站在地上还感觉酷热难当，何况在上面的人，还要仔细把波浪型阻尼线按照工艺要求，一一安装在导线上。

烈日当空，即使穿着工作服，皮肤还是像被火灼烧一样。抢修人员站在数米高的高架车上，有条不紊地完成每一道工序。汗水顺着蓝色的安全帽檐不停地往下流，他们时不时抬起胳膊快速擦掉流进眼里的汗水，又马上手握工具娴熟地进行抢修工作。

时间一分一秒过去，工作人员全力以赴地忙碌着，汗水湿透工装。时间在烈日的煎烤下，像是被拉长了好几倍。但无论怎样煎熬，现场所有人有多苦多累，他们也不愿多休息一秒。高温作业下，大家快中带稳，稳中求细。直到抢修的最后一道工序结束后，所有人才长长舒了一口气，脸上才露出了欣慰的笑容。当问到从高空下来的送变电人，累吗？苦吗？他们擦了一把汗说："对我们来说，高温作业是常态，早都习惯了。"

2002 年谏泰线长江大跨越夹江段抢修，在江苏送变电发展史上，是充满自豪的重要的一笔。江苏送变电接到命令后，迅速响应，科学组织，克服困难，圆满完成了抢修任务，确保迎峰度夏期间江苏电网的安全稳定运行，受到省委省政府和江苏电力公司的高度赞扬。

江苏送变电发扬"四特"精神，攻坚克难，连续作战，前后仅用 6 天时间，而实际工作时间只用了 5 天，提前完成了抢修任务，7 月 23 日下午抢修完成。捷报直接上报到正在溧水召开的省电力公司党委会上，引起了轰动，获得江苏省公司领导的一致赞扬，"铁军"之名广为流传。

谏泰线抢修充分体现了江苏送变电的铁军精神、匠心品质和责任意识，是江苏送变电历任领导和全体同仁共同努力、不断积累的结果，体现了江苏送变电发展过程中的文化传承，更可贵的是江苏送变电的优良传统能够得到代代相传！

◎ 守护璀璨光明

2005 年 6 月 14 日，当日晚间至次日凌晨，江苏苏北地区遭受罕见飓风、暴雨、冰雹袭击。受局部地区强对流天气影响，江苏宿迁、淮安、徐州等地区风力达 9 级以上。据初步统计，灾情造成 7 人死亡，数百人受伤。几十个乡镇灾情比较严重，灾害造成大面积厂房出现不同程度的倒塌、损坏，许多企业被迫停产，民房损坏，树木折断，农作物大面积倒伏受损，部分乡村通电中断。

在遭受了这场历史上罕见的飓风、冰雹和雷雨灾害的袭击之后，各个电压等级的电力设施均遭到严重破坏。此次灾难还造成了华东电网北电南送重要通道 500 千伏任上 5237 线 10 基铁塔倒塌。

得知情况后，江苏送变电相关领导于 15 日上午紧急赶到现场，查看灾害情况，研究抢修方案。江苏电力公司的领导也亲临风灾现场，明确指示要"力争 10 天，确保 12 天"完成抢修任务，随即组织实施紧急抢修。

在受灾最严重的泗阳县，一排排树木被拦腰刮断，不少被连根拔起，田地里还没来得及收割的小麦被冰雹砸得一片狼藉。在贤官镇赵集村，不少村民的房顶已不存在，大树压倒在房子上。据村民回忆，当时听到响声，14 岁的大孩子急忙把 5 岁的小孩抱到八仙桌下面，要不俩孩子全砸死了。村民家里房梁倒塌，一些水泥棒还挂在空中，门前一棵直径半米的树像拧麻花一样被连根拔起。

赶到现场的抢修人员看到此情此景后，眼睛湿润了。他们加快脚步，逆着风雨、摸着黑，依靠探照灯仔细查看倒塌情况，争分夺秒地开始组织抢修。由于突降暴雨，河道泛滥，乡间的道路中断了，抢修人员只能徒步前行。暴雨过后的道路特别难走，他们深一脚浅一脚，拖着满身的泥泞，顾不上休息，立即组织人员运输施工设备和应急物资。

当年参加抢修的杜国顺说："我们接到通知后立即往现场赶，由于心里着急，驾驶员把车开得飞快，几乎都要超速行驶了，赶到现场后，当天午饭都没有顾得上吃，便开始忙起来了。"灾害无情，人有情。每一位到过现场的抢修人员都被眼前的情景震惊了，灾难肆虐，席卷大地，目之所及一片狼藉。江苏送变电人却毫无畏惧，挺身而出。他们没有一句抱怨，没有一步退缩，有的只是勇往直前的抢修和坚持到底的作战。他们不言苦，不喊累，与时间赛跑，让一盏盏灯光成为天灾中最温情的希望。

江苏送变电立即行动，以最负责的态度、最迅速的行动、最严格的标准、最严密的措施，把各项工作部署要求落实到一线、落细到个人、落地到现场。

大战大考当前，哪里有急难险重，哪里就有党员冲锋在前、勇挑重担。突击队员沿着线路清除障碍，沿线树木多处倒伏，给快速抢修工作增加了不少难度。拉得出，顶得上，打得赢！在防御攻坚 500 千伏任上线风灾的大战大考中，送变电人尽显铮铮铁骨本色，齐心协力与时间赛跑，与险情较量，牢牢守住电网安全稳定，守护万家灯火。

在那些风雨交加的日子里，抢修人员冒着瓢泼大雨，穿行在过膝深的洪水之中，一件一件地运送工器具、材料物资，相互配合，一丝不苟。验电、挂接地线，在做好安全措施后，他们把地锚深深地旋进预定位置，通过拉线将铁塔牢牢地固定住。

在这场风灾抢险中，抢修人员快速行动、高效协同，发扬不怕吃苦、连续作战的电力铁军优良传统，立杆架线，昼夜奋战，全力以赴开展抢修恢复工作。一次次摔倒又一次次爬起来，雨衣外面是冰冷的雨水，雨衣里面是滚烫的汗水。

经过连续七天七夜的奋力抢修，6 月 22 日 21 时 55 分，在"6·14"飓风灾害中受损的 500 千伏任上线一次性恢复送电成功，提前 5 天圆满完成抢修施工任务。英勇的铁军不论昼夜，及时深入现场抢修，以实际行动为我们守护住了一片璀璨的光明。

当光明重现的时候，现场的江苏送变电人欢呼起来。直到当天的晚餐送来，他们才意识到，自己已经整整 7 天没有好好吃过一顿饭了。这些天，他们时常是在高塔上，啃个馒头、啃个大饼，草草解决一餐。就这潦草的几口，对他们来说，也觉得浪费了不少时间。不赶紧修好，他们寝食难安。直到 22 日的这顿晚餐，他们这才有时间多咀嚼几下，品尝可口的饭菜，露出会心的笑容……

当我们看见蓝天下电力五线谱勾勒出一幅幅美丽的图案时，当我们漫步在灯火闪烁的大街小巷时，您是否知道这美好的一切，凝聚了电力员工多少辛勤的汗水，倾注了他们多少无私奉献的爱。抢修现场就是他们与烈日赛跑的赛场，哪里有故障险情，哪里便闪耀着他们污渍斑斑的背影。他们用血肉之躯，描绘出火树银花的都市乡村和现代文明。

◎ 用热血融化坚冰

2008 年的第一场雪降临之初，人们沉浸在瑞雪兆丰年的欣喜之中，没有人能预料到接下来会发生什么。不久之后异常寒冷的天气，历史罕见的持续暴雪，被冰雪掩埋的南国大地，失去光明的城市，以及以各种姿态倒伏的输电铁塔……一场自然灾害从天而降。

也正是因为这场天灾，把电力人的心凝结在了一起，援助的力量从四面八方赶往灾区，一场与自然灾害的抗争、重建光明的战役打响了。江苏送变电是援助队伍中的一支中坚力量。在灾难降临的时候，江苏送变电人千里驰援湘、粤、浙，用热血融化坚冰，用忠诚与责任铸就了光明之路。

那是 2008 年，刚刚过完年，一收到抢险的消息，送变电的兄弟们就第一时间集合在一起，奔赴抗灾抢险第一线。

2 月 8 日，大年初二上午 11 点多，接到支援湖南电网抢修的命令后，江苏送变电立即启动应急预案，布置现场指挥调查人员下午出发，抢修物资车辆连夜启运。紧急调集人员、车辆和抢险物资，吹响了赴南方电网抗冰抢险的"集结号"。

2 月 9 日，大年初三下午，南京火车站前战旗猎猎，170 多名江苏送变电人昂首挺胸，整齐列队。按照部署，900 名抢修队员通过公路、铁路从各地陆续出发，浩浩荡荡，日夜兼程，火速奔赴广东抢险一线。

2 月 11 日上午 8 时，援粤抢险人员一到达目的地就迅速召开动员会，要求抗冰抢险任务做到"争分夺秒抢进度、一丝不苟抓质量、万无一失保安全"，并明确了此次援粤的任务：负责三峡向广东送电的唯一电力通道——三广直流±500

千伏江城线（广东段）最险要的 20 基铁塔的抢修。与会人员纷纷摩拳擦掌，跃跃欲试，只待一声令下，立即投入抢修。

就在首批抢修队员抵达广东的同一天下午，江苏送变电又接到了支援浙江主电网 500 千伏双瓯、龙瓯线抢修的紧急命令。公司当即再次调拨抢修人员赶赴浙江支援。2 月 11 日，在苏北片区值守的 4 名工程技术人员经南京转战浙江金华。2 月 12 日，首批施工人员 78 人抵达浙江省金华市武义县，浙中电网抢修工作也迅速拉开了帷幕。至此，在这次江苏电力支援广东、浙江抗冰抢险保供电的任务中，公司一共要承担 500 千伏江城线、500 千伏双瓯、龙瓯 3 条受损线路的抢修任务，这些线 90% 以上的塔位都在崇山峻岭中。为了帮助灾区群众早日走出困境，抢修时间一再提前，基本接近现阶段送变电施工能力的极限。

抢修现场的条件极其艰苦，但队员们凭借着坚忍的意志和无私奉献的精神，克服万难，攻克一道道难关。两处抢险所在地都停水停电，吃住条件极其恶劣。队员们刚到广东乳源的当天晚上就在车上睡了一夜，饿了吃口干粮，渴了喝口矿泉水。冬天的瓶装水就像在冰柜里冻过，喝完后浑身打战。后来虽然找到了接近废弃的"度假村"安营扎寨，但由于条件所限，门窗透风漏雨，抢险人员睡在地铺上冻得一夜无眠。早晨起来，被冻了一夜的脚都不能走路，洗脸刷牙都得用几乎能冰掉牙齿的水。然而，却没有一个队员抱怨。

为了加快江城线的抢修进度，现场人员周密部署，合理调度人力、物力。全体抢修队员每天 6 点出发，接近 20 点才收工，风雨无阻，同时晚上还要加班加点输送塔材。塔材运到时已是深夜，不管多晚，吊车、货车、装卸人员接到通知后都能迅速到位进行塔材装卸，等塔料倒运完毕已是凌晨。由于山坡陡峭、道路泥泞，抢险人员只好采取肩扛、怀抱、人抬的办法，将塔材运往山上。

2 月 15 日 18 点 58 分，经过两天共 25 个小时的拼搏奋战，援粤抢险队负责抢修的 500 千伏江城线首基新塔组立完成。这标志着援粤抢修工作取得阶段性成果，极大地鼓舞了抢修队员的斗志。

2 月 23 日，抢修人员展开江城线 1929 号受损铁塔拆除工作，这标志着援粤人员打响了抢修攻坚战。1929 号铁塔位于广东翁源县铁龙镇附近的银山上，距离车辆可以到达的山脚下有 3 千米路程，一边是山顶，一边是深达 600 米的悬崖，海拔 1700 多米，是负责抢修段中施工地形最复杂、施工困难最大、施工任务最艰巨的一基铁塔。抢修人员要拆除从塔顶开始的 1 段到 5 段受损变形严重的塔材，更换新塔材上去，再将受损瓷瓶换下，最后将导线挂上去。

据现场施工人员介绍，要拆除这基塔，光施工用工器具就达 6 吨，塔材近 8 吨。由于上山道路远，坡度大，最大处达 80 多度，车子无法运输，所有工器具、塔材只能全部由人硬扛运上山顶。江苏送变电的施工队长王邦说："光工器具就运了 2 天，塔材运了 7 天，最重的一根塔材达 1000 多斤，需要 16 人运输 4 个小时，才能到达山顶。很多年轻一点的职工一天下来，肩疼脚疼，第二天连路都不能走。还有 5 名职工为了抢赶工期，都是晚上挂水，白天工作，大局意识令人感动。"终于，在抢修队员的努力下，2 月 24 日 1929 号损毁铁塔被安全地拆除，抢修工作中最难啃的一块"硬骨头"被成功攻克。

施工讲科学。因冰雪封路，交通运输成为本次抢修工作中最难的问题之一，平日里几分钟的车程，现在要步行几个小时；原本登山只需十几分钟，现在手脚并用，需要爬上个把小时，有时还必须用砍刀开路，才能到达巡检和抢修地点。路滑坡陡，一不小心就可能掉到山沟里去。但是为了让灾区群众早日见到光明，抢修队员开动脑筋，科学施工，保证了抢修的进度和质量。

"因地制宜，科学施工"在这次抢修中得到了充分的体现。浙江 500 千伏双瓯，龙瓯线 96 号、100 号、101 号、106 号、107 号塔地势险峻，根本无法用人力进行塔材搬运。于是技术人员借鉴高山索道运输塔材的成功经验，搭建索道来替代人工运送塔材，这既提高了施工效率，又减少了队员的劳动强度。

合理安排施工程序是保证施工效率的重要手段。由于工期紧张，按照常规施工方式肯定不能完成。于是抢修项目部打破常规，大胆创新，在抢修现场实现了"两个三同时"，即拆旧塔、拆导线与立新塔三同时，组立新塔、布置牵张场与展放导引绳三同时。几项作业交叉进行，合理安排，争分夺秒，大大提高了工作效率。

同时加大人员投入，采用轮换制，"换人不停机"，避免队员的连续作战，使队员能得到充分的休息。安全不打折，送变电施工属于野外基建作业，最大的问题就是安全。尤其是在时间紧、任务重、环境差的抢修工作中，安全更要经受极大的考验。从江苏省公司到施工班组，各级领导和职工对抢修的安全问题都紧抓不放。

2月17日上午，省电力主要领导亲临浙江抢险施工现场检查指导工作，并亲切慰问了参加本次抢险的施工队员。他叮嘱所有施工队员，一定要注意安全，不能出任何问题，哪怕轻伤都不能有，上来多少人，回去就要有多少人；要在最短的时间里落实后勤保障措施，让广大参建人员能以最佳的身体状态和精神状态投入抢修，确保施工抢修任务圆满完成，打一场漂亮的攻坚战。

支援浙江主电网500千伏双瓯、龙瓯线抢修的郭玉珠回忆道："那一年特别冷，浮冰很厚，电塔在投运之后一直没有人去过。那里荒无人烟，风景倒是很优美，交通几乎可以算作无。实在是太艰难了！"

但是再难，能难得住智慧、勇敢、拼搏的送变电人吗？在这次抢险任务中涌现出了许多感人事迹，现场的每一个人都在感动中忙碌着，同时又都在创造着新的感动。

粤北、浙中的高山到处都留下了他们的身影和足迹。副总经理邵丽东、郭浩和总工程师钮永华一直坚持在抢修一线坐镇指挥，直接参与技术方案、安全管理、物资供应、后勤保障的方方面面。抢修现场出现了一大批优秀先进人物：废寝忘食的郭玉珠、指挥有方的吴正宝、工作狂人陶宁、热血青年夏顺俊、"后勤部长"杨学亮……

这是一场没有硝烟的战役。江苏电力铁军发扬了"特别能吃苦、特别能战斗"的优良传统，履行责任，不辱使命，终于取得了支援浙粤、抗冰抢险保供电工作的阶段性胜利。天灾一次次考验了江苏送变电人的速度与力量，每一次灾害都让他们愈加坚定与从容。冰雪消融，江苏电网岿然屹立；众志成城，灾区电网挺起不屈的脊梁。再寒冷的冬天也挡不住春天的脚步。

◎ 与时间赛跑

2016 年 6 月 23 日 14 点 30 分左右，一场威力巨大的龙卷风灾害侵袭了江苏盐城阜宁县及其附近地区。

短短一刹那间，明亮的白昼变成黑夜，电闪雷鸣，暴雨如注，狂风裹挟着砖瓦、泥沙、树干和铁皮等各种杂物在空中不断飞旋，并相互摩擦，咔嚓作响，天空下起了拳头大的冰雹。这种遮天蔽日的恐怖景象在一个地方仅仅 2 分钟后就风过天亮，恢复平静。

这场风力超过 17 级的龙卷风以惊人的破坏力量，从阜宁县板湖镇的孔荡村入境，横扫了阜宁的板湖镇、陈良镇、吴滩街道、硕集镇、新沟镇、金沙湖街道、花园街道等 7 个镇区 22 个村。

据江苏省气象局介绍，此次龙卷风的强度接近于最高级别，在美国中部平原地区发生较多，在我国并不多见。目前对风力的分级中，17 级是最高级别，但此次龙卷风的风力已超过了 17 级。

这次龙卷风强度的定级，也是依据现场的破坏状况来分析和认定的。在风灾现场，很多房屋和水塔被完全摧毁；汽车被大风抛起，并插到一个田埂旁；两三吨重的集装箱被大风抛起带到数百米外，并发生扭曲；原本在水中的重达一两吨的水泥船舶被大风卷起，倒扣在岸上；还有通信铁塔被拧成了麻花状……

6 月 23 日 16 点 51 分，江苏送变电先行抵达现场的施工队长王邦冒着瓢泼大雨迅速查看灾情，并向公司详细汇报了线路受损情况。同时，江苏省电力公司分管生产的副总经理陈庆也连夜往事发现场赶。280 多千米的路程，电闪雷鸣，越往盐城方向，雨下得越大。雨刮器开到最大，还是看不清前方的道路。到达阜宁已经凌晨 2 点多，现场一片狼藉，500 千伏田都线 278 号塔倒在地上，拧成麻花状，导线损毁严重。相邻不远的 500 千伏盐徐线的导线上则挂满了麻布、铁皮、树枝，两条供电"大动脉"均已中断。铁塔位于一片水田之中，周边大部分房屋或被大风刮倒，或已经残缺不全。

分管领导俞春华、分公司经理谢虎、技术负责人王志华立即召开会议，制订应急方案。"要不惜代价，不惜投入，在确保不发生次生灾害、保证安全的前提下，尽快完成抢险施工。"

6月24日凌晨4点30分，江苏送变电开始给先期抵达的300名抢险突击队员布置任务。"500千伏田都线材料均已落实，最迟今晚到位，220千伏两条线路材料正在一一落实。"

在应急预案的指导下，所有人员各司其职，抢险工作有条不紊地展开。施工现场争分夺秒，暴雨仍然如注。

现场300多名抢险队员开始拆除倒塌的500千伏田都线278号铁塔。由于铁塔严重变形、扭曲，螺丝松不下来，抢险队员们只能用气焊切割。三把焊枪喷出猛烈的蓝色火焰，倒塌在地的塔材被一根根切断、运走。运输人员在没膝的水里抬着沉重的角钢，步履蹒跚。

与此同时，几十名高空作业人员腰系安全绳走上盐徐线四根导线，清除障碍物并修复受损导线。有的间隔棒已经损坏，四根子导线之间没有连接固定，每走一步就会上下左右晃动，抢险人员的身体也随之摇晃，宛如雨中舞者。

6月25日上午8点，500千伏田都线278号塔材运抵现场，可是基础却位于15米宽的河流中央，四周又是水稻田，连日大雨田里水深没膝，场地不解决根本无法施工。

"干脆因地制宜，用沙包直接将河沟填平。"

"那么大的面积需要沙包量太大，根本不现实。"

一场由副总经理召集，副总工程师、工程部副主任、技术专家、负责抢险的分公司经理、总工程师、项目经理和富有多年施工经验的施工队长参加的诸葛会在现场召开。大家你一言我一语，提出方案。经过研究商量，最后决定搭设临时施工平台。

"请后勤保障组立即联系物资材料，以最快的速度把施工平台搭好，不能耽误立塔施工。"俞春华提出要求，"同时立塔人员要立即着手准备，争取立塔施工布场和施工平台搭设同时完成。"运塔材、打地钻、树抱杆、起吊，一刻也没有耽误。

6 月 26 日 14 点 18 分，整个立塔过程结束，用时 30 个小时，比计划提前了 40 个小时。6 月 24 日凌晨 4 点 30 分，施工人员开始拆除倒下的 278 号塔。同时，400 多名抢险队员开始清理相邻的盐徐线导线上的麻布、铁皮、树枝，并修复受损导线，清障修复只用了不到 5 个小时。当日 10 点，盐徐线清理修复完成。22 点，田都线 278 号倒塔切割清理完毕。

次日 14 点 18 分，铁塔组立完成，此时牵引绳早已放至塔下，抢修人员迅速将导引绳对接升空。27 日 5 点，牵张机发出轰鸣，牵线工作开始。

6 月 27 日放线，220 千伏两条线路对事故段两端锚线，共投入 450 人，8 个立塔组。

6 月 28 日 11 点，在阜宁县 220 千伏亿东线抢险现场，塔材、抱杆早已运输到位，几十个人鱼贯而入，在施工场内各个作业点散布开来。拆除 500 千伏田都线 278 号塔，次日凌晨 4 点多就到达现场，几乎是昼夜不停。

6 月 29 日 11 点 45 分，紧线、附件安装、验收全部结束，接地线拆除，田都线输电大动脉的贯通过程只用了 5 天半。亿东线从拆除旧塔开始，到立新塔、放线、附件安装结束，只用了 6 天半，兴翔线仅用了 2 天半。

7 月 1 日早上 8 点，依然下着滂沱大雨。在 220 千伏亿东线 41 号张力场看到，40 余名施工人员在王巧生的带领下，穿着雨衣胶鞋，在现场用长长的压接管将 12 根新旧导线逐根压接到一起。

安全帽檐滴水如注，他们没有丝毫停歇。这几天，铁军们基本上是每天晚上开会开到凌晨 1 点钟，回到项目部洗漱一下已经 2 点了，早上 4 点钟就爬起来。电网铁军快速高效，500 千伏田都线 278 号塔完成，即将导引绳贯通。

在这场与时间赛跑的抢修中，抢修人员切割下倒塌的塔材，每切下一根，就手抬肩扛，沿着满是泥泞的田间小路抬到几十米外的放废旧塔材的马路边。

在这场与时间赛跑的抢修中，抢修人员为了节省时间，饿了就在搭建的排架上随口吃一两口饭，累了就坐在地上眯一会儿。

在这场与时间赛跑的抢修中，暴风冰雹后，气温迅速飙升到 40 摄氏度以上，烈日在抢修人员的头上烤着，水田的热气在下面蒸着，他们汗如雨下，就像在蒸笼里一样。

在这场与时间赛跑的抢修中，抢修人员面临着暴雨顷刻间倾盆而下的考验。汗水、雨水、泥巴混在了一起，黏糊糊地贴在身上，浑身没一处干净的地方。

他们是电网抢险抢修的主力军，是一种精神的传承。他们有着完善的应急机制，是一支特别能吃苦、特别能战斗、特别能奉献的施工队伍，面对此次艰巨的抢险任务，他们的勇敢、善战，使他们得以取得如此圆满的成绩！

第三节　随时出击的变电站抢修

抢修的故事里每一幕都很普通，每一幕又都很特别；每一幕都很平凡，每一幕又都很珍贵。他们结束了这儿的抢修，又奔到那儿的险地。这个险情排解了，又跑向另一个场所。而且耽搁一分钟都不可以，必须和时间赛跑，始终战斗在抢险最前线，为恢复供电抢修赢得宝贵的时间。这里，那里，每一处"水深火热"之中，都留下了抢修队员们冲锋陷阵、上刀山下火海、无惧苦和累、不怕流血牺牲的"铁军"精神。他们坚韧不拔、敦厚朴实的身影，在各个救灾现场中光亮照人。

◎ 不简单的大清理

2013 年 6 月 15 日 18 时 23 分，±800 千伏苏州换流站极 Ⅱ 低端阀厅某换流阀的电容器在运行过程中发生故障。监控系统随即报警，同时运行人员发现某相阀塔第二层有火苗，用干粉灭火器紧急处置后，火势暂时得到遏制。运行人员随后手动紧急停运极 Ⅱ 低端换流阀组，关停空调通风系统及内冷水循环系统，并立即向上级汇报。

10 年过去了，江苏送变电人依然清晰记得苏州换流站阀厅起火抢修的整个过程。尽管在那一次的抢修过程中，并没有像以往的抢修项目那样，经历严寒或酷暑，经历数天数月不能回家。可这一次的经历却让他们久久不能忘怀，因为他们在这一次的抢修过程中，遭遇了从没有过的突发状况，但也就是这一次的抢修经历，为江苏送变电人积累了宝贵的经验，他们记住了 2013 年 6 月苏州换流站阀厅起火抢修事件，记住了那些让人难以忘记的画面。

苏州换流站阀厅起火抢修发生的地点并非户外，抢修过程也不过几天而已，相对于几十年如一日的艰苦工作而言，"几天"在江苏送变电人看来，根本是段短到不能再短的时间。但就是这几天，让很多参与抢修的人员回忆起来还是记忆深刻。

接到抢修任务后，抢修人员用最快的速度，在最短的时间内赶赴事故现场。一般来说，扑灭火情，修理设备，这本就是常规的操作流程，对于他们来说，就是轻车熟路。殊不知，这一次与以往都不相同。由于扑灭火情时使用的是磷酸铵盐干粉灭火器，且灭火过程中阀厅空调处于运行状态，气流较大，导致阀厅内壁和其他 5 个阀塔均不同程度受到粉尘污染，故障处理前必须对阀厅及阀塔进行清洁处理。

谁也没有想到，本以为简单的常规抢修操作，这一次却因为磷酸铵盐干粉灭火器的使用，在阀厅这种封闭且空调正处于运行状态的环境中，造成了这么大的影响。

抢修人员刚刚到达事故现场时，阀厅的恒温系统虽已关闭，但室内仍维持着原先舒适的温度，6 月的室外气温与这里恍如两季。但就是在这种温度、湿度都合适的环境中，江苏送变电人还是急出了一身冷汗。在阀厅内壁和阀塔污染如此严重的情况下，设备的更换和维修根本无法进行。

事发当日晚，江苏送变电接到抢修通知后，立即组织有关人员奔赴现场了解情况。第一批抢修作业人员共 10 人，于当晚 22 时到达事故现场，开始配合运行人员进行现场的封锁隔离工作，确保后期事故分析的正确性和抢修的可靠性。

6 月 16 日凌晨，经讨论初步确定了抢修计划及实施方案。作业人员开始着手准备抢修物资、机械设备和技术资料。6 月 16 日上午 8 时，第二批抢修人员到达现场，开始对极 II 低端阀厅内设备进行清理，重点清理检查阀厅内除阀塔以外的一次设备。

由于在紧急处置时使用了干粉灭火器，加上直流输电中静电吸附效应，清理工作比预想更加苦，更加难。这并不是普通的打扫卫生，因为干粉粉尘并不是漂浮在物体表面的普通灰尘，而是主要由惰性填料、疏水成分、活性灭火等物质构成，且由于静电吸附，一次清理，根本无法彻底清理干净。

为确保设备尽快抢修完成后顺利复役，抢修工作人员加班加点、连续奋战，同时针对现场均为高空作业的情况做好安全防护措施。由于现场可布置的升降车数量有限，仅有 2 辆，为保证厂家服务人员及时处理换流阀阀塔设备，江苏送变电作业人员在优先确保厂家人员使用升降车的前提下，在厂家施工间隙抓紧时间处理开展工作。

很快，新的问题又出现了，阀厅为钢构架结构，隔热效果比较差，阀厅内刚刚停止运行的设备温度较高，加上夏季高温，阀厅内温度迅速升高。由于清理粉尘的需要，空调系统不能正常运行，作业人员随即出现了胸闷等情况，但就是在这样的条件下，江苏送变电人依然没有减慢抢修的速度。他们在清洁的间隙检修、检查，两条工作线有条不紊地交织着。汗水渗透衣服，呼吸变得急促，但他们的使命感让他们无法放慢工作的节拍。

事故发生后，至 6 月 20 日期间，抢修人员经历了烦琐复杂的抢修流程：阀厅内全面清扫、更换设备、试验。清理的工作看似简单，其实任务十分繁重，需要对阀厅内套管、绝缘子等设备进行全面的清洗，其中最艰难的是阀厅顶部及墙面的清洗。先是第一遍清洗：用清水反复清擦墙壁面灰尘，擦洗棉纱要及时更换，擦洗时认真注意交界处及死角不要漏洗，然后用干棉布把清洗过的残留物及水渍彻底擦干净，严格把好第一道清洗关。接着进行第二遍清洗：用棉纱布蘸清水后再把施工面辅助清洗一遍，同时用干棉布把清洗后墙壁水渍彻底擦干净。清洗完毕后，地面、墙壁、设备要达到干净整洁，一尘不染。要知道阀厅是一个巨大的空间，有几个篮球场大，近 30 米高，清洗的工作量可想而知。

而在这大工作量清洗的背后，还有严格的技术要求。这可不是普通的清洗，尤其是对套管、绝缘子等设备的清理。由于灭火用的干粉受热后会在表面结成硬层，湿式清洁会在表面形成一个导电层并可能导致金属加速腐蚀，因此清洁工作必须要按从顶部到底部的顺序进行，先使用真空吸尘器对所有表面进行吸尘，再使用干燥的刷子清理掉残留物，然后使用干燥且不起绒屑的布把表面擦拭干净。就这样不停地更换清洁用布，还要注意擦拭时不能扬起粉尘。"比在家里擦拭家具还要小心。"作业人员回忆说。

当时正处 6 月高温期间，现场投入近 50 人持续作业，终于在 6 月 20 日顺利完成全部工作，并通过了相关单位的无尘化、无遗漏、无异常验收。抢修人员擦去身上的汗水，明天又将是新的一天，还有更多新的工作任务等着他们去完成。

6 月 20 日 23 时，经过大家彻夜奋战，极Ⅱ低端阀厅开始复役操作。21 日凌晨 3 时完成相关投运试验，标志着此次抢修工作顺利完成。

送变电人脱下被汗水浸透的工作服，连欢呼的声音都发不出来了。这一次的抢修太令人难忘，算是一次教训，也是一次宝贵的经验。江苏送变电人正是在一次次的突发事件中成长起来的，遇到困难不退缩，勇于面对，成就"铁军"般的江苏送变电人。

◎ 持续一年的接力修复

2013 年 3 月 16 日 13 时许，500 千伏凤城变凤泰 5023 开关因内部故障导致爆炸，造成了凤城变 500 千伏Ⅱ母母线失电，开关爆炸的碎片飞溅后，对本间隔及临近间隔设备均造成了不同程度的损伤。

3 月 16 日接到抢修命令后，由江苏送变电分公司副经理李刚带队的抢修小组，迅速从常州、无锡、南京等项目部组织人员 26 人及 3 辆吊车，于 3 月 17 日清晨奔赴凤城变现场展开抢修工作。

现场的情景让急速赶到的江苏送变电人大为震惊。爆炸的瓷片割断了导线，造成了多段、大面积设备的损坏。就连经验丰富的老送变电人也被此情景深深震撼，这样的大面积故障，以前从未遇到过。盐凤线 5042 流变受损、盐凤线 5256 线路避雷器受损、2 号主变 500 千伏侧压变受损、5023 开关南侧母线支柱瓷瓶受损、5647 避雷器受损、3 号主变 50332 闸刀 C 相与开关间的支柱瓷瓶受损、3 号主变 50332 闸刀 B 相与开关间的支柱瓷瓶受损、3 号主变 50331 闸刀受损、5647 压变受损、3 号主变 5033 开关受损……

但江苏送变电人立刻从震惊中回过神来，没有丝毫停歇，立刻研究起抢修方案。

首先需要人力。这样的爆炸故障，仅凭到达现场的工作人员是远远不够的。江苏送变电立刻召集分散在各地的有经验的施工人员到场。因为事发突然，很多人正在进行其他的工作。

"立刻过来报到！"指挥人员发出刻不容缓的指令。为了让凤城抢修能够顺利完成，江苏送变电人像军人一般，受命行动。其中一位员工正在床头照顾着生病的母亲，接到命令后，他拉着母亲的手，充满愧疚地向母亲道别。

为保证 500 千伏 II 母母线尽快恢复运行，抢修人员冒雨进行抢修，对第四串被飞出的瓷瓶碎片打坏的设备连接线进行了更换，将 SF_6 回收装置布置到位。

冒雨工作，这对于江苏送变电人来说并不是最困难的事情。在做更换设备的筹划、统计时，他们发现有很多设备当地并没有现货。这为抢修工作带来了巨大难度。他们一边埋头按照步骤，先对被破坏的现场进行整理，一边积极与省检修公司进行沟通和协调。

需要更换的设备相当多：隔离开关、断路器、流变、避雷器、压变、支柱绝缘子……豆大的雨点落在头上、身上，也不能分散他们的注意力。现场被破坏的设备正在加紧拆除，每个人都忙碌着，不肯停歇，但每一个送变电人的脸上都挂满了焦虑，因为更换的设备还不知道在哪里。

18 日天气转晴，久违的太阳终于从云层中露出笑靥，像是预示着会有好事发生。一大早，工人们依然在有条不紊地拆除现场损坏设备。果然，好消息传了过来，终于找到了库存的设备，并且新的设备也已经在路上了。江苏送变电人笑了，悬了许久的心终于落下了，因为他们知道，不久，这里又将恢复光明。但他们不敢停歇，一边微笑着，一边抓紧设备的更换。

每一个经历过 500 千伏凤城 5023 开关内部故障爆炸抢修的江苏送变电人都记得当时的场景。如此大规模爆炸导致的大面积停电，使得现场抢修的面积、难度都相当巨大。现场可以看到高空作业车、吊车、抢修工程车在不停工作，到处都是紫外线探伤仪、超声波检测仪、SF$_6$ 回收装置、微水测试仪等各类仪器仪表。这些车辆和设备同时在场地上铺开，但因为前期的规划相当细致，使得现场的抢修工作，忙碌却有序。每一个人、每一台机器都各有各的任务，各有各的安排。

抢修现场与运行设备之间有着明显的围栏加以隔离，安全措施十分完备。分工明确，责任到人。再大的抢修工程，在江苏送变电人的规划、安排中，都像精密的仪器，精准且完美地运转着。

抢修人员在更换了Ⅱ母 5217 母线接地刀闸损坏的瓷瓶后，及时恢复了 500 千伏Ⅱ母母线运行，保证了供电可靠性。其后，针对本次事故损坏的各种设备，江苏送变电还进行了近 10 次的设备更换工作，时间持续了一年多。

2013 年 7 月 14 日，500 千伏凤城变 5052 开关停电，需要进行绝缘连杆极柱的更换工作。时值盛夏，连日来气温逐日上升。项目部采取了多项防暑降温措施：现场准备了冰块及冰镇饮水以供职工降温饮用，预备了人丹以防职工中暑，并调整了作息时间，避开中午高温时段的户外作业。

通过一系列的措施，抢修队员们体能充沛，在紧张的停电时间内顺利完成了5052 开关绝缘连杆极柱的更换工作，并于 7 月 16 日顺利送电。

时间到了 2014 年。"五一"小长假刚刚过去，很多人都还沉浸在节日的氛围中，但是对于 500 千伏凤城变抢修项目部而言，他们度过了一个既紧张又充实的"劳动"节。

4 月 28 日上午，在运行人员操作完成并许可工作后，负责更换工作的变电施工人员开始将 5032 开关内 SF$_6$ 气体回收，然后开始拆除 5032 开关设备，更换新极柱，下午进行充气工作，29 日上午进行开关特性试验。

4 月 30 日，劳动节的前一天，凤城变项目部开始进行第三串 5032、5033 流变以及相应导线的更换。由于更换工作牵涉 1 号主变停电，对全所负荷有较大影响，因此此次停电时间仅有 5 天，而且正好贯穿了"五一"假期。

为保证抢修工作及时、顺利地完成，项目部全体人员放弃了休假，加班加点。此次抢修工作工期紧、任务重，江苏送变电迅速反应，合理调配人员及工器具，在极其紧张的抢修工期内完成了 5 台断路器、4 组流变和部分压变等设备的抢修更换工作。

5 月 4 日，在紧张的停电作业后，终于顺利完成了第三串流变的更换工作。

这次 5032 开关极柱更换是凤城变 5023 开关故障事故检修工作的延续，至此，凤城变 5023 开关故障事故进行的抢修、设备更换、500 千伏开关设备缺陷处理等工作全部完成。

主动出击，查缺消缺，确保电力供应。凡遇紧急缺陷，不论昼夜，都要及时深入现场抢修，以实际行动守护光明，这就是电网铁军的责任和实力。

◎ 再坚持一会儿

2015 年 8 月 5 日夜间，220 千伏美栖变 1 号、2 号主变因受短路电流冲击造成故障损坏。

8 月 6 日，抢修就是命令，接到抢修任务后，江苏送变电领导高度重视，第一时间亲自协调部署抢修工作。相关部门闻令而动，快速赶往现场和分公司一道组成应急抢修队。江苏电力公司运检部在现场召开故障抢修协调会，经多方协商，确定了抢修方案，决定用连云港三洋变备品变压器、苏州阳山变备品变压器替换故障的 2 台主变。

接到抢修任务后，承担抢修任务的变电二分公司组成了 30 人的抢修小组，当日 14 点就赶至现场。组织人员在现场查看情况，并成立现场抢修项目部，调集人员设备，连夜制订抢修方案。抢修小分队赶至无锡 220 千伏美栖变，在仔细勘查现场、分析任务后，编制了施工方案和安全技术措施，开始进行抢修。

公司副总经理孙雷亲自前往现场，指挥抢修工作，要求全体参与抢修人员发挥送变电人特别能打硬仗、关键时刻发挥关键作用的优良传统，在最短时间内完成抢修任务。抢修人员冒着高温酷暑开始投入工作。大家仅用了一天，就完成了故障 2 号主变与基础连接部分的拆除工作，为抢修工作开了个好头。

8 月 8 日晚，故障 2 号主变运离现场，基础虚席以待。场外，阳山变备品变压器也已完成了拆除、搬迁工作，连夜运至美栖变现场。

8 月 9 日上午，新换的 2 号主变已就位。受"苏迪罗"台风影响，抢修人员在暴雨间隙中，安装散热片附件，全力以赴保障抢修进度。

抢修队员们都记得 8 月 9 日那个晚上，雨仍在淅沥沥地下着，天很黑。连续多日的降雨，让吹在脸上的风透着凉意。

220 千伏美栖变电站内的灯光仍旧亮着，借着站内投光灯的照明，十几位抢修人员正在雨中加班加点。

"吊车起一点，再往右一点……"作业班长张尚德指挥着吊车将一片片散热片吊到主变压器上方，几位工人配合着，将散热片稳住、对准，然后用扳手将它们拧紧固定到变压器上。

每个人的工作服都已经被雨水淋得湿透，雨水顺着安全帽流到他们的脸颊上，又流落到地上。

"抢修时间本来就紧，结果老天又不作美，这几天受台风影响，天天下雨。你看，今天从下午又开始下雨，真是让人心急。"抢修现场负责人杨春雷一脸严峻地说，"雨太大的话，变压器没法安装。为了不影响抢修进度，趁现在雨小一点，我们赶紧安装变压器外的附件这些不受天气影响的部分。"

"你还没吃饭吧？"有人问。

"吃了点儿葱油饼，先垫着。"杨春雷一边说着话，眼睛一边紧盯着现场。因为投光灯的亮度有限，再加上下雨，现场作业的视线非常不好。

"吊车注意角度！下面配合的人员注意安全！"他冲不远处喊道，那里因为雨水的浸泡，作业场地已十分泥泞。几位工人踩在烂泥里，艰难地将一路油管安装到主变上。

渐渐地，雨小了些，但刮在身上的风更凉了。"阿嚏，阿嚏——"不知道是谁，打起了喷嚏。

7点半，8点，8点半……

没有人停止手中的工作，借着昏暗的灯光，他们用手摸索着，找准一颗颗螺丝孔的位置。再坚持一会儿，再坚持一会儿。没有一个人离开现场，使命感让他们忘记了饥饿，忘记了泥泞，坚守着，坚守着，不到任务完成他们绝不肯罢休。

"咱们再加把劲，抢修工作要尽量往前赶。"现场的江苏送变电人一边默念着，一边互相加油打气，一边加紧修复受损电力设备。受损情况巡视、制订抢修计划、布置安全措施、修复……抢修人员连续作战，有条不紊地开展各项工作。

抢修快一分钟，复电就能早一分钟。抢修人员通过一次次对抢修方案进行优化，大大提升抢修效率。他们克服天气恶劣、施工环境复杂等重重困难，与时间赛跑，昼夜抢修，只为尽快恢复供电。

8月24日，220千伏美栖变1号主变成功投运，标志着历经半个月的220千伏美栖变1号、2号主变应急抢修工作顺利结束。

本次抢修从8月7日开始，工期紧，任务重。江苏送变电高度重视，提前对抢修人员、设备、材料物资进行了细致的安排，并制定了详细的抢修进度计划。面对抢修中的种种困难，全体抢修成员克服困难、迎难而上，每项工作提前部署、合理安排，确保了在预定的时间内，完成抢修工作。

220千伏美栖变1号、2号主变的顺利投运离不开每位抢修成员的努力，半个月的时间内抢修人员团结一致、群策群力，顺利完成了抢修任务。

江苏送变电的工作时刻面临着时间紧、任务重的重重困难。为了节约工期，他们就像被"焊"在了工地上。江苏送变电人见证着一座座变电站拔地而起、一条条供电线路不断延伸……他们把人生中最美好的时光献给了广阔的天地。

哪里有需要就出现在哪里，哪里有急难险重就战斗在哪里。江苏送变电人挑重担、当先锋、打头阵，奋战在抢险保供电的最前沿。为了万家灯火，他们在狂风和大雨中满怀激情，用生命和汗水捍卫着建设者的荣光。

◎ 一场前所未有的"修复手术"

推动长江经济带发展是党中央作出的重大决策，是关系国家发展全局的重大战略。国家电网有限公司把支撑长江经济带发展、加强电网一体化建设作为重大任务，建成特高压苏通 GIL 综合管廊工程，实现华东能源输送通道高效运行，为长江经济带发展提供了坚强的电力保障。

2022 年 2 月 12 日，1000 千伏淮南—南京—上海交流特高压输变电工程苏通 GIL 综合管廊泰吴 I 线某 GIL 设备发生故障，在没有类似故障经验的情况下，江苏送变电等 6 家单位 70 余人通过协同奋战，历时 13 天完成了设备的"修复手术"。故障处理于 2 月 25 日完成，其精神和毅力令人惊叹。

管廊内共有 401 个气室，将 1000 千伏输电线路包裹其中，通过 SF_6 气体达到绝缘效果。每个气室就像是"电力蛟龙"的"骨节"，任何一个"骨节"出了问题，都会影响 GIL 整体的运行。

2 月 12 日凌晨 0 时 7 分，由遍布管廊的 1300 余个传感器组成的故障定位系统发出警报，一个气室的设备本体突发故障。

由于苏通 GIL 综合管廊是特高压重要的输电通道，一旦发生故障影响巨大，江苏送变电得知情况后当即安排苏州片区的相关人员赶赴现场。"接到电话后我们立马出发，当晚凌晨 1 点左右就到了现场。"这次的抢修负责人吴勇至今记忆犹新。他和庞文亮等 3 名管理人员第一时间赶到现场勘查，真是兵贵神速。

经抢修人员排查，本次故障急需对故障气室进行检测和更换，"修复手术"涉及 1 个故障气室及 4 个相邻气室。由于气室内充满了 SF_6 气体，所以第一步要完成对 SF_6 气体的回收，否则后续工作无法进行。为此，苏通 GIL 管廊站现场协调了 5 辆气体回收车、4 辆卡车以及近 200 个气瓶。

抢修的设备到位了，安全措施也必须到位，在密闭的空间作业，最怕的就是有害气体泄漏。"针对过程中可能会有部分 SF_6 气体泄漏的问题，我们给作业人员发放了便携式气体检测装置，并确保管廊内排风装置运转正常。一旦发现有害气体浓度超标，必须全员撤离。"吴勇介绍说。

除此之外，现场出现的大大小小的难题数不胜数。

GIL 综合管廊北岸引接站井口放置有安装机具及运输机具，没有办法作为运输通道，而基建施工时的临时通道早已永久封闭，也无法作为抢修通道，所有设备和材料只能从南引接站运输井进出。而南岸引接站入口为楼梯设置，气体回收车及气瓶运输车等无法直接驶入运输井口，需要运用吊车和行车进行两次吊装，才能将这些车辆吊入地下管廊入口。

南引接站运输井作为抢修装置和备件进出口，上方盖板及单边固定式围栏都要打开，导致作业人员有从高处坠落的风险，坑口防护必须布置到位后才能开展吊装作业。

5 辆气体回收车和 4 辆气瓶运输车吊装至管廊南岸隧道口，单次进出时间较长，大约需要 10 个小时。行车上下一次运行时间约 20 分钟，而整个抢修过程中行车吊装次数近百次。南岸引接站运输井是本次故障抢修装置和备件唯一的进出口，制约了抢修工序并行开展的可能，作业只能按照预定流程按部就班开展，相关工序无法并行工作。

由于当时行业内没有回收装置适用于管廊大气室作业，现有设备回收速度比较慢，又缺乏专用的大容量储罐，需要大量的人工作业，但气体处理的速度还是很慢。本次抢修在多套装置并行回收的情况下，单气室耗时约 68 小时，整个气体回收工序耗时约 83 小时，在整个抢修时间中占据了相当的比例，但这已经是经过抢修人员 24 小时连续作业后的最短时间了。

管廊站内没有可用于存放工器具的仓库，故障应急抢修施工单位和厂家需要从单位所在地运至现场，影响了一定的抢修时间。

管廊内侧空间受限，作业面狭窄，无法正常搭设绝缘检修平台，造成防尘棚搭建困难，法兰面清洁人员作业时也很不方便。

在这次抢修中遇到的每一个问题都是新问题，既没有经验可以遵循，也没有现存的方案。每一次出现困难时，抢修人员就现场研究、现场讨论、现场执行。他们的心中只有一个目标，就是让这条特高压大动脉尽早恢复运行。在隧道中工作，工人们没有交通工具，每天几个来回都要走上数万步……一切的一切，电网铁军们咬着牙扛着。

可喜的是，当初建设管廊时江苏送变电人发明的"小火车"这次又派上了用场，GIL 新旧管子进出都靠它来运输，单程需要 40 分钟，如果单靠人力，效率可想而知。

除了工作以外，抢修人员的生活也十分不容易。为了不间断抢修，20 多个人分成两班轮流作业；为了节省来回的时间，住宿就在附近找个小旅馆，吃饭就在管廊内解决，连续一周吃的都是盒饭；大家尽量少喝水，因为管廊内没有厕所，上下一次要花费一定时间。就这样，时间就像海绵里的水，被抢修人员一点一点地挤出来了。

经过 24 小时不间断作业，至 2 月 18 日 7 时，5 个气室的 9.6 吨 SF_6 气体全部回收完毕。

随后，进入设备更换阶段。虽然作业机械化程度比较高，但部分工作还是需要人力完成。在给新的 GIL 充气时，气瓶需要人工搬运。一瓶气 50 公斤，加上气瓶的重量接近 100 公斤，200 瓶的气，每一瓶都需要两个人搬上搬下。吴勇当时的感受是"大家真的很辛苦，但斗志还是很高涨的，一直在坚持"。

此次抢修期间，江苏省电力公司设备部的人员也一直在现场，时刻关注着这个属于检修二级风险作业的抢修工作。他们带着国网、省公司调度的期盼，争取抢修工作早一刻完成，早一刻缓解电网运行的压力。在抢修过程中，他们多次对江苏送变电的表现予以充分的肯定。

18 日 17 时起，故障气室被拆除并运出管廊，同时新设备运送到指定位置。

21 日 9 时，新 GIL 单元安装到位。

23 日 22 时，抽真空注气工作完成。

25 日 11 时 48 分，新气室成功通过耐压试验，具备恢复运行条件。

经过抢修人员的不懈努力，现场评估发现，G120 与 G119 之间的隔板状态良好，清理后可继续使用。本次抢修较原计划提前了 3 天完成。

这些就是抢修队员们的真实写照，他们总是能及时地出现在各个抢修现场，打好一场又一场特殊的抢修之战。再苦再累再晚，他们从来没有一声抱怨。他们用责任和奉献担当起光明使者的重任，全力保障电网安全稳定运行。

第五章

转型升级新征程

第一节 服务电网创新发展

改革开放以来，我国电力系统规模持续扩大、结构持续优化、效率持续提升，体制改革和科技创新不断取得突破，为中华民族伟大复兴提供了强劲动力。而在市场大环境下，提升科技含量和产品附加值，成为江苏送变电走上可持续性发展之路的必然选择。与此同时，随着国家特高压和智能电网建设进程的不断推进，我国电网在建设上的科技创新成果，为新一轮全球科技竞争和电网升级插上了腾飞的翅膀。

◎ "老伙计"涅槃迎新生

"这是一位为扬州市民服务了 35 年的'老伙计'。1987 年 12 月 27 日，'江都变'从江都区北郊河沟纵横的乡间草野中拔地而起，标志着江苏电网跨入超高压时代……"2022 年 3 月，500 千伏江都变电站 2 号主变增容扩建工程启动的消息，人们再次将目光投注到这个江苏省内电网的重要枢纽。

从诞生到成长，从变革到不断超越，500 千伏江都变电站华丽的履历所体现出的引领性和创新性，都彰显了江苏送变电的团结拼搏和迎难而上——

江都 500 千伏变电站始建于 1985 年，是国家"七五"重点工程，也是江苏首座 500 千伏变电站；

1999 年 12 月，二期工程投运；

2007 年 3 月，完成 500 千伏系统、主变压器、35 千伏系统扩、改建及综合自动化改造；

2022 年 3 月，工程将 2 号主变更换成容量为 1000 兆伏安的变压器；

……

经过历次改扩建，变电站不断焕发出新的面貌，其供电能力不断增强，电能质量不断改善，为江苏地方经济发展提供了可靠能源保障。花开数朵各自香，其中，于 2007 年 3 月全部竣工投运的 500 千伏系统综合自动化改造，更是成为攻坚克难、"螺蛳壳里做道场"的典范之作，不断被后来者学习。

"工程被誉为国网系统内难度最大、风险最高、工期最紧、工作量最大的改扩建工程。"今年 50 岁的谢兴祥当时是公司工程管理部变电技术专职，负责现场的技术把关，从前期的停电方案策划，到过程中施工组织、方案的编制交底、现场指导等，都与项目部和现场施工人员密切合作。他介绍说，500 千伏变电站钢结构、电气一、二次及综合自动化同时改造施工，大量施工在临近电情况下作业，类似工程在当时国内尚属首例，而江都变电站又是江苏骨干电网的重要枢纽变电站，共有 2 条 500 千伏过江线路，施工中如出现意外情况，可能会造成江苏电网南北通道的瓦解。

8 大阶段、19 个步骤、25 份施工作业指导文件，每一步停电约束条件都很多……今天，从工程当初的施工计划中，仍可看出其复杂性，而在具体施工过程中，又面临着临时增加大量工作、参建单位多、专业间配合要求高、原 ABB 技术路线二次回路繁杂、大量英文原理图需要翻译、图纸与实物不符等复杂情况。

那么，承建该工程的江苏送变电，是如何完成这项几乎不可能完成的任务的呢？

500 千伏江都变电站改扩建工程从一开始就受到了各级领导的高度关注与关心，在工程实施过程中，公司领导数次亲临现场检查指导，并对工作提出了许多宝贵意见；扬州供电公司作为分建设单位专门成立了以副总工程师为首的工作小组驻场办公，小组汇聚了扬州公司变电各专业的精英人才。在此之前，江苏送变电的管理模式是职能部门负责技术管理，分公司负责具体实施。但是，江都变电站改造项目被江苏送变电列为当年重点工程，专门安排时任副总工程师的项玉华牵头工程各项技术、安全、质量管理工作，承担施工任务的分公司抽调精兵强将组成项目部。这就是注定载入江苏送变电发展史册的江都变电站扩、改建工程项目部。项目部在开工前便提出施工图出图计划，根据停电计划明确过渡过程施工图设计及交付要求；每次图纸会审，公司工程管理部与项目部技术人员先对施工图进行审核，并将书面疑问与合理化建议汇编，递交设计单位确认。

正如谢兴祥所说："施工图问题力争做到早发现、早解决，避免正式施工时才发现错漏影响施工。"当时，技术人员还根据工程的实际情况，编写了项目齐备的作业指导书或方案，真正将"技术保安"的思想落到实处。尤其在二次回路改造过程中，技术人员仔细编制作业指导书，每一根电缆芯线均标出回路号、接线端子号，并标明拆除、接入、临时退出、永久拆除及工作时间段等要求，使接线人员一目了然。还就该方案与各相关单位仔细讨论、修改，确保不错一根线，不遗漏任何一个回路。500千伏江都变电站扩、改建工程，前后投运达11次之多，依赖于严谨、科学的管理程序，每次投运都一次成功，每一次启动都未动一根二次线，工程质量从始至终都处于可控、在控状态。

由于施工参建单位多，随着各方对工程理解的加深，工程又临时增加了母线调爬、阻波器拆除、主变低压侧增加总断路器等多项工作内容，工作计划前后修改了20多次。项目部在确保工程安全、顺利完成的同时，又尽量减少了停电时间、停电次数。比如为减少500千伏1M停电次数，合理安排工序，在1M停电作业中便将新扩刀闸与1M连通，并完善了横向电气闭锁；第2串改造计划巧妙利用时间、空间上的密切配合，避免了#1、#2主变同时停运等。

时间拉回到2006年——

江苏送变电的精兵强将，从最初入场，就以超强的业务创新能力，震撼住了所有人。戴大海时任项目部项目总工，他清楚地记得，变电站首次停电之前要进行刀闸操作，然后在现场布设安全围栏，以满足一定的施工条件。原计划停电第一天上午就具备作业条件，进行构架吊装，但是，计划赶不上变化，移交时间到了，对方操作却迟迟没有完成。几次催促之下，项目经理急得直拍桌子："不是答应好我们上午移交的嘛！"众所周知，改扩建工程停电计划一旦排定，工程进度计划便随之排定，所以，该进度计划具有一定的强制性，整体计划一环扣一环，其中任何一环脱节，都会对整体工程进度造成影响，甚至影响系统运行方式。可是，项目经理再着急，也绕不开这一步。一直到下午 5 点，现场才移交出来。

戴大海说："按正常计划的话，我们已经没法施工了，因为天快要黑了，而构架的吊装涉及登高作业等，从安全上来讲，这是不允许的。"但是，在严峻的形势面前，江苏送变电当时参与构架安装的班组，愣是在天黑前的两个小时，就迅速各就各位，最终把构架立了起来，彻底解决了这个问题。一天的工作量挤在两个小时内完成，且面临着光线不好看不清等不利因素，当时，包括扬州供电公司在内了解现场具体情况的人，都对江苏送变电竖起了大拇指。

没有条件，就创造条件，将失去的时间抢回来……江苏送变电之所以能做到这一点，谢兴祥从技术层面进行了还原。

比如，工程低穿出线构架采用了预埋螺栓的安装方式。"在我们的建议下，设计单位将 3—4 串及 4—5 串间低穿出线构架的固定方式由混凝土灌浆改成了预埋螺栓，不到 3 天时间便吊起了构架，减少了相邻间隔陪停时间，避免了常规灌浆方式给运行带来的风险。"也就是说，江苏送变电在设计之初，就对现场的方方面面进行了预判，并拿出有利于现场实际情况的方案，敢于否定常规的施工方式。如果采用原先的灌浆式安装方式，不但混凝土凝固需要时间，在混凝土凝固之前，因场地受限、邻近设备带电会带来一定的风险，且需大大扩大停电范围，也会影响电网运方。事实上，工程中后来将构架杯口基础改为地脚螺栓基础，确实减少了系统停电时间，并保证了施工安全。

出于江苏电网安全稳定运行要求，500 千伏第 3、4 串采取了半串改造、另半串继续运行的施工方案，方案大大缩短了 500 千伏过江线路的停电时间，同时维持了系统的安全稳定运行，但极大地增加了现场施工的难度和工作量。如施工过程中需多次对半串运行方式下保护、闭锁等回路进行相关改造、试验；为缩短每次母线停电时间，线路刀闸拆除后需对同期回路、刀闸闭锁回路进行修改并试验，待该间隔进行监控改造时又需重新进行相关试验；每一串改造时均需对母线刀闸横向闭锁回路进行改造试验等。

500 千伏江都变电站改扩建工程，以史无前例的复杂性和高难度，与江苏送变电迎难而上、努力创新的工作作风，达成了一次完美的双向奔赴。他们互相成就，彼此受益。当时，仅创新性地保证 2 台主变不同时停运，就受到了省电力调度中心的好评。经此一役，参与其中的人员也都得到了锻炼和成长，如今谢兴祥、戴大海等技术员都已成长为公司的技术中坚。以江都变电站本次改造为蓝本的"500 千伏运行变电站全面改造技术攻关"科技项目获得江苏省电力科技进步奖。

一滴水里观沧海，一粒沙中看世界。距今 20 多年过去了，在江苏送变电的重大典型工程中，500 千伏江都变扩、改建工程从来没有缺席。

◎ 点亮变电站的智能之路

早在 2014 年的职代会上，江苏送变电即提出全力推进新能源项目建设，提高工作人员业务素质，跟上时代步伐，满足事业发展的需要。

在新能源、新业态的蓬勃发展中，新技术、新要求日新月异。一座座变电站就像一颗颗敏感跳动着的"心脏"，一条条输电线路就像身体内的精密"血管"，共同组成覆盖区域的供电网络。从常规的输电、变电，到在新技术引领下迈向智能化，从搭建电网保障系统，到服务国家战略性的新型电力系统……江苏送变电作为综合实力雄厚的送变电施工企业，在每个精细的技术创新领域都捷报频传。

不妨想象一下，在一个纵横交错、四通八达的供电网络中，一切都杂而不乱、井然有序。一座座变电站，就像一个个智能枢纽，保证供电网络中的每一个点都能安全、低碳、高效地运行。得益于江苏送变电，这个电网中的枢纽不断转型升级，走上智能之路。

让我们把时间条往回拉：

2009 年，基于南京城区土地紧张等因素，位于唐山路西侧的 220 千伏码头变电站被设计成全户内变电站。

2010 年 12 月 30 日，国家电网首座 220 千伏新建智能变电站——西泾变电站在江苏无锡竣工投运，该站在国内率先实现了物联网技术与高压强电控制技术的全面融合。

2015 年 12 月 11 日，国家电网重大科技示范工程、江苏南京 220 千伏西环网 UPFC 工程投运。这是首个自主知识产权的 UPFC 工程，在国际上首个使用模块化多电平换流技术。

还是 2015 年，泰州海工变电站作为江苏首座标配式变电站顺利启动。由于具有节能环保、机械强度高、人机操作环境佳、安全可靠性高等特点，项目中的预制舱被视为一种新型的电力设备结构载体。

从慢慢探索到日趋成熟，从小步尝试到大步迈进，江苏电力的变电站在智能之路上开始加速奔跑。而每一个创新工程的现场，都留下了江苏送变电的身影，他们用勤劳而精巧的双手，让这一切由蓝图变成了现实。

……

由此可见，从 2009 年到 2015 年，短短的 7 年时间，江苏送变电在变电站的智能大道上动作不断。不过，我们不要忘了，在这个不断进阶的过程中，2011 年是中国"十二五"规划的开局之年，规划纲要提出，要依靠科技创新推动产业升级，面向国内国际两个市场，发挥科技创新对产业结构优化升级的驱动作用，加快国家创新体系建设，强化企业在技术创新中的主体地位。

春江水暖鸭先知。江苏送变电已然抢跑在科技创新路上。

生活环境的变化，带来了人们生活方式的改变，人们的用电需求和模式也随之发生变化。当我们在夏天贪恋室内的凉爽舒适环境时，我们当然也没有理由让变电站继续在酷热的太阳底下站岗——要为它披上好看的衣服，保证功能不受影响，且要与周围的环境相协调。据项目负责人夏磊介绍，220 千伏码头变电站是南京华能电厂送出、联通城南至城北的重要枢纽，附近有世茂滨江新城等小区，采用全户内设计可使占地面积小，放在周围的环境里看也不显眼。线路采用电缆出线，没有架空线路，能够和周边建筑协调而不突兀，变压器噪声也能得到很好的控制。

创新建设资源节约型、环境友好型和工业化的"两型一化"变电站，这就对优化电气接线、优化设备选择、优化平面布局等新技术、新材料、新工艺，都提出了新的要求。事实上，早在国家电网提出建设坚强智能电网时，江苏送变电就开始了智能变电站的相关调研工作——调研距离超过1万公里，检索国内外文献超过100篇，搜集的问题建议超过100条……为智能变电站设计和建设奠定了坚强的基石。

2009年底，经过10项专题论证，220千伏西泾变电站设计方案由于能兼顾技术创新与运行可靠、方案先进与经济合理，以智能化专题报告形式，顺利通过了国家电网组织的专家评审。大家给予的评价是"技术最先进，经济最合理"。西泾变电站采用先进、可靠、集成、低碳、环保的智能设备，综合运用智能传感、网络通信、实时监测、专家系统等技术，创造了国内智能变电站建设的诸多第一。包括在国内首次实现大规模、多参量在线监测系统的后台整合和远程应用，大大提高供电可靠性、设备使用效率及寿命。

今年43岁的王义林，当时还不到30岁，在其中负责继电保护等项目。王义林说，他到现在都还记得，在得知此项工作颇具挑战性后，他和周围的年轻人都非常兴奋。对亲历其中的技术人员来说，这个工程是一场双向奔赴，最终则是彼此成就：项目首次利用物联网技术建立传感测控网络，使常规变电站独立的各类辅助生产系统实现集成应用，与设备在线监测系统构成变电站智能巡检系统，远方的监控中心可随时掌握站内设备和辅助系统的运行情况，及时诊断、处理异常现象；首次在全站范围内大规模采用全光纤式电流互感器，为保护、测量、计量提供了全面优质的采样数据；首次建立数字式计量与常规计量的在线对比验证系统，为国家有关部门对理论上测量精度优于常规的数字计量系统的认证及推广应用提供了依据。

如果说西泾变电站是一项从无到有的工程，相当于一张白纸好画画，而南京220千伏西环网 UPFC 工程考量的则是如何对既有的项目进行优化，为变电站智能之路贡献神奇的魔力。众所周知，对城市电网中电能的流量、流向进行灵活控制，一直是世界性难题。如何通过"红绿灯"式的智能调节，控制电流的流向和流量，让电流高效流动，减少损耗，实现运行更经济？南京 220 千伏西环网进行了努力实践。

作为南京的负荷中心，220 千伏西环网用电负荷占全市近三分之一。仅 2013 年，西环网最高负荷同比增长 15.4%，线路负荷频频加重，一度出现"拥堵"现象。用专业人员的话说，大城市的电力线路就和地面道路一样，有的线路"吃不饱"，有的线路"快撑爆"，传统解决输电通道"拥堵"问题的办法，就是更换大导线或新建线路。可是，对南京西环网而言，前者需要频繁停电，显然不行。而后者，如果增加一条空中输电线，则需投资 10 亿元以上——即使有钱，新线路在本就拥挤不堪的城市中也"无处立足"，而建地下输电管廊更困难，不仅投资巨大，而且耗时长。

在此背景之下，也就不难理解，为什么国家电网会将该 UPFC 工程确立为重大科技示范工程。它将在保持南京现有网架结构不变、不新建输电通道的前提下，通过 UPFC 工程解决西环网潮流分布不均、供电能力不足等痼疾。最后，经科学测算，UPFC 提升了南京西环网供电能力 30%，相当于可替代一条投资 10 亿元以上的 220 千伏线路，并能节约土地 360 亩。

UPFC 工程的投运，有效避免了核心线路越限及拉闸限电损失，使得西环网潮流分布得更加均衡。2016 年 8 月 2 日，在一次雷击故障跳闸中，UPFC 自动保护闭锁，北通道潮流从 50 万千瓦降到 27 万千瓦，避免了故障大电流穿越线路造成的线路过负荷和设备损坏。2017 年 7 月 27 日，南京电网用电负荷创历史新高，同时造成了局部地区供电紧张。根据调度指令，南京供电公司通过 UPFC 将南京 220 千伏西环网北通道潮流由 25 万千瓦升至 45 万千瓦，避免了南通道的过负荷，保证了全市供电的平稳。

变电站的智能化，就是让变电站变得更安全、更高效、更便捷。因地制宜、随插随用的变电站，正通过江苏送变电的实践从想象变成一种现实。这就是 2015 年 7 月 23 日顺利启动的泰州 220 千伏海工变电站。与传统变电站相比，该项目在土建过程中就采用全预制装配结构建筑模式，摒弃了传统的现场"湿法"施工，从而节约了水资源、保护了生态环境。与此同时，其预制舱采用预制光缆连接技术，实现了"即插即用"的标准化连接，使一次设备与舱体内的二次设备以光缆形式无缝对接，有效降低现场施工的安全风险。泰州海工变电站还采用了户外全套封闭式的 GIS 一次设备，不受污染、盐雾、潮湿等环境影响，保证设备运行更安全，减少了维护工作量。

今天，当我们仰望天空，看到鸟儿在振翅飞翔，在为它感到骄傲的同时可别忘了，鸟儿在空中可能也会遇到飓风，遭遇暴雨，甚至被不明物体袭击。江苏送变电通过不断自我锤炼和对"四特"精神始终如一的践行，走出了独属于自己的转型升级创新之路。

对南京唐山路西侧 220 千伏码头变电站来说，施工场地从室外搬到户内，这个意义在当时是开拓性的。"由于全户内变电站数量少，所以以往的设备安装方式在这个站就不好使。即便现在户内 GIS 的变电站多了，但全户内的比例仍比较低。"夏磊说，尽管如此，码头变电站的作业还是为后续的类似项目积累了经验。码头变电站只有一栋建筑物，所有设备和控制单元都在户内，结构比较复杂，而大型工器具无法在户内作业，这就导致设备安装难度很大。这就好比，一个庞大精致的物体，要在一个密闭狭小的空间里完成一系列腾挪转移的动作。

2015 年，泰州 220 千伏海工变电站进行安装时，同样遭遇类似的难题。从外形上看，预制舱长达 12.2 米，最轻为 13 吨，最重可达 18 吨，属"三超"设备，即超长、超高、超重。再加上 220 千伏泰州海工变电站地处农村，偏僻的地理位置和狭长弯曲的道路，都为进场和就位带来了极大的难度。

"没有技术参考""没有经验借鉴""完全靠我们自己摸索"……缪江华当时任南京 UPFC 工程项目经理。他说，相较于一般变电站工程，南京 UPFC 工程的最大难点在于紧张的工期和高要求的阀厅安装环境的建立与保持。UPFC 工程的核心就是阀厅，而阀厅内的晶闸管组对安装环境具有极高的要求，缪江华在过程中做到三管齐下，即通过合理安排施工顺序，让可能造成环境污染的工作提前做完；及时督促完成通风和空调验收工作，在安装前提前启动通风和空调系统；提取无污染电动运输工具在安装时使用，保证了阀厅安装的洁净度。

西泾变电站建设同样全面贯彻"两型一化"理念，大规模采用组合电气设备并优化布置，有效减少占地；多重通信、信息技术的运用大大节约了电缆用量，工程折合少用铜材近 15 吨；采用绿色照明方案，比同规模变电站节电 31.6%；采用智能通风系统，全站节约用电负荷 25 千瓦。据了解，当时国家知识产权局受理该项目提交的发明或实用新型专利申请达 10 项之多。国家电网调研员孙竹森认为，该站完全达到了智能变电站建设的前期预想，其设计和建设水平全国领先，对国家电网系统智能变电站建设起到了引领和示范作用。

时间可以将一切淘洗而尽，但在榜样面前，总有一种力量深潜下来，成为江苏送变电勇于拓展、不断向前的精神基因。可以说，正是江苏送变电一次次对电网发展脉搏的准确把握，铸就了其一次次转型升级的新征程。

西泾变电站的影响至今仍时时被人提起。王义林说，很多时候他还会对相关技术进行复盘与总结。由于该项目对机械保护调试的要求更高，对人员素质的要求也更加严格，需要不断地学习和提升。"从技术革命角度来说，最牛的就是把电信号转换成了光信号，所有的处理都是对光信号的处理，相当于将模拟量变成了数字量。"而以光纤替代电缆进行信号传输，则增加了隐患排查难度。尽管机电保护总体原理和模型没有变，但挑战依然存在，比如使用的调试工具跟以前完全不一样，调试的手段也跟以前完全不同等。在对智能终端等过程层设备缺乏调试经验的情况下，江苏送变电的相关人员一边摸索一边总结，形成了一套完整的智能变电站调试方案，为国内同类智能变电站的建设调试提供了样板。

作为国家电网重大科技示范工程，南京 220 千伏西环网 UPFC 工程试验性、引领性、标杆性的意义不言而喻。更重要的是，它提供了优秀的电网发展和人才培养平台，对国家电网日后 UPFC 工程建设及运维起到了重要指导作用。在此之后，作为世界上电压等级最高、容量最大的统一潮流控制器工程，苏州南部电网 500 千伏统一潮流控制器（UPFC）示范工程，又一次落到缪江华的肩上。其时，苏州 UPFC 工程的主接线图、后台界面、部分控保程序等，都受到南京 UPFC 工程的影响，运行规程、设备编号等也有所借鉴。苏州运行检修人员，还分批次到南京驻站跟班学习运行管理经验。

从南京到苏州，从重大科技示范工程到示范工程，标准不一样，但江苏送变电创新求变的基因却一直涌动其中。苏州 500 千伏 UPFC 工程不仅仅是电压等级的提高，更有 500 千伏进线与对侧站采用 GIL 联结这一难题。缪江华和他的团队精心研究了一种可移动式升降 GIL 运输装置和一种移动式 GIL 防尘室，运输装置节约了人力资源，提高了工作效率，并且传送电能的介质为 GIL 管道，而防尘室的可移动与可折叠这两大特性，在安装时确保了高效、快捷，不仅节省了空间，还完美地解决了此项难题，并就此获得了两项国家发明专利。

泰州 220 千伏海工变电站项目同样积累了丰富的施工经验。正如相关负责人杨春雷所说，安装过程一不小心就会出错，他们必须十分认真负责，才能圆满地完成任务。

很多时候，圆满是一个虚词。但对江苏送变电来说，圆满成了一个实实在在的动词，在不断转型升级过程中，它呈螺旋形不断往上，往上，成就了人们对圆满的所有想象。

◎ 五峰山通道的前世今生

很长一段时间内，五峰山都是一个热词。

2021 年 12 月 11 日，连镇高铁淮镇段正式通车运营，其关键性控制工程——五峰山大桥也正式通车。

五峰山，位于镇江境内扬子江南岸，海拔 142 米。其独特的地理位置，决定了这里成为一座军事要塞。1949 年 4 月 20 日，百万雄师即将过大江。在国共双方紧张对峙的特殊时期，英国"紫石英号"军舰突然出现。在不可避免的炮战中，"紫石英号"驾驶室被炮弹洞穿后航向失控，最终搁浅于五峰山所处江段附近。

新中国成立后，五峰山通道迎来新的篇章，在江苏送变电副总经理夏顺俊的讲述中，五峰山通道的前世今生得以清晰地铺展开来：1960 年江苏第一条长江大跨越——110 千伏镇扬线长江大跨越建成，一座木头塔在五峰山拔地而起；1967 年 7 月，在木塔东侧，220 千伏五峰山长江大跨越建成；1984 年 9 月 16 日，

220 千伏五峰山大跨越双回路改造竣工；2018 年 7 月 11 日，220 千伏五峰山长江大跨越输电塔爆破拆除工程顺利完成；2019 年 12 月 3 日，220 千伏五峰山长江大跨越升高改造工程竣工，长江两岸的新跨越输电铁塔正式上岗；2022 年 12 月 15 日，江苏扬州—镇江±200 千伏直流输电工程正式开工，这既是国内首个由交流输电改造为直流输电的工程，也是对原有 220 千伏五峰山长江大跨越进行改造。

一个五峰山通道，寄托着江苏几代电力人的梦想。作为江苏艰苦创业、经济腾飞的缩影，同时也是国家长三角核心区域发展的现实反映，它在构建国网新型电力系统中贡献出了卓绝的江苏力量。

时间来到 63 年前，那年 4 月，新中国自行设计、建造的第一座大型水电站——新安江水电站第一台机组开始发电。而在江苏，基于南部和北部地区发、用电不均衡，急需联网，江苏第一条长江大跨越线路——110 千伏镇扬（镇江—扬州）线的架设就变得迫在眉睫——为改变苏北缺电，支持苏北发展生产，宁常线升压为 110 千伏运行并延伸 20 公里至大港，由五峰山跨江送至扬州发电厂。从时间上来说，它比南京长江大桥建成通车还早了 6 年，从物理空间来说，它是电能在江苏境内第一次实现"空中"跨江。

1960 年，中国正面临严重的经济困难，但大家仍勒紧裤腰带搞建设。

110 千伏镇扬线大跨越线路全长 52.44 千米，跨江距离达 1593 米，由于当时钢材奇缺，工程只能以木代钢，在五峰山上竖立高为 27 米的承力杆，北岸采用高为 84.5 米的木塔，沥青防腐，上、中、下三层拉线固定。当时，江苏送变电的工人们在长江边架了几口大锅，把一段一段的木头先放到沥青里煮，用来防腐，然后在地上将一节节木头连接好，组成塔的形状，用多层拉线固定，这才把塔立了起来。这座木头塔，原设计服役 3 年，结果却出乎所有人意料，安全无事故地运行了近 20 年，成了国内绝无仅有的"塔坚强"。

60 多年后，江苏扬州—镇江±200 千伏直流输电工程在此开工。同样的地理位置，同样是对电网跨越辉煌的创造，却脉络清晰地展现了江苏送变电一直沿袭下来的企业文化。滔滔东去的长江水，见证了江苏送变电人的迎难而上和坚强不屈。

60 多年前，那时候没有现代机械技术，主要靠人力运输，而建塔需要跋山涉水，只能通过人拉肩扛，将建设物料运到工地。那时虽然出现了汽车绞磨紧线，但在工程现场，仍然以人力绞磨紧线为主，压接导线全部依赖施工人员的双手，靠封江垫船来展放牵引绳……

1967 年 7 月，在木塔东侧，220 千伏五峰山长江大跨越建成，一座全高 106 米的烟囱塔树立在五峰山上，将镇江谏壁发电厂的电力源源不断地输向苏北地区。由于当时物资匮乏，钢材有限，只能用钢筋混凝土作塔身，只在塔顶装了 8 米的钢材顶架，与 98 米高的钢筋混凝土圆柱筒结构连成整体。即便如此，这座钢筋混凝土的输电塔，在当时仍属于十分高的建设水准。当时物资实在匮乏，不得不用钢丝绳作导线，这也为后来 220 千伏五峰山长江大跨越因负荷过载发生断线埋下隐患。

意外发生在 1975 年，尽管工程投运后悉心运维，但 220 千伏五峰山长江大跨越，还是因负荷过载发生断线，断线直接落入长江。这对当时的电网来说，可是一件惊天动地的大事。情况紧急，又没什么施工设备，工人们只能卷起袖子用手抬，光是从江底淤泥里打捞断线就花了一个多月。由于断线非常锋利，有些工人身上不慎被割出了伤口，更有工人因伤口感染而倒下。

教训是惨痛的，但 220 千伏五峰山长江大跨越仍为后人留下了可歌可泣的事迹。这些事迹所提炼出的"四特"精神，已成为江苏送变电绵延不绝的传承基因，与无上的荣耀一起载入发展史册，并随着时间的推移不断给人以鼓舞和启迪。

由于烟囱塔位于山顶，山坡较陡，施工时，老一辈电力人在山坡西南角设置了一座 56 米的升降塔，并用竹栈桥与山顶连接，采取人力和机械相结合的办法，将近 5000 吨施工砂石等材料运输至山顶。5000 吨是什么概念？不妨想象一下，一辆装满货物的卡车大约为 25 吨，5000 吨就相当于 200 辆装满货物的卡车。

时间改变了一切，随着时间推移，220 千伏五峰山大跨越工程钢丝绳输电导线电阻大的弊端愈发显现。1978 年 5 月，在客观条件稍微变好之际，当时的江苏电业局决定把钢丝绳更换成钢芯铝绞线。换线期间，江苏送变电的工人们就住在半山腰搭的临时工棚里。江边潮湿闷热，蛇虫叮咬、高温晒伤对他们而言都是家常便饭。上山、爬塔、抽线、放线，那时连牵张机这些设备都没有，全靠人工，他们早晨带上一袋干粮一瓶水，只要上塔，一待就是一天。

1984 年 9 月 16 日，220 千伏五峰山大跨越双回路改造竣工，老烟囱塔具备了双回路运行条件，送电能力扩大一倍。在放线过程中，施工人员创新提出用拖拉机绞磨与钢丝绳牵引导线的方法，在当时开创了输电线路施工用机械牵引导线的先河，很快就被全国同行借鉴，并沿用至今。

值得一提的是，作为江苏境内首条跨江的 220 千伏输电通道，同时也是国内最早一批的长江大跨越输电线路，220 千伏五峰山大跨越工程是苏南、苏中电网重要的联络通道，是最早的淮南送电上海输电线路走廊的一部分，亲历了长三角电力一体化的伟大进程。

从 1967 年到 2018 年，老烟囱塔光荣服役达 51 年之久。取而代之的是新跨江铁塔，就屹立在老烟囱塔曾经轰然倒下的山顶。在这 51 年的时间里，中国经济发生翻天覆地的变化。诞生于半个世纪前的产物，显然已不能满足新时代的发展现状。

由于地理条件限制，跨长江输电问题一直是限制江苏电力一体化发展的重要瓶颈。五峰山大跨越输电线路的更新换代，有效提升了长江两岸电网互联互通、互补互济能力，为长江北部地区的新能源消纳提供助力。此外，由于江苏风电、光伏正处于高速发展阶段，但新能源装机主要集中在苏北，而江苏主要能源消费区则位于苏南，生产和消费的逆向分布造成"北电南送"电力规模不断增大，仅靠现役过江通道输电难以为继，五峰山电力"大通道"的建设除了增加一条 500 千伏的线路横跨长江，原有的 220 千伏的线路，也在不断地升级改造中再创辉煌。

2018 年 7 月 11 日，220 千伏五峰山长江大跨越输电塔爆破拆除工程顺利完成，标志着长江南京以下 12.5 米深水航道通航净空的最后一关被正式打通，这意味着，5 万吨级货轮可从海上畅通无阻直达南京港。而在此之前，五峰山跨江线路设计允许的最高船桅高度为 37.46 米，是根据当时东海舰队船桅的高度设计的。随着经济发展，长江上的船越来越多，也越来越大。跨江线路的升高改造，加速了长江航运驶入"大港大船"时代，而江苏送变电再次留下了深深的印迹。

2019 年 6 月 24 日，全高 162 米的新跨江铁塔成功结顶，如同浴火重生的凤凰，重新展翅于长江天际。更高的塔身，将导线抬得更高，导线最低点距江面已达 53.96 米。

面对更高的施工难度、更复杂的施工要求，施工装备和条件也已是今非昔比。施工中，从以前使用红、白旗、哨音作信号，到使用无线电对讲机，安全与质量的保证体系逐步建立，劳动防护措施也越来越完善。

2019 年 11 月 14 日，随着海事部门封航完毕的许可下达，新南跨越塔建成后，首次封航架线正式拉开序幕。相比老线路使用钢丝绳作为导线，新线路使用的特强钢芯铝合金绞线的强度是普通线路导线的 3 倍。相比老线路只有单根导线，新线路有两根导线，输电能力也较原来提升 5 倍左右，并使用间隔棒防止导线交叉。

2019 年 12 月 3 日，220 千伏五峰山长江大跨越升高改造工程竣工，长江两岸的新跨越输电铁塔正式上岗。新跨越塔全高达 161 米，船舶最大空载高度由原先的 37.46 米，提升至 53.96 米，可实现 5 万吨集装箱船满载双向同行，航道总运力提高 50% 以上。

一方面要加强上级配套电网的建设，另一方面也要将新能源送入苏南负荷中心。五峰山电力"大通道"的建设，并没有止步于此。

2023 年 3 月 21 日上午，江苏扬州—镇江 ±200 千伏直流输电工程（简称扬镇直流工程），在扬州市江都区宜陵镇白塔村举行线路开工仪式。世人的目光，再次聚焦五峰山。

扬镇直流工程是我国首个交流改直流输电工程，工程利用现有五峰山大跨越，将交流输电改造为直流输电。五峰山大跨越是江苏首条跨江的 220 千伏输电通道，一直以来，江苏大规模风电以及 65% 左右的光伏，分布在长江以北地区，需要通过跨江电力通道，输送到长江以南电力需求量大的地区。

该改造工程将五峰山大跨越的输电能力，由原来的 50—60 万千瓦增加到 120 万千瓦，远景输送能力可提升至 360 万千瓦，有效减轻现有过江通道的负担，极大提升"北电南送"的断面能力，满足清洁能源资源在江苏乃至长三角地区优化配置的需求。该工程采用 ±200 千伏直流输电方式，单回直流输电容量最大约 120 万千瓦，新建换流站 2 座。直流线路起于扬州市高邮市司徒镇少游换流站，止于镇江市大港新区金东换流站。全线路径全长 109.839 千米，途经扬州市高邮市、江都区、广陵区和镇江市丹徒区、镇江新区等地。

直流线路工程将于 2024 年 2 月全线贯通，在 2024 年 4 月经系统调试后正式投运。

在五峰山电力"大通道"，一座座跨江输电塔，见证了江苏乃至中国能源配置格局逐步完善，见证了"中国制造"转型"中国创造"，更见证了长江经济带的高速发展。作为参与者、见证者，江苏送变电人与有荣焉。

第二节　电网"保健医生"

随着科技进步，电力系统也变得越发智能。如果把城市电网比作人，电网设备装置就像是人的一个个"器官"，它们时刻都在为城市电力运行服务。那么，在日常运维当中又该如何确保这些"器官"的健康呢？那就需要与时俱进的电网"保健医生"。"望、闻、问、切"，自然是少不了的，对"病源"的追根溯底，也体现了一个电网"全科医生"的知识储备与丰富的实战经验。

◎ 电网也需要"保健"

2023年初，江苏送变电新成立了检修管理部，担任主任一职的是一名80后，部门里是清一色的年轻骨干，朝气蓬勃的年龄也符合新部门的气质。

检修管理部主要负责江苏省内特高压交流站、换流站及线路的年度综合检修工作，也负责500千伏及以上交直流站及线路的定期检修和应急抢修等工作。专业的人干专业的事，江苏送变电这些检修管理人员，犹如电网的"保健医生"，为电网的健康运行保驾护航。

目前，江苏送变电负责年度综合检修的变电项目有±800千伏苏州、泰州、淮安、姑苏换流站，±500千伏政平换流站，1000千伏东吴、盱眙、泰州交流站以及1000千伏苏通GIL综合管廊、500千伏苏南UPFC等10多个项目；线路项目有直流±800千伏复奉线、锦苏线、锡泰线、雁淮线及交流1000千伏盱泰Ⅰ线、盱泰Ⅱ线、吴塘Ⅰ线、吴塘Ⅱ线、泰吴Ⅰ线、泰吴Ⅱ线、淮盱Ⅰ线、淮盱Ⅱ

线共 10 多条线路。对于这些江苏省内的特高压交直流站、特高压线路及重点项目，需要对它们开展针对性的"保健"工作，让这些电力"心脏"、电力"动脉"更加强劲有力。

每年一次的年度综合检修，犹如人的体检一样，对"全身"进行综合检查，做一些必要的检测、试验项目，及时消除一些零星缺陷，更换一些"带病"工作的设备或元器件，防患于未然。

走进特高压交直流站和特高压线路年度综合检修现场，可以亲身感受大型"体检"的场面，江苏送变电上百个检修施工人员犹如一个个经验丰富的主治医生，按照工作计划有条不紊地忙碌着，他们是如此仔细，不放过任何蛛丝马迹。

2023 年，仅±800 千伏泰州换流站停电检修期间，共开展例行检修项目 26 项、特殊检修项目 2 项、技术改造项目 2 项、消缺项目 32 项、隐患治理项目 2 项、精益化提升项目 1 项、重点检查验证项目 62 项。这是一张沉甸甸的"体检表"，检修的种类、名目达 100 多项，包含了全站的方方面面。

年度检修有个显著特点，就是计划性非常强，必须在预定的作业时间段内完成所有的检修任务。因为是停电作业，而停电的时间在年初就确定了，所以检修的时间不能随意更改。

5 月 24 日至 5 月 30 日，双极停电区域设备检修，主要包括换流变、直流场、阀厅、接地极等例行检修预试，建筑物及电缆沟等辅助系统检修维护，双极直流区域设备相关技改修理、隐患治理等特殊性项目；

5 月 24 日至 5 月 30 日，1000 千伏滤波器场#61M、#62M 设备检修，主要包括母线设备及滤波器设备检修、消缺；

5 月 24 日至 5 月 30 日，500 千伏 GIS 室内开关间隔设备例行检修、试验、消缺；

5 月 24 日至 5 月 28 日，500 千伏 #64M、#65M 设备检修；

5 月 29 日至 6 月 2 日，500 千伏 #63M 设备检修。

短短的 10 天时间，按照"体检清单"分区域开展检修工作，一个不漏地完成所有项目。江苏送变电检修管理部主任陈泳说："对于特高压站的年度检修，是公司每年的常规工作，这些站当时基本是我们公司施工建设的，我们在专业技术、施工经验上都有优势，而且对设备非常熟悉，我们有能力有责任把这些特高压站维护好。"

特高压线路的年度"体检"与交直流站一样是不可或缺的，2023 年 1000 千伏盱泰 I 线的年度综合检修安排在春暖花开的 4 月进行，从 4 月 1 日到 4 月 10 日，一共 10 天时间。

检修人员对 40 基铁塔登杆检查，5 处耐张段导线走线检查，这算是普通常规检查；对 36 基 28800 片瓷质绝缘子喷涂 RTV 防污闪涂料，这是给绝缘子加穿了一身防护服；对 31752 片绝缘子零值检测，更换了 18 基 28 片零值绝缘子，这是对"体检"发现的"疾病"当场"治疗"；更换部分发热复合绝缘子，对部分复合绝缘子进行憎水性检查等等。通过线路检修人员的集中工作，1000 千伏盱泰 I 线焕然一新，又开始了高负荷地输送电能，保障电力主干网的稳定运行。

作为电网的"保健医生"，检修人员除了对电站和线路进行年度"体检"外，还有日常的"门诊"服务。当设备出现"病灶"时，需要对其进行对症下药地"治疗"，一台断路器，一组流变，一台主变，只要出现问题，检修人员一到马上就"药到病除"。

当设备出现严重问题，或是遭到龙卷风等外力破坏时，将会导致故障停运，这时就需要看"急诊"，检修变成了抢修，江苏送变电一得到通知，就会马上安排抢修人员以最快的速度赶赴故障现场，每一次都会出色完成"出诊"，将电网的损失降到最低。

谈到检修工作未来的发展，陈泳认为需要借助科技的手段，紧紧把握数字化技术迅猛发展的机遇，进一步提高检修的质效，利用先进的仪器和工具，尽量减轻人的劳动强度。从点到线，由线到面，再由平面到立体，江苏送变电的检修人员对电网的"望、闻、问、切"，正在专业技术、先进设备的加持下，通过智能化管理日趋完善。

◎ 为苏州换流站"号脉"

±800 千伏苏州换流站是 ±800 千伏锦屏—苏南特高压直流输电工程的受端站，位于江苏省苏州市这个用电密集地区，于 2012 年 12 月正式投入运行，至今已经运行 10 余年了。

苏州换流站建设时所用的设备当时还是比较先进的，随着科学技术的进步以及管理要求的提高，需要对换流站设备进行"号脉"，进行一次全面的大检修，同时对部分设备进行升级改造。

对换流站设备进行检修需要在停电的条件下作业，而特高压换流站停止运行对电网的影响巨大，所以停电检修的时间非常紧张，计划于 2020 年 3 月 31 日开始，4 月 17 日结束。江苏送变电派出专业的"医护人员"对苏州换流站进行"诊断""治疗"，现场施工负责人刘铁柱说："前面需要准备时间，最后 3 天还要验收，所以我们施工作业的时间只有两个礼拜。虽然我们每年都负责年度检修工作，但这一次的工作量特别大，尤其是还增加了消防提升改造和光 CT 外移等工作。"

兵马未动，粮草先行。江苏送变电副总经理凌建亲自到现场召开多次协调会，组织审核施工方案，提前部署现场工作，10 台吊车，10 台升降平台车，4 台曲臂车，4 套真空滤油设备，4 个 30 吨油罐，于 3 月 30 日前全部进场就位。

4 月 3 日，对苏州换流站的"号脉"工作进入实质性阶段，江苏送变电调试人员对 ±800 千伏苏州换流站极 I 高低端、极 II 高低端换流变压器、站内干式变压器、直流场双极中性线、交流滤波器场地的避雷器、流变等一次设备进行预防性试验。调试人员认真细致开展试验，严把试验数据关，对苏州换流站的一次设备给出了真实有效的"体检报告单"，为本次年度检修工作顺利推进做好了支撑。

本次检修首次应用"特高压晶闸管绝缘性能测试仪"，为站内 100 多个晶闸管检测了绝缘性能，评估其健康状态，以指导精益化检修开展。测试仪采用可控的暂态高压脉冲，既能有效检测出晶闸管的老化情况，又能将测试电压控制在设备可承受限度内。与以往的测试方法相比，现场无需拆卸引线，工作效率提升约5倍。

在换流变压器区域，这次检修增加了"有载分接开关"在线监测装置。"有载分接开关"是换流变压器中的关键部件，在线监测装置能够通过监测开关切换过程中的机械振动、电机电流、转动等信号，实时掌握"有载分接开关"运行状态，以及时发现、预警隐患与缺陷。

消防系统的工业互联网升级改造，是本次集中检修的"重头戏"。添加了阀厅涡扇炮灭火机器人、挑檐式泡沫消防炮等新设备，与原有消防系统有机结合，形成集火灾探测、智能联动、功能配合于一体的智慧消防系统。以前从发现火情到扑救最快也要十几分钟，现在可以实现火情预警、扑救的秒级响应。

施工人员在每个阀组换流变上方挑檐处，安装了4门电控压缩空气泡沫炮，射程可达50米，用水量小，灭火性能好，降温效果显著，能有效防止复燃。在换流变套管穿墙区域安装了可拆卸防爆门，当换流变发生爆炸或出现其他极端情况时，可有效减小对阀厅设备的损害，为消防安全增加了一道牢固的防线。此外还进行了全站消防自动化系统改造，换流变排油系统改造，阀厅加装涡扇炮，换流变加装泡沫消防炮等项目。

刘铁柱介绍说："这次消防改造最难的是换流变区域的改造，苏州换流站有换流变24台，备用换流变4台，我们要在极Ⅰ高低端、极Ⅱ高低端轮流停电间隙进行流水施工，当时变压器上中下三个作业面上都有人在干活。"其他换流站也进行过消防升级改造，以前需要6个月的工期，这次江苏送变电花了两个礼拜的时间，就完成了80%的改造内容，除了涉及土建施工的项目外，电气部分的改造基本完成了。

江苏送变电通过极其周全的组织和细致的安排，在短时间内完成了如此多的消防改造工作，令同行人叹为观止。施工期间，邻省的兄弟单位听说后，专门组织相关人员前来参观学习，为同类型换流站的消防升级改造，吸取了十分重要的施工经验。

此次苏州换流站集中检修还有一个特殊的任务，就是把光CT从阀厅里面移出，为以后运行检修提供便利，涉及 400 千伏光 CT4 只、150 千伏光 CT2 只。这项工作需要设计人员到现场测量后才能设计出图纸，由于当时正处在"新冠"疫情防控期间，西北电力设计院的设计人员无法来到现场。为了不耽误这项工作的开展，江苏送变电的技术人员在现场干起了设计的活，他们经过测量、设计后，绘制出金具加工图，然后委托南京线路器材厂加工生产，最终圆满完成了光CT 的外移工作。

在这次苏州换流站年度检修期间，江苏送变电负责现场施工的总体协调，投入 300 多名施工作业人员，协调厂家配合人员 100 多人，现场施工作业人员前后共计 450 多人，54 个施工作业面，每一个面上都有江苏送变电的施工负责人和安全监护人。经过全体人员历时 2 周的艰苦奋战，共完成常规修试、大修技改、隐患排查治理和消防提升等项目 256 项。

当问及现场负责人刘铁柱，在工期这么紧张，作业面如此之多，是如何面对这么多困难时，他说："也没什么，大家一起想办法，'车到山前必有路'。""车到山前必有路"，这是江苏送变电人面对困难时的自信，他们从未想过退却，只有一往无前的奋斗精神。

江苏送变电针对苏州换流站集中检修时间紧、技术要求高、工作量大、交叉作业面多的特点，精心编制了作业方案、各类标准作业卡、验收卡 960 余份，全过程开展项目精细化管控，优化作业面工作安排，合理增加作业机具和工作时间，及时分析解决现场"卡脖子"问题，确保了集中检修工作顺利完成。

2020 年 4 月 17 日，江苏送变电完成了苏州换流站的年度集中检修工作，为设备全面进行"体检"和"疗养"。通过这次"保健"性集中检修，尤其是对消防系统进行的工业互联网改造，大大提升了消防设备自动监测、远程操控的能力，对提升换流站安全运维水平具有重大意义。苏州换流站也将为锦屏—苏南 ±800 千伏特高压直流输电工程输出西部清洁能源，改善江苏能源结构，继续承担着历史重任。

◎ 宁可备而不用

随着江苏省内电网规模持续扩大，系统结构愈加复杂，交直流混联大电网与微电网等新型网架结构深度耦合，"双高"（高比例可再生能源和高比例电力电子设备）"双峰"（电网夏、冬季负荷高峰）特征凸显，系统性风险始终存在。输电通道日益密集，设施设备运维管控风险骤增，电力系统安全运行风险显著加大。再加上近年来，自然灾害频发多发、突发性强、破坏性大，外力破坏时有发生，部分重要密集输电通道、枢纽变电站，因灾受损风险升高，设备健康水平有所影响，重大突发事件应对能力稍显不足，应急抢修能力亟待提高。

检修管理部的陈泳介绍，为了提高应急实战能力，解决存在的弱项短板，提高应急抢修实效，江苏送变电计划建立的 500 千伏及以上电网应急指挥区域基地，正在紧锣密鼓地筹备当中——将以南京为应急抢修中心总部，建设淮安、南通、盐城、泰州、宿迁、苏州、常州七个地区应急指挥区域基地。

规划主要围绕国网"一体四翼"发展布局，服务江苏电网业务发展，最后根据江苏地域电网施工、检修特点以及现有施工力量分布等情况，以省内 500 千伏及以上输变电设备应急抢修工作为主，兼顾属地公司 220 千伏及以下输变电设备应急抢修配合工作，以实现 500 千伏及以上变电站和线路 1.5 小时内人员、物资及装备可以到达抢修现场应急抢险能力，实现快速响应、高效抢修。

从该应急指挥区域基地的建设方案来看，其设置和布控，都体现出极强的科学性。比如事件发生后，各应急指挥区域基地人员能第一时间赶赴抢修现场，开展先期处置，防止事件扩大。利用布控球、无人机等，把抢修现场的画面第一时间传输到应急指挥中心提供决策参考。同时按照"就近原则"迅速调集抢险力量投入抢修工作，做到关口前移。这就是其快速反应、高效处置原则。

基地建设同时做到健全应急响应处置机制，强化应急队伍建设，储备区域电网设备设计图库、物资装备，建立区域抢修方案、风险和隐患数据库；建立与属地公司应急联动工作机制，提升应急响应速度、处置能力、协调联动水平；建立应急保障与工程项目管理的综合基地，随时能拉得出用得上，切实做到"宁可备而不用、不可用而无备"，牢牢把握应急主动权。此外，基地还将通过统计分析各区域抢修事件类别、专业事件发生概率，统筹考虑主要灾害风险分布、电网设备事件、抢险力量投射范围等因素，科学布局定位功能，有针对性地承担区域应急抢修任务。

在江苏送变电的构想中，应急指挥区域基地将依托各基层单位区域施工项目资源布局，组建应急抢修队伍。应急指挥区域基地由应急抢修中心和依托单位共同管理。负责承担区域内电网设备应急抢修任务，具备应急抢修人才、技术、装备、物资储备的功能，同时提供应急抢修培训、演练服务，承办应急技术和竞赛活动，满足信息报送、指令接收和下达、现场视频传输、辅助决策、总结评估功能。对抢修人员、物资、机具、技术等资源进行有效整合，结合实际工作和精细化管理要求，做到抢修机具集装化、抢修过程规范化、抢修技术系统化、物资装备管理精细化、抢修人员专业化的区域化抢修管理模式。

"政平换流站极Ⅰ012B换流变C相乙炔含量持续增长，为确保设备运行安全准备进行停电更换，请你们做好应急抢修准备工作。"2023年6月27日，在接到江苏省超高压公司电话通知后，江苏送变电安排常州区域应急基地负责人庞文亮立即赶到换流站，开展现场勘察、初步方案制定、抢修机具准备等工作。6月28日，所有抢修人员、机具等全部到位；6月28日晚开始进行备用换流变移位；6月29日，完成备用换流变相关检查及试验工作；7月1日，政平换流站极Ⅰ单极停电开始进行更换施工……

急时有响应、战时有先锋、平时有准备。常州区域应急基地位于常州市武进区换流站路5号，主要由1栋4层楼及仓库组成，可满足常州市500千伏及以上变电站和线路1.5小时内人员、物资及装备可以到达抢修现场的区域应急抢险能力，辐射范围涵盖±500千伏政平换流站、500千伏中吴、武南、茅山、晋陵、崛珠、惠泉、斗山、梅里等变电站及配套线路。作为常州、无锡地区基地，承担输变电安装、集中检修，同时承担常州、无锡地区应急抢修工作。

"我们大约5分钟就到了政平换流站。"参与此次抢修的许志良师傅，是一位具有丰富抢修工作经历的人员。他依然记得，6 月 27 日，抢修工作需要的 25 吨吊车、曲臂车、平台车等就已经到位，更换施工简直就是如履薄冰，不但多专业、多班组作业需要相互协调，防触电、防高坠、防机械伤害等措施也要严格落实。比如拆除套管引线防止感应电，做了个人安保接地线，拆除二次接线时，厘清了每根线的位置，并把线保护包扎好等。

政平换流站应急抢修大获成功，充分体现出应急指挥区域基地建设的前瞻性。常州区域基地是如此，淮安、泰州等地同样如此。作为全省集线路、变电为一体的综合性基地，它们将串珠成链，通过应急值守、调度指挥、装备管理、信息处理、培训演练、后勤保障等，构建江苏全域电网健康服务诊疗站。

第三节　服务新型电力系统

2023 年 7 月初，习近平总书记在南京考察调研时指出，能源保障和安全事关国计民生，是须臾不可忽视的"国之大者"。要加快推动关键技术、核心产品迭代升级和新技术智慧赋能，提高国家能源安全和保障能力。江苏送变电承建的扬镇直流工程，是利用既有过江通道扩大输送容量的创新性工程，参建的白鹤滩入苏特高压直流工程是为清洁能源"西电东送"构筑的绿色"大动脉"。能源消纳重心的偏移，同时也催生出新一轮技术变革——作为能源转化、传输枢纽的输变电工程，其新技术标准的制定、新施工工艺的研究、智能化管理手段的应用，都代表着新技术的制高点。

◎ 电从身边来

江苏第十四个五年规划提出，要统筹推进能源消费革命、供给革命、技术革命和体制革命，强化能源基础设施布局建设，提高能源系统供应可靠和安全保障能力。优化电网主网架和跨区域输电通道，加大特高压跨区域送电重点工程建设，稳步扩大区外来电、北电南送、过江输电规模，提高电网安全供给、智能响应水平。

随着电网越来越绿色，越来越智慧，一方面是江苏省内风能、太阳能等新能源的开发和利用进入新局面，另一方面，区外新能源引入规模在持续扩大，各类新能源送出工程的配套建设成为关键支撑，同时也对省内网架结构的稳定、输电通道的承载力提出了更高要求，电网建设工作面临着新挑战、新任务。

国网江苏电力副总经理王之伟曾在一次中国新能源发展论坛发言时指出，新电网的建设，包括建设坚强灵活交直流混联主干网架、优化 220 千伏分区电网结构、构建高效灵活的源配电网、打造韧性电网、重构输电网的"新三道防线"配电网规划建设导则、完善电网调度控制体系。看全国打从江苏起，看江苏得看江苏送变电。江苏送变电的一系列转型升级举措，正为我国安全高效、清洁低碳、柔性灵活、智慧融合的新型电力系统建设保驾护航。

当今世界，随着新一轮科技革命和产业革命深入发展，能源电力系统的安全高效、绿色低碳转型及数字化智能化技术创新，已经成为全球发展趋势。加快推动能源清洁低碳转型是保障国家能源安全，确保如期实现碳达峰碳中和的内在要求，成为推动能源高质量发展、加快建设能源强国的必由之路。目前我国电力系统发电装机总容量、非化石能源发电装机容量、远距离输电能力、电网规模等指标均稳居世界第一。全国形成以东北、华北、西北、华东、华中、南方六大区域电网为主体，区域间有效互联的电网格局，电力资源优化配置能力稳步提升。在此过程中，随着电力绿色低碳转型不断加速，风电、光伏发电装机规模和发电量显著提升。在国家政策支持不断加码下，江苏新能源发展突飞猛进，新能源产业发展变化巨大：全省光伏、风电装机 2012 年底分别是 43 万千瓦、193 万千瓦，2023 年年初已猛增至 2696 万千瓦和 2259 万千瓦。

对江苏而言，其负荷中心在南边，而新能源基地，无论海上风电还是路上光伏，抑或是分布式光伏全在长江以北。北电南送过江，在既有网架下，如何增加投资的边际效应，以及传输能力的边际能力？与传统的发电相比，风电和光伏发电密度很低，又具有随机性和不确定性，它给电网带来了很大挑战，即电力系统要运行调峰调频控制的压力剧增。这些都成为面向时代、面向未来的新课题。

也就是说，随着新能源发电大量替代常规电源，以及储能等可调节负荷广泛应用，电力系统"双高"——高比例可再生能源、高比例电力电子设备特征进一步凸显。这意味着，电力系统由源随荷动的实时平衡，逐步向源网荷储协调互动的非完全实时平衡转变。江苏送变电的多项工程均体现为消纳江苏电网新能源，提升电网运行和规划的适应性。

变革是从身边悄然进行的。

江苏第十四个五年规划提出，要有序推进海上风电集中连片、规模化开发和可持续发展，加快建设陆上风电平价项目，打造国家级海上千万千瓦级风电基地。因地制宜促进太阳能利用，鼓励发展分布式光伏发电，推动分布式光伏与储能、微电网等融合发展，建设一批综合利用平价示范基地……

在能源革命的背景下，光伏企业的竞争已上升到了核心技术竞争的层面。2018 年 9 月 30 日 14 时 58 分，泗洪光伏领跑基地 220 千伏送出工程，第一阶段经过精心准备和反复调试，主变充电顺利，并入电网运行，成为获批全国 10 个光伏发电应用领跑基地建设中的"领跑者"。

泗洪光伏领跑基地 220 千伏送出工程项目，位于泗洪县天岗湖区域和香套湖区域，采用渔光互补立体经营模式。该项目的江苏送变电施工负责人何明介绍说，光伏基地的建成投运，在一定程度上完善了泗洪地区的电网结构，为泗洪县工农业发展提供有力的动力支撑。基地全面建成后，每年发电量可达 6.5 亿度，年实现税收达 3000 万元以上，渔业养殖年收入达 4500 万元，年实现旅游消费收入达 2000 万元。

撷万缕阳光，创一片蓝天。泗洪领跑者基地成功并网，奏响了天岗湖"渔光协奏曲"，实现了经济发展、资源节约和环境保护的良性互动，成功地将泗洪县的绿水青山打造成为"金山银山"，为光伏领跑基地的建设树立了良好典范。

在泥泞的滩涂上给风电送出工程立塔架线，站在齐腰深的泥水中进行吊装作业，一站就是大半天……在我国 7 个千万千瓦级风电基地中，江苏是唯一以海上为主的风电基地，在面向大海、"捕风为电"的大道上，江苏送变电人再次以"四特"精神逐风御海。

我们都知道，江苏的海岸线在全国沿海省份中颇具特色，它长达 954 千米，有南通、盐城、连云港三个沿海城市，由于其海岸线非常平滑，很多地方可成为风能可利用区，具备发展海上风电的天然优势。与此同时，作为一个通江达海的省份，从横向来看，一条长江相隔，又让江苏南北发展一直存在着比较明显的差异，作为用电负荷中心的苏南，十分依赖"北电南送"。为此，跨越长江天堑的过江输电通道一直拥挤不堪。受电源布局及负荷分布影响，过江输电能力仍需不断提升。比如利用原有过江输电通道增容；以苏通 GIL 管廊工程建成投运为代表的新建高等级过江输电通道等。

对于苏北尤其是沿海地区来说，由于有着广阔的海洋空间和丰富的海洋资源，大规模风电、光伏发电以及核电等清洁能源正处于高速发展阶段，并对外送通道提出了更高要求。所谓海上风电"送出通道"，指的是将风电等大规模清洁能源汇集接入省内 500 千伏电力主干网络，再输送至其他地区的工程。工程同时也是在实质性地响应国家"二氧化碳排放力争于 2030 年前达到峰值，努力争取 2060 年前实现碳中和"号召。

为了满足江苏沿海地区的海上风电汇集送出需求，大幅提升江苏地区的新能源消纳能力，同时缓解当前沿海地区电力走廊的输送压力，显著提升清洁能源配置能力，优化江苏电网结构，江苏送变电在服务新型电力系统工作中，再次走在了前面。

2020 年 9 月 22 日，盐城丰海 500 千伏输变电工程正式开工，该通道将江苏电力驶入全线贯通的"快车道"：提升盐城市沿海地区新能源汇集能力超过 300 万千瓦，保障盐城市 11 个共 290 万千瓦的海上风电项目可靠接入；提升沿海"北电南送"能力 300 万千瓦，有效缓解海上风电并网送出矛盾，大幅提升江苏新能源消纳能力。

一年后的 11 月 26 日，随着位于大丰区境内的 500 千伏鹿乡变电站正式启动投运，盐城丰海 500 千伏输变电工程进入整体投运阶段，并与南通通海 500 千伏输变电工程，共同服务江苏沿海海上风电接入和送出，满足了江苏清洁能源"北电南送"的需要，打通了江苏新能源输送新路径。

◎ 电从远方来

山海与共，不问西东。在国家新型电力系统中，远方即身边，江苏送变电的身影在其中一样可感可知。

青豫线 ±800 千伏特高压直流输电线路工程，是世界首条专为清洁能源外送而建设的空中能源走廊，它一头牵着我国重要的战略资源储备基地和可再生能源基地，一头连接中部崛起大省。每年可向河南省输送清洁电量 400 亿千瓦时，大幅提升青海清洁能源外送能力，有效缓解河南迎峰度夏供电紧张压力。

江苏送变电承建该线路豫 1 标段，全长 107.024 千米，新建铁塔 217 基，沿线山地段长度占比 71.6%。全标段铁塔总重为 15025 吨，铁塔组立方案计划采用内悬浮外拉线抱杆分解组塔、汽车吊分解组塔和座地四摇臂抱杆分解组塔等多种施工工艺。

青豫线豫 1 标段常务副经理肖长生介绍说，本标段沿线海拔高度 100—1000 米，地形以山地为主、其余为丘陵，基础多位于山顶，山势陡峭，施工、运输条件很差。项目部勘察并设计架设近百条运输索道，组塔施工高峰期投入近 30 个作业层班组，严格落实国网基建改革配套措施要求，积极推进作业层班组标准化建设，安全、优质、高效地完成工程施工任务。

在肖长生 20 多年的工作经历中，先后参与了向上线、锦苏线、灵绍线、晋苏线、青豫线及淮向线 6 项特高压工程、15 项 500 千伏线路工程和一批 220 千伏及以下工程的建设，具有丰富的施工经验。为了确保工程顺利推进，他制定了详细的施工管控计划，协同项目人员立足施工现场一线，全面掌握施工情况，及时进行纠偏调整。在山区放线时，为了选择合适的张力场位置，他在每个牵张段上上下下、前前后后攀爬了好几趟。为了监控放线时导线的展放情况，每天一大早，他和项目管理人员扎进山里，一进就是一天。

工程于 2019 年 3 月 15 日开工，充分发扬苏电铁军"四特"精神，接连克服施工地形险峻、地质条件复杂、林地允许使用延后、砂石料等原材供应困难、大批量塔材等物资供应不及时、外部管理环境复杂等困难，历时 438 天，于业主要求的里程碑节点前完成全线贯通。

白鹤滩水电站，是实施"西电东送"的国家重大工程。它将人们对长江的千古遐想，化作推动发展的绿色动能，借由一条长达 2080 公里的"电力高速公路"，跨越山海，一路向东。一条条银线将山海相连，唱响了一首新时代绿色发展的"长江之歌"。

2022 年 7 月 1 日，白鹤滩—江苏±800 千伏特高压直流输电工程竣工投产，每年可输送清洁电能超 300 亿千瓦时。该工程横跨四川、重庆、湖北、安徽、江苏 5 个省市，工程最大输电能力 800 万千瓦，相当于江苏一个大中型城市的最高用电负荷。

位于苏州的虞城换流站，是白江线的终点站，在世界直流输电领域首次应用常规直流和柔性直流混合级联技术。其研发应用能够快速实现毫秒级能量平衡的可控自恢复消能装置，缓解华东电网火电机组减少导致的电压稳定压力，从而大幅提升华东电网的受电能力。

江苏送变电承担了虞城换流站土建 A 包、电气 A 包，以及白江线苏 2 标段的施工任务。苏 2 标段线路长 131.587 千米，经过江苏三市六区(县)，是本次线路包中路径最长、塔基数最多的标段。

洪万根时任该项目现场项目经理。他说，在白江线建设前期，江苏送变电高度重视生态环境保护工作，切实响应总书记"绿水青山就是金山银山"的重要理念，不仅要抓生产、抓建设、抓发展，也要营造青山绿水、建设美丽中国，更好地满足人民日益增长的美好生活需要。因此项目部特地设置环水保专职一名，负责现场环水保工作，确保在工程建设开工前、过程中、建成后都要做到绿色环保，对周围环境不产生破坏和污染。在施工人员进入现场前，由环水保专职对所有施工参与人员进行环水保培训，确保绿色施工理念深入人心。在工程建设过程中，施工项目部严格执行环水保一塔一策划，对每一道环水保施工工序都进行拍照留样，并借助于洛斯达数字化信息平台，定期归纳整理上传，以供环水保验收单位检验监督。

工程中创新采用三维设计软件辅助铁塔吊装分析与计算。在常规铁塔组立方案策划时，一般是由技术人员通过查阅铁塔设计图纸、人工识别杆件、逐项累加图纸上的杆件重量获取每段铁塔重量，并根据铁塔组立用的抱杆的性能参数，校核每次铁塔吊装的最大限制起吊重量，从而编制每次铁塔的分段吊装方式，制定铁塔吊装方案。本标段运用三维技术后，可以实现对铁塔自动精细化建模、自动识别铁塔信息，包括每个杆件的重量、每段铁塔的重量，并能获取每段铁塔分段的高度、每个杆件的长度等施工数据。三维技术根据获取到的这些数据，自动计算杆塔的重心位置和起吊点位置，再根据座地平臂抱杆的性能计算每次允许吊重，实现自动对吊装允许重量的校核。

值得一提的是，工程中同时存在沪宁城际铁路、京沪铁路、京杭大运河、X306 县道四处重要跨越，涉及铁路集团、航道管理局、交通部门共三家单位，协调工作量大。此外，这也意味着，要拟定好施工计划，敲定运河封航、铁路窗口期、县道封路时间节点，按计划进行牵引绳及导线的展放工作。不仅如此，工程还根据跨越点实际情况采用了多种防护方式：京杭大运河采用封航方式、县道采用封路方式，京沪铁路采用跨越架—跨越架封网方式，沪宁城际铁路采用跨越架—塔上抱杆防护方式。

同样是"西电东送"的重大工程，西起西昌换流站，东至苏州换流站的锦屏—苏南±800 千伏特高压直流输电线路工程，线路途经云南、四川、重庆、湖南、湖北、安徽、浙江、江苏等 8 省市。江苏送变电承建渝 2B 标，本标段铁塔有 10 基塔位于重冰区、高海拔或高寒地带。

据锦屏—苏南±800 千伏特高压直流输电线路工程渝 2B 标段项目经理章兵介绍，由于工程 76% 塔位位于高山大岭，24% 塔位位于山地。针对山高坡陡的显著特点，项目部充分利用当地劳动力资源，采用人力背篓、骡马、索道运输联合作战的方式运输材料。

由于地形条件很差，牵张场选择很困难，第一牵 2241#—2258#放线区段长达8.887 公里。施工正逢 8、9 月份用电负荷高峰期，停电几无可能，需要连续带电跨越武土东线、武土西线等 4 条 110 千伏线路，还要跨越武仙公路、跨越乌江。连续带电跨越且重要跨越较多，牵引力和张力较大，项目部认真研究、细化封网跨越措施，最终选择"1 牵 2+1 牵 4"的放线方式。经精确计算，一牵四最大牵引力达到 22 吨，单根导线最大放线张力达到 4.9 吨，受力接近平原地区正常放线的 1.5 倍。

施工过程中，他们还采用 GPS 复测线路，提高了线路复测的准确性和效率，有效避免了通道树木的砍伐，充分体现以人为本、和谐发展的理念；采用感应式语言提示器，对进入现场作业人员进行安全提示，营造现场安全文明施工氛围；

采用经校核的有机玻璃模板进行地脚螺栓的根开控制，确保小根开尺寸达到0.8倍优良级标准范围内……

银线连峡谷、铁塔展雄姿。当气势磅礴的800千伏锦苏特高压直流输电线路工程，渝2B标段线路全貌傲然挺立于世人面前时，24家省级送变电的同台竞技，也成为该工程热议话题之一。而江苏送变电用自己独特的企业文化，为这个具有里程碑意义的工程，增添了震撼人心的光辉。

从一个点到另一个点，江苏送变电书写了电力抵达的全部内涵。向上，它抵达更高处，在蓝天白云的映衬下，勾勒着新时代能源电力发展的科学方向和全球电力可持续发展的中国方案。而它的根部却深深地扎在华夏大地，江苏送变电人用汗水、勤劳、智慧和别具匠心的创新精神，谱写出属于新时代电力发展的一曲曲赞歌。一代代江苏送变电人，为人民唱响，为时代唱响，为中国梦唱响。

◎ 电力建设的"黄埔军校"

时代的洪流滚滚向前，江苏送变电再次将目光放回南京东北位置的迈皋桥，这是发轫之地。走出去，再走回来，变的只是外部拔地而起的高楼、宽阔的马路，而在秩序井然的电建路10号大院，一个驱动力超强的电力施工培训"航母"正在崛起。

一个周五下午，忙碌的培训工作暂告一个段落，54岁的赵斌收拾着实训场的设备，以此检查上一节课的授课中有没有错讹之处，同时也为下一次课做准备。这里不是对现场的模拟，而是对现场实打实的还原。即便高压无法接过来，他们会通过手动升压，以达到和现场几乎一模一样的状态。事实上，实训场设备的结构性、完整性和使用性都与现场并无两样——如果非要说有什么不同，有的设备无非是作了一定比例的缩小。可以说，实训场就是一个真实的完全沉浸式的操作现场，包括带电状态，包括各种设备之间的协调。

从18岁自苏州电校毕业分到江苏送变电，赵斌一直在工程一线工作。在此期间，他参与了500千伏江都变电站、无锡500千伏斗山变电站、常州政平换流站等重大工程。将近36年后，赵斌作为公司的首位专职培训师，从工程一线转至施培岗位——国网江苏电力输变电施工培训基地的成立与运营，让赵斌在现场积累出来的丰富经验，得以以另外一种形式传递下去。

"对中使经纬仪的竖轴中心与所测角的顶点位于同一铅垂线上……松开水平制动螺旋，转动照准部，使水准管平行任意两个脚螺旋连线，两手同时向内或向外转动螺旋使气泡居中，气泡移动方向与右手食指转动方向一致……"诸如经纬仪操作规程，凝聚了一代又一代江苏送变电人的经验和智慧，而这种经验和智慧正是从一个个工程、从泥土里生长出来的，有点土，有点拙，但绝对地接地气，通俗易懂。

对赵斌本人而言，这种转型责任更大。他说，在现场的时候，大家经验都很丰富，总有相互帮衬的时候，但在教学中，他每每都会对所讲内容进行复盘，以求尽量全面，生怕自己遗漏了重要内容，如果有错误内容再被带到工程现场，那将带来更严重的后果。

从 2002 年主辅分离的焦灼，到 2010 年代特高压高歌猛进，再到当下新型电力系统建设，江苏送变电始终砥砺前行、勇攀高峰。历届领导清醒地意识到，创新导向的源动力，一方面来源于基础理念科学人才，另一方面则来源于一线高素质专业化职业人才。对江苏送变电而言，一线高素质专业化职业人才，恰恰是他们又一次站在发展前沿的落脚点。

江苏送变电人资部副主任王燕清楚地记得，那是 2019 年初的一个工作日，就在电建路 10 号 A 栋 6 楼的会议室里，当时的公司领导和江苏电力公司人资部分管负责人都在场，本着新时代产业工人队伍建设的目标，大家展开了热烈的讨论，一场会议下来，随即明确了电建路基地要争取施工培训建设项目，两周时间完成可行性研究并上报江苏省电力公司决策。随即，人资部会同施管部、安监部的员工加急汇编出了一篇初稿，获得省公司专家的修改建议和思路后，又很快开始了编制工作，在众人的推动下，第二周就完成了最后的修订，并如期上报。当时人资部张威、安监部钱涛及施管部杨家龙、王程、邢正华等，都是江苏送变电又一次重大转型的参与者和见证者。

2021 年初，国网江苏电力输变电施工培训基地（电力施工技能评价分中心）正式启动运营。基地围绕架空线路、变电一次安装、变电二次安装、土建施工、继电保护、电气试验六大专业，面向施工项目部管理人员、作业层班组骨干人员、一般施工作业人员、施工专业新员工四类人群，建立理论与实训兼备的系统化课程体系，提供立足各岗位工作实际需求的培训项目菜单，并提供定制化培训服务。目前基地所拥有的三处场地都发挥着各自独特的作用：主场地位于电建路10号，包括多媒体理论教室、电脑教室等理论学习场所，覆盖各专业绝大多数实操培训项目的室内外实训场所；准入培训分场地位于和燕路280号，侧重于开展社会面准入取证培训、特种作业培训考试；机械化作业培训分场地位于溧水经济开发区，具有大型工机具使用及维护培训场地、培训教室等配套场所。

施培基地的软件支撑，则是其成为行业翘楚的核心力：针对专业类培训，配备国网首席专家戴如章、江苏生产技能类电网建设专业高级专家5人以及各专业高级技术专家101人担任理论兼职培训师；选拔送变电技能专家、现场工作经验丰富的班组长、一线作业人员共139人担任实操兼职培训师；针对综合类培训，将送变电全体四级领导人员、职员共136人纳入综合管理兼职培训师队伍，定期到施培基地开展安全生产、技术创新、综合管理等内容的授课，以全方位、多层次地满足不同培训需求；针对课程体系交叉融合，搭建课程资源平台，让课件资源、课程体系、培训项目、师资匹配4个资源库，形成彼此交叉匹配的立体框架，等等。

在电建路10号培训基地，25岁的年轻员工史峥嵘，刚刚结束2023年青年员工电力施工专业技能比武，这位变二分公司的姑娘，戴着近视眼镜，说话斯斯文文，但一说起专业来，却又非常笃定、老练。史峥嵘大学学的是电气自动化专业，虽然在学校时也有一定的实习经历，但基于电力行业的特殊性，从来没有真正进入核心现场。真正对现场的了解和认识，是在工作之后，她也由此第一次学会了登高、爬梯……江苏送变电对新入职员工会有长达半年的培训，而刚刚结束的2023年青年员工电力施工专业技能比武，针对的则是入职2—5年的员工。陈添翼、张葆彦、田源……在这场技能比武中，这些入职已有3年的员工，再次以考生身份在调试组一比高下，比试内容则是线路保护试验。史峥嵘说，大家现在的工作岗位已经进行了细分，有的甚至从事后方协作工作，但这类培训每年都会不定期举行。值得一提的是，青年员工技能比武是江苏送变电一年一度的传统竞技项目，"纸上得来终觉浅，绝知此事要躬行"，施工一线技能项目的实践和历练经历，将成为送变电年轻人职业生涯之初的必修课和宝贵的财富。

国网江苏电力输变电施工培训基地在成立之初，暗暗立下了"让电力施工专业没有人才短缺困境"的愿景，围绕"电网建设、运维检修、应急抢险"培训方面蓄力争先，力争成为整个电力输变电施工培训的"黄埔军校"。

2023 年 2 月 14 日，江苏送变电与昆山供电公司签订员工培养深度合作协议，正式拉开江苏电力基建员工菜单式定向培训培养工作的序幕。该项目也由此获得了专用名称，即简称为"订单式培训"。其时，以昆山公司 10 名新员工为主的电缆专业定向培训项目开班，项目包括特种电工(高压电缆专业)取证、架空线路施工管理理论、高压电缆施工和架空线路施工现场实训等四个模块，历时 3 个月。

差不多在同一时期，以工程咨询公司和省经研院 10 名新员工为主体的委托培养工作也同步开启，该培养项目以省送变电施工现场沉浸式实训培养为主，施培基地深化练习为辅，涉及输变电施工 3 个专业、5 家基层单位。

2023 年 5 月 29 日至 6 月 3 日，基地举办国网 2023 年首期自动压接机操作技能培训班。来自全国 20 个省 72 家施工企业，包括省级送变电、市属集体施工企业及核心分包单位共 144 人，分 3 批次参加了培训与考核。

2023 年 6 月 6 日，输变电基建人才协同培养基地在江苏送变电的电建路基地揭牌，明确并发布了《输变电基建现场人员核心技术技能能力"1234"协同培养工作方案》，拉开了江苏电力业主、监理、施工专业依托施培基地和施工一线开展基建人才联合培养工作的序幕。

2023 年 9 月底，施培基地已正式通过首批国家电网公司级基建施工技能实训基地的认证。

未来，国网江苏电力输变电施工培训基地将持续推进培训项目的广度和深度，不断优化现场技能人员培养方式，做好输变电专业基建施工实训、评价、竞赛等任务，打造能动手、会干活、掌握核心技能的一线技能人员队伍，为培训新时代电力施工产业工人队伍提供专业化、系统化的解决方案，助力电网建设核心作业能力再创辉煌。

后　记

　　寒来暑往，年复一年。在那激情燃烧的岁月里，内蒙古的草原、川渝的山林、新疆的荒漠、江南的河网、遥远的异国……都留下了一支"铁军"队伍坚毅的身影，这是一部真正属于送变电"铁军"的文学作品。该书自江苏送变电1953年成立之时记起，较为详细地回顾了70年来的发展轨迹，集中展现了一代代送变电人不畏艰难、勇于创新，不断攀登电力建设一个又一个新高峰的辉煌事迹。江苏送变电是全国电网建设企业的一个缩影，她的成长反映了我国电力事业的发展，也是我国经济发展的体现。

　　70年的光辉历程值得记录，70年来形成的"铁军"精神更值得传承。2023年5月，在中国电力作协副主席王啸峰的建议下，江苏送变电启动了本书的创作。从选定主题、构建框架、斟酌篇目，到形成采访方案、约定采访人员、敲定采访时间和地点，再到最后打磨文字稿件、出版印刷，历经半年有余。如此紧张的时间，成稿近20万字，令人欣喜。这期间，采写团队为寻得切身感受，写出贴合实际而又振奋人心的文字，他们查阅了志书等历史资料近百万字，头顶烈日在高温下奔赴施工现场采访，找到退休近30年的老同志只为核实一个场景……其所表现出的敬业精神、展现的专业品质以及付出的巨大努力有目共睹、值得赞扬。几十名当事人积极配合采访，讲述自己的亲身经历，为作品的编撰提供了丰富翔实的一手资料，保证了作品及时、完整地呈现在读者面前。

70 年是一段经历总结的节点，也是下一段征程的起点。在这个阶段，我们经历经验丰富、文化理念深刻、管理制度完备、发展势头强劲，而在此刻选择回顾来时之路，审慎总结过去 70 年取得的成绩，再现 70 年来的重要人物与事迹，是一件饱含温情而又充满激情的事情，这也是在为打造江苏送变电"百年老店"的目标蓄力鼓劲。

"看似寻常最奇崛，成如容易却艰辛。"谨以此书向江苏送变电 70 岁生日献礼！向所有电力建设者致敬！

丁道军

2023 年 12 月 15 日